职业技能等级认定学练丛书

内燃机车钳工

中国铁路呼和浩特局集团有限公司　编

中国铁道出版社有限公司

2024年·北京

内 容 简 介

本书为“职业技能等级认定学练丛书”之一，适用于内燃机车钳工岗位初级工、中级工、高级工、技师、高级技师五个等级日常培训和考试，每一等级包含100道问答题和20道实操题。本书内容具有理论性和实践性，现场实用性强，对内燃机车钳工岗位各等级认定具有指导意义。

本书可作为内燃机车钳工岗位培训用书，也可供相关专业人员学习参考。

图书在版编目(CIP)数据

内燃机车钳工/中国铁路呼和浩特局集团有限公司编.—北京：中国铁道出版社有限公司，2024.3

(职业技能等级认定学练丛书)

ISBN 978-7-113-31070-7

Ⅰ.①内… Ⅱ.①中… Ⅲ.①内燃机车-钳工-职业技能-鉴定-教材 Ⅳ.①U269.5

中国国家版本馆CIP数据核字(2024)第050126号

书　　名：内燃机车钳工
作　　者：中国铁路呼和浩特局集团有限公司

责任编辑：王晓阳　　**编辑部电话：**(010)51873421　　**电子邮箱：**jiche@tdpress.com
编辑助理：刘奕琨
封面设计：刘　莎
责任校对：刘　畅
责任印制：樊启鹏

出版发行：中国铁道出版社有限公司(100054，北京市西城区右安门西街8号)
网　　址：http://www.tdpress.com
印　　刷：北京联兴盛业印刷股份有限公司
版　　次：2024年3月第1版　2024年3月第1次印刷
开　　本：787 mm×1 092 mm　1/16　**印张：**20.75　**字数：**508千
书　　号：ISBN 978-7-113-31070-7
定　　价：162.00元

编 委 会

前　　言

为进一步提高铁路职工教育培训的针对性和实效性，大力促进全局职工队伍岗位技能达标，2015 年劳动和卫生部组织专业技术人员编写了“铁路特有工种操作技能鉴定学练丛书”。该丛书为同期职业技能鉴定培训提供了有力的支撑，在铁路高技能人才培养选拔、落实全员持证上岗制度和确保运输生产安全稳定发展方面发挥了重大的作用。

随着我国铁路建设的持续发展，新技术、新设备不断更新应用，铁道行业标准、《铁路技术管理规程》等规章标准相应提升变化，丛书的范围和内容已经不能适应新时代铁路职工职业技能等级认定培训学习需求，急需进行修订完善和扩充拓展。

党的二十大报告要求，深入实施人才强国战略。为落实二十大精神，集团公司在技能人才队伍培养方面推出了一系列的新举措。其中，丛书修订完善作为一项重要工作进行落实，在对 62 个铁路特有工种进行修订完善的基础上，将丛书拓展为 90 个铁路特有工种和 8 个通用工种，并更名为“职业技能等级认定学练丛书”。

“职业技能等级认定学练丛书”在编写内容上力求体现以“优化职业活动为导向，以提升职业技能为核心”为指导思想，以“国家职业标准”“铁路特有工种技能培训规范”“高速铁路岗位培训规范”等为标准，以客观评价职工操作技能水平为目标，力求知识的系统性、连贯性和精炼性，突出针对性、典型性和适用性。

“职业技能等级认定学练丛书”是铁路职工职业等级认定操作技能考试前培训和自学教材，对职工各类在职教育和考试也有重要的参考价值。

“职业技能等级认定学练丛书”的编写是一项系统性、全面性的工作，工作难度比较大。在丛书的编写和审定过程中得到了集团公司职培部、各业务部及有关单位的大力支持和帮助，在此表示感谢！由于编写水平有限，加之时间仓促，恳请读者提出宝贵意见和建议。

中国铁路呼和浩特局集团有限公司
2023 年 9 月

目　录

第一部分　初　级　工

第二部分 中 级 工

第三部分 高 级 工

第四部分　技　　师

第五部分 高级技师

第一部分　初　级　工

1. 怎样分解 DF8B 型机车进气稳压箱?

答:松下全部紧固螺母;用撬棍从两端将稳压箱撬动后,用专用吊具吊下稳压箱放在专用支架上,起吊时,注意平稳起吊,不要将栽丝和丝扣碰坏。

2. 小修时怎样对 DF8B 型机车进排气管路进行检查?

答:进、排气管状态良好,无破裂,石棉防护层良好。各紧固螺栓紧固良好。排气总管各卡子、螺栓齐全、无松动,状态良好。

3. DF8B 型机车在连接箱组装后怎样进行检查?

答:用塞尺检查连接箱与机体的结合面,连接箱与机体的结合面紧固后须密贴,用 0.05 mm 塞尺检查不许塞入,但允许有长度不超过两个螺栓间距的局部间隙存在。

4. DF8B 型机车控制端密封盖组装后怎样进行检查?

答:将密封盖装到机体上,此时应调整密封盖与曲轴之间的间隙,使上部间隙比下部间隙大 0.03 mm,左侧间隙应比右侧间隙小 0.03 mm(面向输出端),并检查甩油盘应遮住油封盖的挡油岭。

5. 辅修时怎样对 DF8B 型机车撒砂装置进行检查?

答:砂箱存砂量充足。砂质纯净、干燥。撒砂器及砂管安装牢固,无堵塞。砂管无变形,管口无偏斜,距轨面高度 35~60 mm。

6. 怎样安装 DF7G 型机车顶杆和顶杆套筒?

答:将顶杆和顶杆套筒装入进排气推杆装配内。装入前应将顶杆和顶杆套筒清洗和吹扫干净并进行外观检查:顶杆无弯曲,顶杆座无松动且凹球面状态良好,顶杆护套筒无裂纹,护套预先调整为适当长度,以免压裂。

7. 怎样判断柴油机机油含有较多水分?

答:如果柴油机运转中有大量的水蒸气从呼吸口冒出,说明机油中含有较多水分,若不及时查找原因并处理,会使机油变成乳黄色,说明机油已经乳化,不能继续使用。

8. 小修时怎样对 DF7G 型机车管路及各连接法兰进行检查?

答:管路各连接法兰无变形、翘曲、泄漏,各管卡子无松动,安装牢固,连接胶管无老化、变形、泄漏现象。各管间及管路与机体间不许碰磨;法兰间垫片厚度不大于 6 mm,总数不超过 4 片。同一油管焊修不得超过两次。

9. 辅修时怎样对 DF4D 型机车中冷器进行检查?

答:外观检查中冷器体不许有裂纹、砂眼,安装螺栓齐全无松动,对缝处不许有漏水、漏气,进出水管接口处不许有泄漏。打开稳压箱排污阀,检查稳压箱内无油水和杂物,如有,需进一步查找泄漏部位。

10. 怎样对 DF7G 型机车喷油泵下体进行分解?

答:将弹簧上座压下,取下卡环,取出弹簧上座、弹簧、弹簧下座。取下推杆定位销及推杆,再将滚轮轴从推杆取出,取下滚轮、轴承套。

11. 怎样分解 DF8B 型机车增压器压气机壳组成?

答:用开口扳手(或套筒扳手)拆下压气机壳与支承体(或称轴承壳)组成连接的螺栓,用专用夹具夹紧并吊起压气机壳(注意:悬吊时应保持平衡以免碰坏导风轮),用 3 个顶丝顶出压气机壳(包括扩压器和叶轮罩壳)组成,并水平抽出。

12. 辅修时怎样对 DF4D 型机车泵及传动齿轮进行检查?

答:各传动齿轮不许有裂纹、剥离,各齿端面不平齐度小于 2 mm。高低温水泵吸水壳、蜗壳、泵座不许有裂纹、泄漏现象。高低温水泵水封泄漏量小于 10 滴/min。

13. 辅修时怎样对 DF4D 型机车油水管路进行检查?

答:外观检查油、水管路各部状态,管卡须牢固。更换老化、龟裂、鼓肚的胶管。启机检查机油压力符合要求。清洗燃油系统滤清器,检查管路接头、隔离缓冲接头状态良好。

14. C1 修时怎样对 HXN3B 型机车启动电机进行检查?

答:启动电机及支架安装螺栓紧固状态良好。启动电机及启动齿圈齿面不许有剥离或断齿。启动电机齿轮润滑状态良好。启动电机齿轮补脂。

15. 小修时怎样对 DF8B 型机车启动变速箱进行检查?

答:变速箱体不得有裂纹,安装牢固无松动。变速箱各接合面及油封处无泄漏,柴油机启动和停机时油封处轻微泄漏除外。变速箱内齿轮(可见部分)不得有剥离、裂纹、烧损及过热变色,齿轮局部腐蚀不超过有效啮合面积的 15%。

16. 辅修时怎样对 DF4D 型机车空压机(NPT5 型)进行试验?

答:空压机泵风时间要求,由 0 至 0.9 MPa 不超过 360 s,由 0.75 MPa 至 0. 9 MPa 不超过 60 s。两台空压机泵风时间要求,由 0 至 0.9 MPa 不超过 210 s,由 0.75 MPa 至 0.9 MPa 不超过 30 s。空压机 1 000 r/min 时油压 0.4～0.48 MPa,油位在油位表 1/2 处。

17. C1 修时怎样对 HXN3B 型机车燃油精滤器、机油精滤器进行检查?

答:清洁滤清器体内部密封件,状态良好,更新滤芯;滤清器壳体及管路,不许有裂纹。

18. 辅修时怎样对 DF4D 型机车排障器、扫石器进行检查?

答:排障器安装螺栓无松动。排障器无变形,距轨面高度 80～140 mm。新型扫石器安装螺栓无松动,胶管无破损,焊接处无裂纹。扫石器距轨面 60～120 mm,胶皮距轨面 20～30 mm。

19. 辅修时怎样对 DF7G 型机车转向架进行检查?

答:转向架及构架无裂纹。牵引拐臂、牵引杆、牵引座各部无裂纹。车体侧挡安装螺栓无松动。侧挡左右间隙之和为(40±3) mm。

20. 怎样判断柴油机转速不升不降?

答:无级调速电子箱故障,1DZ 跳开,RBC 辅助触指接触不良,步进电机故障,ZY2000 型微机控制系统故障。

21. 怎样分解 DF8B 型机车自由端?

答:拆滑油离心精滤器。拆燃油精滤器。拆左、右介轮可调支承。拆油气分离器装配。拆小油封装配。拆高低温水泵。拆主机油泵。

22. 怎样更换 DF8B 型机车横臂导杆?

答:用油压拔出器轻轻拔出机车横臂导杆,注意不要拉伤导杆安装孔。取上、下两个相应配合处分别测量横臂导杆外径和导杆安装孔内径。按平均尺寸计算配合过盈量(数值为 0.01～0.04 m),选配横臂导杆。在选好的导杆外圆配合面上涂适量机油,放入安装孔中,放好工艺横臂,垂直压入到位,且应保持导杆轴线与两同名导管的中心线在同一平面内。

23. 怎样选择 DF8B 型机车气门导杆与导管?

答:选择气门导杆与导管的配合间隙,按气门导杆外径和气门导管内径测量记录,选配两者间的配合间隙,配合间隙标准为进气阀杆与其导管径向间隙原形为 0.095～0.14 mm,中修限度为 0.025 mm,排气阀杆与其导管间隙 0.095～0.14 mm,中心限度上部 0.24 mm,下部 0.30 mm,禁用限度为上部 0.24 mm,下部 0.35 mm。

24. 怎样检修 DF8B 型机车 D 型联合调节器匀速盘?

答:检查扭簧有无裂纹、变形,扭转后恢复应灵活,不良者予以更换。检查主动盘上的滚动轴承、滚子、滚道有无拉伤、点蚀、剥离,转动是否灵活,不良者予以更换。检查主动盘齿轮表面状态,有较重剥离磨损者予以更换。检查主动盘挡锤固定螺栓,不得松动。更换飞锤时,重量差应符合技术要求。更换全部油封、石棉纸垫、各油路中密封件。

25. 柴油机启动时转速飞升(超过 900 r/min 以上)时,应怎样检查?

答:检查联合调节器配速伺服器杠杆系统是否抗劲。检查配速滑阀是否抗劲。检查供油拉杆系统是否抗劲。检查联合调节器油是否过脏。检查转速调节系统的滑阀柱塞是否抗劲。检查 B 型联合调节器电磁阀是否作用不良(A、B、C、D 电磁阀动作不规则)。检查补偿针阀开度是否过小。检查升速针阀开度是否过大。

26. 怎样进行錾削操作?

答:起錾时,錾子尽可能向右斜 45°左右。从工件边缘尖角处开始錾削,并使錾子从尖角处向下倾斜 30°左右,轻打錾子,可较容易切入材料。起錾后按正常方法錾削。当錾削到工件尽头时,要防止工件材料边缘崩裂,脆性材料尤其需要注意。因此,錾到尽头 10 mm 左右时,必须调头錾去其余部分。

27. C2 修时怎样对 HXN3B 型机车油水管路系统进行检查?

答:检查管路安装良好,固定可靠。管接头、法兰不许有松动、变形、裂损及泄漏。外观检查截止阀、逆止阀及安全阀不许有破损、泄漏,截止阀动作灵活可靠。油水管路的连接软管及喉箍状态良好。

28. 辅修时怎样对 DF7G 型机车气缸盖及气门驱动机构进行检查?

答:气缸盖各处不许有裂纹。横臂导柱、工艺堵无松动,油堵无脱落,气门摇臂、横臂、调整螺钉、压球、压球座及气门弹簧不许有裂纹,油路畅通。示功阀及阀座安装牢固无泄漏。气门锁夹无严重磨损,并须成对使用,锁夹下陷量小于等于 1 mm。进气门冷态间隙为 0.4～0.45 mm,排气门冷态间隙为 0.5～0.55 mm。

29. 辅修时怎样对 DF8B 型机车空压机(NPT5 型)进行检查?

答:空压机各零部件紧固无松动,空压机体无裂纹,风扇及罩无裂损,皮带无老化、剥离,皮带拉力适当。其挠度为新皮带 14～19 mm,旧皮带 23～28 mm。空压机法兰与联轴节的不同心度不大于 0.16 mm,轴向间隙为 2～6 mm,散热器须清洗干净,低压安全阀开启压力为 0.43～0.45 MPa,关闭压力不小于 0.3 MPa。

30. 小修时怎样对 DF4D 型机车轮对进行检查?

答:轮芯上的裂纹禁止焊修。轮箍踏面擦伤深度不大于 0.7 mm,剥离长度不大于 40 mm,深度不大于 1 mm,垂直磨耗深度不大于 18 mm。轮缘无碾堆,踏面磨耗高度不超过 7 mm,厚度测量点与踏面基线之间距离 10 mm 处测量为 23~33 mm。轮缘高度为 25 mm,减磨型踏面磨耗深度不大于 10 mm。轮芯探伤检查无裂纹。

31. 小修时怎样对 DF7G 型机车增压系统进行检查?

答:外观检查蜗壳、进气壳不许有裂纹,底座安装螺栓无松动,各油水管路无泄漏,吸风道严密无破损。手拨动转子后能自由转动 3~5 圈,轴向间隙为 0.09~0.28 mm。滑油压力符合要求为 1 000 r/min 时,主机油泵出口压力不大于 0.9 MPa;430 r/min 时,不小于 0.12 MPa。检查增压器滤清器状态,安装应牢固,接口无泄漏。空气滤清器滤芯应清洁,箱体内部清洁通风良好、箱体无缝隙、损坏。

32. 怎样组装 DF8B 型机车进排气支管?

答:进、排气支管内部必须清洁干净,法兰面应平整。排气支管的外部石棉层状态良好,破损者应重包,选用耐高温的石棉。排气支管的测温堵应拆下,涂一层石墨粉和二硫化钼的混合剂再拧紧。排气支管法兰垫应用耐高温夹心石棉垫。排气支管法兰的紧固螺母部位应涂一层石墨粉和二硫化钼的混合润滑剂。

33. DF7G 型机车车钩组装后怎样进行调整?

答:车钩组装后,按技术要求对车钩进行测量检查,应符合限度规定。测量车钩高度时,应在机车整备状态下,在平直线路上测量,高度超限需加垫调整时,应同时在均衡梁磨耗板下和钩尾框托板磨耗板下加等厚垫片调整,以保证车钩及缓冲装置中心高度的水平一致性,当一块垫板不能满足车钩高度限度,需两块垫板合并调整时,两块垫板必须焊牢成一体。垫片厚度为 3 mm、5 mm、8 mm、10 mm、12 mm 的 235A 钢板。

34. DF8B 型机车轴箱拉杆装车后怎样进行检查?

答:轴箱装上轮对后,安装轴箱拉杆,拧紧拉杆芯轴紧固螺栓后,检查芯轴与拉杆座斜面应密贴,局部间隙用 0.05 mm 塞尺检查,塞入深度不大于 10 mm,芯轴与槽底部间隙不得小于 0.5 mm,拉杆端盖与拉杆座槽口内侧的局部间隙不大于 0.2 mm。

35. 怎样分解 DF8B 型机车车钩?

答:将车钩从牵引装置上拆下后平放,钩腕朝上,将下锁销装配向里推送,使钩锁成开锁位,拆下开口销,抽出钩舌销,取出钩舌,再将钩锁与下锁销装配分开,取出钩锁,再取出钩头中钩舌推铁,最后再从钩体上取下下锁销装配。

36. 怎样分解 DF8B 型机车启动变速箱励磁轴装配?

答:松下法兰压板螺栓,取下压板。用液压拆装工具打压拆下励磁机轴法兰,取下轴承盖。松下通风机法兰装配螺栓,取下法兰压板。用液压拆装工具打压拆下通风机法兰装配。用拔出器拔出或用压力压出凸肩侧轴承迷宫圈、挡圈。压出齿轮、轴承、迷宫圈、挡圈。锥度配合法兰拆下前,应测量法兰与轴端面的距离,并作记录以备组装时参考。

37. 怎样检测 DF8B 型机车轴箱拉杆?

答:将轴箱拉杆体、芯轴煮洗干净,探伤检查芯轴不许有裂纹,拉杆体不得有铸造缺陷和裂纹。检查轴箱拉杆各工作表面、芯轴不许有锈蚀,芯轴卡环槽磨耗量不得超过 0.2 mm。更换橡胶圈、金属橡胶垫和卡环。

38. 怎样检查 DF8B 型机车集油器?

答:集油器毛线更新。检查毛线支架是否有裂纹、变形,铆接部分是否牢靠,防转销钉应完好。新集油器毛线应放在干净的润滑油里浸泡 24 h 后装车使用。检查拉伸弹簧,有永久变形者应更换。检查油堵、油尺各部丝扣是否良好,不良者应修复。

39. 怎样检修 DF8B 型机车启动变速箱齿轮?

答:齿轮不许有裂纹(不包括端面热处理的毛细裂纹)、剥离。齿面允许有轻微磨蚀、点蚀及局部硬伤。但腐蚀、点蚀面积不超过该齿面的 15%,硬伤面积不超过该齿面的 5%。齿轮破损属于如下情况者,允许打磨后使用:齿轮破损掉角、沿齿高方向不大于 1/4,沿齿宽方向不大于 1/8;每个齿轮破损掉角不许超过三个齿,每个齿不许超过一处,破损齿不许相邻。

40. 怎样检修 DF8B 型机车牵引杆装置?

答:牵引杆、拐臂、连接杆及各销应清洗干净,并进行磁粉探伤检查,不得有裂纹。牵引杆、连接杆身上的纵向裂纹允许焊修。销子的油孔应保持畅通。检查拐臂与连杆的连接销直径减少量应符合限度表的规定。检查各相对运动的表面应无异常磨耗和磨损。

41. 辅修时怎样对 DF7G 型机车凸轮轴箱进行检查?

答:凸轮轴不许有裂纹,凸轮及轴颈工作表面不许有剥离、拉伤及碾堆等缺陷。推杆压球、顶杆压球座不许有松缓,顶杆及导筒不许有裂纹,推杆滚轮表面不许有剥离及擦伤。导筒与导块无严重拉伤,定位销无松缓,导块移动灵活。凸轮轴瓦无窜动,润滑良好,定位螺栓无松动。喷油器、喷油泵回油管、凸轮轴润滑油管无松动、断裂。

42. 怎样用专用量具测量 DF8B 型机车进气凸轮升程?

答:将专用量具放在第 9 或第 16 缸机体上泵下体处,并调整好百分表。将曲轴转角盘到第 9 缸或第 16 缸上止点前 22°20′时,检查百分表的读数应为 5.5 mm,如状态不良,在组装时需要重新调整。将专用量具装在第一缸机体上泵下体处，并调整好百分表。再将曲轴顺时针转动 50°，到第 1 缸上止点前 22°20′时，检查百分表的读数应为 5.5 mm。如状态不良，在组装时需要重新调整。

43. 怎样对 DF8B 型机车活塞连杆组进行解体？

答：将活塞连杆组按顺序放在专用支架上，连杆短臂向外，连同瓦盖、螺栓一起摆好，不要混乱。检查各部状态，各部件齐全、无异状，连杆摆动灵活。用橡皮锤或尼龙棒将连杆瓦打下，成对妥善放好。用专用工具取下活塞环，拆卸时注意不要将活塞环开口撑得过大，不要拉伤活塞。用卡环钳取下活塞销两侧的弹簧卡环，用铜棒轻轻击出活塞销，将连杆、活塞按顺序排列整齐。

44. 怎样组装 DF8B 型机车 D 型联合调节器伺服电动机装配？

答：将补偿活塞从伺服电动机体隔板的下方装入，然后将动力活塞装在电动机杆上，用螺母紧固，带上开口销。将供油传动装置上盖用四条螺栓紧固在伺服电动机上。用专用工具将电动机杆油封装入上盖内。将伺服电动机放在拆装台上，按分解相反顺序将顶杆、动力活塞复原弹簧、盖、密封垫装在电动机体上，用四条螺栓紧固好。杆头拧入电动机杆上，穿上定位销，上好开口销。传动轴连同轴承填料盒嵌装于下盖内。传动轴上夹叉用链板与杆头连接起来，锥销压入链板与杆头销孔内。用六条螺栓将控制盒上下盖紧固好。

45. 怎样调试 DF7G 型机车超速停车装置？

答：试验前给各润滑部位上柴油机润滑油。将调控传动总成装上试验台进行试验，当飞锤的转速达到 560～575 r/min，即转速表显示转速达到 1 120～1 150 r/min 时，飞锤应立即推动摇臂，使停车杆立即落下，转速过高或过低时，可调整飞锤上的调整螺母，但须保证飞锤行程为 6～6.5 mm，试验动作次数应不少于 3 次，转速差不大于 10 r/min(转速表值)。试验合格后，调整螺母装上卡簧，停车按钮加铅封。装入各观察孔盖及油管接头，油管接头做好防护。试验后记录极限动作转速数值。

46. 辅修时怎样对 DF4D 型机车万向轴进行检查？

答：万向轴不得有裂损、扭曲变形现象，各部连接状态良好，各连接螺栓无松动。万向轴连接十字头轴向移动量不大于 0.8 mm。前后通风机不得有裂纹、破损，各柱销不得有松动，表面光滑。通风机启动后工作可靠、无振动、无异声，轴承温升不大于 80 ℃。尼龙绳连接须符合规定，有断股时须更换。万向轴叉头孔轴线应和柴油机花键套叉头孔轴线在同一平面内。弹性柱销联轴节、花键套法兰与叉头法兰两端面轴向间隙为 2～3 mm。

47. 辅修时怎样对 DF7G 型机车喷油泵及喷油器进行检查？

答：外观检查喷油泵各部状态无裂纹、泄漏现象，底座紧固应良好。用手固定住调节齿杆组件,拉出拨插座,放手后,齿杆弹簧应能复位。检查齿条锁紧螺母无松动,齿条指针无松动,柱塞套齿条固定螺钉无松动,防缓铁丝无折断。检查喷油泵下体滚轮无拉伤、剥离。外观检查喷油器、输油管各部状态良好。夹头销与喷油泵齿条间隙为 0.5～2.5 mm。清洗喷油泵齿条并润滑。

48. 小修时怎样对 DF4D 型机车车钩进行检查?

答:车钩“三态”(闭锁状态、开锁状态、全开状态)作用良好。车钩在闭锁状态时,钩锁向上的活动量为 3 号和改进型 3 号下作用式车钩 5～15 mm;13 号下作用式车钩 5～22 mm。钩锁与钩舌的接触面须平直,其高度不少于 40 mm,钩体防跳凸台和钩锁销的作用面平直,钩舌与钩体上、下承力面接触良好。车钩在闭锁状态时,钩锁尾部与钩体间隙不大于 4 mm,钩舌与钩锁铁侧面间隙为 3 号下作用式车钩 3 mm;改进型 3 号下作用式车钩不大于 5 mm;13 号下作用式车钩 6.5 mm。测量车钩中心线距轨面高度为 820～890 mm。

49. 小修时怎样对 DF4D 型机车轴箱进行检查?

答:轴箱体、前后盖不许有裂纹,止挡与座的间隙为 6～11 mm。轴箱后盖及防尘圈不许有偏磨。轴箱橡胶圈和轴端橡胶支承须无老化和破损。轴箱拉杆的橡胶圈和橡胶垫不许有老化和裂损,拉杆芯轴与拉杆座结合处斜面须密贴,局部间隙用 0.08 mm 塞尺检查,塞入深度不大于 10 mm,芯轴与槽底部间隙不小于 0.5 mm,拉杆端盖与拉杆座槽口内侧间的局部间隙不大于 0.2 mm。轴箱温升不大于 40 ℃,轴箱通气孔无堵塞。轴承端盖应紧固良好,无松动。

50. 小修时怎样对 DF8B 型机车车钩进行检查?

答:车钩“三态”(闭锁状态、开锁状态、全开状态)作用良好。车钩在闭锁状态时,钩锁向上的活动量为 3 号和改进型 3 号下作用式车钩 5～15 mm;13 号下作用式车钩 5～22 mm。钩锁与钩舌的接触面须平直,其高度不少于 40 mm,钩体防跳凸台和钩锁销的作用面平直,钩舌与钩体上、下承力面接触良好。车钩在闭锁状态时,钩锁尾部与钩体间隙不大于 4 mm,钩舌与钩锁铁侧面间隙为 3 号下作用车钩 3 mm;改进型 3 号下作用式车钩不大于 5 mm;13 号下作用式车钩 6.5 mm。测量车钩中心线距轨面高度为 820～890 mm。

51. 怎样选取 DF8B 型机车气缸套调整垫片的厚度?

答:调整垫片的厚度 $\delta=A\sim B+H$,式中,A 为工艺密封环的厚度,理论垫片厚度为 7.7 mm;B 为工艺环面至活塞顶面的距离(应均匀测量 4 点,取其平均值);H 为余隙高度,值为 4.5～4.7 mm;放上厚度为 A 的工艺密封环,用深度尺测量工艺密封环面至活塞顶面的距离 B(应均匀测量 4 点)取平均值。根据记录计算出调整垫片的厚度 δ,选取实际垫片,并做好记录。

52. 怎样测量 DF7G 型机车轮对?

答:整体轮滚动圆直径为 975～1 050 mm,轮箍厚度为 40～74.5 mm,轮箍宽度(或轮辋厚度)为 135～140 mm ,同一轮对轮缘内侧距离差为 1.2 mm,齿形偏差为 0.35 mm,抱轴颈直径为 204～ 210 mm ,抱轴颈圆柱度为 0.02～0.04 mm。

53. 怎样更换 DF8B 型机车单元制动器螺杆端部防尘罩?

答:如果发生螺杆端部防尘罩老化、破损,应进行更换。更换时,应先把单元制动器与构架和空气管路分离,再拆除闸瓦托、闸瓦撑,分离防尘罩与箱体的螺钉连接,旋动螺杆,使其从箱体中退出。更换防尘罩后,再将螺杆旋入(必要时可在螺杆上补涂适量轮对滚动轴承脂)。注意应保持周围环境的清洁,防止灰尘和杂质进入。拧紧防尘罩与箱体的螺钉。装好闸瓦托、闸瓦撑、闸瓦装配等其他零部件。将单元制动器与构架和空气管路重新组装。重装闸瓦,并调整好轮瓦间隙。

54. 怎样检修 DF7G 型机车钩尾框?

答:非裂纹缺陷应清理干净后再焊后磨平。对允许焊修的裂纹,必须先铲除并缓坡过渡,焊后磨平。磨损部位焊后允许比原平面高 2 mm。缺陷面积小于或等于 5 cm^2 时,焊修后不需进行热处理;缺陷面积大于 5 cm^2 时,焊修后须进行局部热处理。缺陷面积包括裂纹铲除后的面积。裂纹检修后必须复探,不符合要求需重新处理。钩尾框扁销孔的长度应在 106～115 mm 范围内。钩尾框内侧面两侧厚度应在 18～28 mm 范围内。

55. 怎样检修 DF8B 型机车万向轴?

答:探伤检查花键轴、花键套、叉头法兰、轴承盖不得有裂纹。消除各零件的飞边、毛刺,更换防尘圈。更换万向节总成。检查油嘴应作用良好,油路须畅通。分别测量轴承体外径和叉头体孔内径,两者配合过盈为 0.023 mm。测量花键侧面间隙:中修小于等于 0.3 mm。检查法兰结合面及止口不得有碰伤,否则用锉刀修复。检查各平衡块的状态,松动时紧固。

56. 怎样套螺纹?

答:每次套螺纹前应将板牙排屑槽内及螺纹内的切屑清除干净;套螺纹前要检查圆杆直径大小和端部倒角;套螺纹时切削扭矩很大,易损坏圆杆的已加工面,所以应使用硬木制的 V 形槽衬垫或用厚铜板作保护片来夹持工件。工件伸出钳口的长度,在不影响螺纹要求长度的前提下,应尽量短。套螺纹时,板牙端面应与圆杆垂直,操作时用力要均匀。开始转动板牙时,要稍加压力,套入 3～4 牙后,可只转动而不加压,并经常反转,以便断屑。在钢制圆杆上套螺纹时要加机油润滑。

57. 怎样组装 DF8B 型机车燃油粗滤器?

答:将滤器座置于钳工台固定座上。芯杆装入滤器座内,将芯杆上的 O 形密封圈换新。把滤片网芯垫片分别间隔装在芯杆上。把 M27×1.5 螺母拧紧到适当的紧度,套上限位管。把更换好法兰密封槽内橡胶垫的滤器体装在滤器座上,紧固法兰四角上的螺栓及螺母,注意密封垫放平,不要漏气,否则会造成燃油泵吸入空气,建立不起压力。拧上盖形螺母,螺母内的

O形密封圈换新。封住所有进出口,入库。填写检修记录。

58. DF8B 型机车双流道散热器堵焊扁管超过 2 根时,应怎样处理?

答:应更换新扁管。将取掉连接箱的单节放在工作台上,用氧焊枪消除扁管周围的焊料,用铬镍电阻焊接成扁形的热加片(截面为 0.05 mm×8 mm),再将电阻片的表面涂以绝缘层,烘干后,将电阻片放在要抽出的扁管内,两端接在交流焊机上,用 130～150 A 的电流加热,使扁管上焊接散热片的焊锡全部熔化,听到有“咔嚓”声时,切断电流,抽出扁管(连同电阻片),用砂布将新扁管表面打磨光亮后,插入单节内两端和管板焊好,然后将电阻片伸入扁管内,接通电流加热,使散热片上的焊锡熔化后,切断电流,抽出电阻片,冷却后再做前面所述的各种试验,合乎质量要求者即可装车使用。

59. 怎样使用千分尺?

答:应防止千分尺受到撞击或脏物侵入到测微螺杆内。若千分尺转动不灵活,则不可强行转动,也不可自行拆卸。千分尺使用时应轻拿轻放、正确操作,以防损坏或使螺杆过快磨损。不准在千分尺的微分筒和固定套管之间加酒精、柴油和普通机油。千分尺使用完毕应擦干净并涂防锈油,装入盒内并放在干燥的地方保管。按规定定期检查鉴定。不准测量运动中的工件,不准用来测量毛坯。不准与工件和其他工具混放,不准放在温度较高的地方,以防止受热变形。

60. 怎样判断柴油机启动时不发火或发火困难?

答:喷油泵齿条和供油拉杆卡死,不能移动或移动困难。柴油机紧急停车装置在作用位。燃油系统不能供油或燃油管路中存有大量空气和水分。联合调节器故障。电磁联锁 DLS 阀芯短或阀芯过紧,使 DLS 不能吸合。启动前未甩车,气缸内存有大量机油,造成背压过大。机油及冷却水温度太低或气缸内压缩压力不足。供油提前角调错。

61. 小修时怎样对 DF7G 型机车调控装置进行检查?

答:外观检查调速器无裂纹、泄漏,缓冲油杯无缺油,注油口滤网无破损,防尘堵良好。拉杆无抖动,柴油机无游车现象。油位符合要求(刻线上下 5 mm)。测量升降速时间。检查调速器步进电机接线良好。最高转速止挡、最低转速止挡无松动,步进电机的主从动伞形齿轮啮合状态良好。外观检查供油拉杆无裂纹、变形、弯曲,各拐臂、连接销、开口销完整,各滚轮转动灵活。检查横轴轴向间隙、整个杠杆系统总间隙不超过 0.6 mm,总阻力不超过 120 N。外观检查超速停车装置各部无裂纹,紧固状态是否良好。检查调控传动箱各部无裂纹、泄漏,用手按动紧急停车按钮,须作用灵活可靠,各泵齿条须立即回零刻线或略低于零刻线。检查极限调速器飞块无异状,弹簧、穿销无折损,锁母紧固状态良好。

62. 怎样分解 DF7G 型机车联合调节器伺服电动机?

答:从花键输出轴取下拐臂。松下供油传动装置的六条螺栓,用尖嘴钳取下电动机杆与链板连接销的开口销，把锥销取出，拆下拐臂链板，将下体盖和传动轴一起拿下。松下伺服电动机上杆头，拆下传动装置上盖与伺服体连接的四条螺栓，上盖取下，并用拔出器拔出油封。将伺服电动机放在调速器拆装台上，使用专用压套将弹簧压盖压住，用扳子松开盖上四条螺栓，松转丝杠，取下盖与动力活塞复原弹簧、作用顶杆及弹簧座。用尖嘴钳拔出动力活塞与杆连接的开口销，松下动力活塞固定螺母，取下动力活塞，抽出补偿活塞及伺服电动机杆。

63. 怎样检查和安装 DF7G 型机车气阀座？

答：外观检查气门座不得有裂纹、松动、不合格者应予更换，更换气门座须按如下步骤操作为先用专用工具拔出气门座，注意不要拉伤气门座安装孔。检查气门座安装孔，不得有严重拉伤，轻微拉伤允许用细砂纸打磨光滑。测量气门座孔安装内孔径，测量气门座外径。按平均尺寸计算配合过盈量，标准为 0.108～0.15 mm。把选配好的气门座放入液态氮中，冷却至液氮停止沸腾。此时，气门座温度为－180 ～－150 ℃，然后用尖嘴钳取出气门座并快速放入气门座安装孔中，用带锥角的冲击棒快速向下冲击，安装到位。

64. 小修时怎样对 DF7G 型机车车钩进行检查？

答：车钩“三态”(闭锁状态、开锁状态、全开状态)作用良好。车钩在闭锁状态时，3 号和改进型 3 号下作用式车钩钩锁往上的活动量为 5～15 mm，13 号下作用式车钩为 5～22 mm。钩锁与钩舌的接触面须平直，其高度不少于 40 mm，钩体防跳凸台和钩锁销的作用面平直，钩舌与钩体上、下承力面接触良好。车钩在闭锁状态时，钩锁尾部与钩体间隙不大于 4 mm，3 号下作用车钩钩舌与钩锁铁侧面间隙为 3 mm，改进型 3 号下作用式车钩钩舌与钩锁铁侧面间隙不大于 5 mm，13 号下作用式车钩钩舌与钩锁铁侧面间隙 6.5 mm。测量车钩中心线距轨面高度为 820～890 mm。

65. 怎样组装 DF7G 型机车超速停车器体？

答：将停车杆与连接臂用销连接好，再将摇臂与连接臂用销连接好，在摇臂上装上滚轮，用串销固定，销加垫，插入开口销，上好保险。将上述组件放入停车器体，用摇臂销固定在停车器体上。在调控传动装置停车器体弹簧压装台上，将弹簧座套入停车杆装入停车器体，装入停车弹簧，再用停车器体盖压紧弹簧，拧紧螺栓。将传动轴摇臂大端用停车轴串在停车器盖上，铰好锥销孔，打入锥销，摇臂小端与停车杆用传动摇臂销连接好。将停车器体装配与箱体装配，用垫片调整摇臂滚轮间的间隙至(0.8±0.1) mm。拧紧螺栓，摇臂偏心尺寸为 2.0～2.5 mm。用钢尺测量停车杆升程，把升程调整至不小于 20 mm 时，摇臂滚轮与紧急停车按钮的顶杆不许相碰。装上行程开关。

66. 怎样安装 DF7G 型机车止推轴承？

答：在止推轴承的两端涂以适量的机油后，装止推法兰和垫圈，并用 M12×1.25× 80 的螺栓将止推轴承压紧圈、止推轴承和止推法兰把紧。用 0.3 mm 塞尺检查轴承止推法兰内孔与轴颈的径向间隙均能塞入，然后装入挡圈，拧紧锁紧螺母。用百分表测量凸轮轴的横动量，横动量应在 0.10～0.45 mm 范围内，再用防缓螺栓锁死锁紧螺母，最后穿好各防缓铁丝。允许刮修止推轴承的止推面合金，但要均匀，接触面积应大于 60%。

67. 怎样攻螺纹？

答：根据工件上螺纹孔的规格，正确选择丝锥，先头锥后二锥，不可颠倒使用。工件装夹时，要使孔中心垂直于钳口，防止螺纹攻歪。用头锥攻螺纹时，先旋入 1～2 圈后，要检查丝锥是否与孔端面垂直(可目测或直角尺在互相垂直的两个方向检查)。当切削部分已切入工件后，每转 1～2 圈应反转 1/4 圈，以便切屑断落；攻钢件上的内螺纹，要加机油润滑，机油可使螺纹光洁，可省力和延长丝锥使用寿命；攻铸铁上的内螺纹可不加润滑剂或者煤油；攻铝及铝合金、紫铜上的内螺纹，可加乳化液。不要用嘴直接吹切屑，以防切屑飞入眼内。

68. 怎样使用游标卡尺测量零件内尺寸？

答：当测量零件的内尺寸时要使量爪分开的距离小于所测内尺寸，进入零件内孔后，再慢慢张开并轻轻接触零件内表面，用固定螺钉固定尺框后，轻轻取出卡尺来读数。取出量爪时，用力要均匀，并使卡尺沿着孔的中心线方向滑出，不可歪斜，免使量爪扭伤、变形和受到不必要的磨损，同时会使尺框走动，影响测量精度。测量内孔时卡尺两测量刃应在孔的直径上，不能偏歪。当量爪在错误位置时，其测量结果将比实际孔径 D 要小。用下量爪的外测量面测量内尺寸时，在读取测量结果时，一定要把量爪的厚度加上去。即游标卡尺上的读数加上量爪的厚度才是被测零件的内尺寸。测量范围在 500 mm 以下的游标卡尺，量爪厚度一般为 10 mm。但当量爪磨损和修理后，量爪厚度就要小于 10 mm，读数时这个修正值也要考虑进去。

69. 怎样分解 DF$_{7G}$ 型机车静液压泵(静液压电动机)？

答：将静液压泵(电动机)固定于专用翻转架上。拆下前端盖卡环、取下油封盖，拆下油封。拆下主轴上卡环，取下碟簧及座。拆下后端盖螺栓，取下后盖，然后将配流盘分解下来。松下前后泵体的紧固螺栓，取下后泵体。将油缸抽出，取下芯轴球套，弹簧和弹簧座。拆下压板紧固螺钉和压板，然后取下柱塞连杆(注意打好刻印)。将主轴从前泵体中拆出。将轴承 315、隔环、2 个 446315 轴承从前泵体中压出。将拆下的零部件放好，以免与其他零部件搞混。

70. 怎样分解 DF$_{7G}$ 型机车轴箱？

答：轮对轴箱打好标记，轮对打好止轮器。拆卸轴箱前端盖紧固螺栓，取下前端盖。用手锤和撬棍打开挡板上止动垫片或拆下挡板螺栓上的防缓铁丝，用专用扳手松下挡板上紧固螺栓，取下挡板。取出轴承止推环。用吊车将轴箱从轮对上吊下，置于检修地点。拆下轴箱后端盖紧固螺栓，取下后端盖。用压力机或用专用拔出器取下轴承外圈保持架组成及隔环，并做好相应标记，记好内、外圈和保持架序号。用带温控装置的电磁感应加热器加热内圈（温度小于等于 125 ℃），从车轴上取下内圈、防尘圈。

71. 怎样检测 DF8B 型机车燃油输送泵？

答：检查轴套应无松动、拉伤、腐蚀，不良者应予更换。检查齿轮轴应无裂纹、剥离、断齿。检查泵体、前后泵盖应符合技术要求，泵体内壁、齿轮端面、前后泵盖内侧面如有轻微拉伤，可用油石或刮刀清除。各密封平面应在研磨平台上研磨，消除轻微拉伤。更换油封。用 0～25 mm 外径千分尺测量主、从动齿轮轴，用 18～35 mm 内径量表测量轴套内径。两者的配合间隙原形为 0.03～0.074 mm（报废为 0.10 mm）。用塞尺测量主、从动齿轮顶圆直径与泵体孔的间隙，原形为 0.075～0.142 mm（报废为 0.20 mm）。分别测量主、从动齿轮宽度和泵体宽度，两者的配合间隙为 0.028～0.07 mm（报废为 0.15 mm）。更换轴套时，用 0～25 mm 外径千分尺测量轴套外径，用 18～35 mm 内径的百分表测量泵盖轴套孔，两者配合间隙为 0.015～0.023 mm。用 0～25 mm 的外径千分尺测量主动齿轮轴与联轴器配合部位的轴颈，用 10～18 mm 的内径百分表测量联轴器内孔，两者之间的配合间隙为 0.02～0.034 mm。用 25～50 mm 的外径千分尺测量油封座外径，用 35～50 mm 内径量表测量泵盖上油封座的内径，两者间的配合间隙为 0～0.1 mm，报废限度为 0.15 mm。

72. 怎样检修 DF7G 型机车旁承？

答：用顶镐顶起车架上旁承球头，拆下球头顶端螺栓及固定板，逐渐降低顶镐，取出旁承上部装置。检查旁承球头，测量球头厚度，轻微拉伤可以打磨，严重拉伤应修正。清洗旁承体及下摩擦板，下摩擦板不得低于旁承体镶入边，可在摩擦板下方加垫，每次中修应将摩擦板起出旋转 90°安装。摩擦板局部磨耗大于 0.3 mm 时应磨削，其表面粗糙度为 $Ra\,1.6$，旁承体裂漏应修复。根据解体前旁承体间高度差及下旁承的各配件加工施削量确定旁承垫调整厚度。调整后，上下旁承体的间隙在 10～15 mm 之内。且一台转向架旁承高度差不大于 4 mm。组装旁承体，摩擦板及球面座，旁承体用煤油检查，不许有渗油现象。

73. 怎样检修 DF7G 型机车机油离心精滤器？

答：检修前将全部零件用柴油清洗干净后，再用压缩空气吹扫干净，并保证转子轴、转子体和喷嘴的孔道吹扫通畅。检查下体进油管根部，不得有裂纹，如有裂纹可以焊修。检查上下轴承与上体和下体的安装应牢固。检查上下轴承内表面及止推面，应无严重拉伤、偏磨，否则应更换轴承。测量上下轴承内径，以保证与相应轴颈之间间隙为 0.04～0.15 mm。检查上下体应保证有不大于 0.3 mm 的安装间隙，局部抗劲允许钳工修复。检查试装转子盖与转子体应保证有不大于 0.1 mm 的安装间隙，局部抗劲允许修正。外观检查转子轴上下轴颈轴肩不得有严重拉伤、剥离，测量轴颈尺寸以保证轴承的间隙为 0.03～0.15 mm。外观检查集油管不得弯曲或碰伤，喷嘴应良好，否则更换。

74. 怎样检修 DF8B 型机车轴箱弹簧?

答:轴箱弹簧组分解时,应连同其调整垫片按转向架和轴位左右顺序编号,以免组装时混乱。检查弹簧及上下座板无裂纹、缺陷,止销无松动。在平台上测量弹簧的自由高度应为 249～256 mm。在弹簧试验机上试验各弹簧、工作高度,并记录。同一转向架和同一机车弹簧工作高度差应符合技术要求和限度表,当超过时允许加垫调整,但加垫厚度不得大于 2 mm。更换弹簧金属橡胶垫。组装时,先将弹簧及上下座组装后一起放至压力机上,将弹簧压缩至工作载荷高度 278～285 mm,然后装上两个专用的预紧卡环,松开压力机,恢复到组装高度 335 mm,依次卡好其余轴箱圆簧组。在转向架组装时,按位置标记依次把卡好卡环的各轴箱圆簧组及垫片、金属橡胶垫组装在轴箱弹簧座面上。机车车体落在转向架后,依次取下各弹簧卡环。

75. 怎样进行 DF7G 型机车轴箱与轮对的组装?

答:清洗轮对轴颈、防尘座颈和轴箱零件。复测防尘圈尺寸(抱轴瓦结构为 $\phi 195^{+0.046}_{0}$ mm,滚动抱轴结构为 $\phi 190^{+0.046}_{0}$ mm)。车轴防尘座尺寸(抱轴瓦结构为$\phi 195^{+0.106}_{+0.077}$ mm,滚动抱轴结构为 $\phi 190^{+0.106}_{+0.077}$ mm)。复测轴颈尺寸 $\phi 160^{+0.052}_{+0.027}$ mm、轴承外圈直径尺寸 $\phi 290^{0}_{-0.035}$ mm。将防尘圈均匀加热至 160～180 ℃,然后将之热套至轴颈上(防尘圈必须靠轴肩)。将轴承内圈均匀加热,加热最高温度为 125 ℃,将其热套到轴颈上,然后让其冷却至环境温度。将已经组装好的轴箱体及后盖、轴承外圈和滚柱、隔圈一并涂好油脂,沿其组装所用的导向套组装到轴承内圈上去。在轴端装上压盖,拧紧压盖的 3 个螺栓,力矩为 290 N·m,用钢丝锁紧。

76. 怎样组装 DF7G 型机车燃油泵?

答:所有零件均须检查合格方可组装。按拆卸时所作的标记原位组装。轴承座和复合轴承先装配成整体,再装入泵体。装入泵体的零件必须用煤油清洗干净,并涂以润滑油,组装中不得带入任何杂物。上、下轴承座和主、从动齿轮组装时,每对轴承座和每对齿轮的厚度差不得大于 0.01 mm。齿轮两侧的间隙应用纸垫调整,并达到限度要求。用专用套筒组装柔性石墨圈,柔性石墨圈必须轻拿轻放,以防碎裂或变形。组装完成后,应用手转动主动齿轮轴,不得有轻重不均或急跳现象。

77. 怎样检修 DF8B 型机车温控阀?

答:检修阀体、阀盖不得有裂纹及破损,局部轻微硬伤及毛刺用油石修整光滑。检查滑阀与阀体配合面状态,有轻微拉伤时,用油石修整光滑,并用研磨剂研磨,使滑阀能在自重下沿阀体缓慢落下。测量滑阀外径和阀体内径,其间隙为 0.015～0.03 mm。检查弹簧、挡圈、弹簧座、阀体挡圈槽不得有裂纹及破损。检查调节螺钉,螺纹与锥面状态应良好。感温元件在中修时,必须更换新品。组装后应进行性能试验。低温下恒温元件动作温度范围为(50±2) ℃,高温为(60±2) ℃。初始推力 160 N,推杆行程须大于 7 mm。

78. 怎样组装和调整 DF_{8B} 型机车静液压变速箱?

答:将各轴组件用柴油(汽油)清洗、吹干、擦净。将各轴装配装于下箱体上。向各齿轮、轴承注以干净的润滑油,用丙酮擦拭上、下箱体分箱面及各结合面,均匀涂上密封胶,盖好上箱体,紧固靠近轴承两侧螺栓,用压铅法测量各齿轮啮合间隙,各齿轮啮合间隙小于等于 0.7 mm。松开轴承两侧螺栓,打入定位销,均匀紧固各结合面螺栓。检查各轴应转动灵活。调整主从动轴轴向间隙,应符合技术条件要求。正确装入各轴承盖(注意回油槽的位置)及石棉纸垫,用螺栓均匀紧固在相应的箱体上。热装或用液压拆装工具装上主传动轴法兰(过盈量或压入行程应符合要求),装上防缓垫片,紧固防缓螺母,防缓片翻边止动。将通风机传动法兰套装到花键上,装上防缓片,紧固防缓螺母,防缓片翻边止动。校验各轴轴向间隙,手动主轴应转动灵活无卡滞。

79. 怎样调整百分尺的间隙?

答:百分尺在使用过程中,由于磨损等原因,会使精密螺纹的配合间隙增大,从而使示值误差超差,必须及时进行调整,以保持百分尺的精度。要调整精密螺纹的配合间隙,应先用制动器把测微螺杆锁住,再用专用扳手把测力装置松开,拉出微分筒后再进行调整。在螺纹轴套上,接近精密螺纹一段的壁厚比较薄,且连同螺纹部分一起开有轴向直槽,使螺纹部分具有一定的胀缩弹性。同时,螺纹轴套的圆锥外螺纹上旋着调节螺母。当调节螺母往里旋入时,因螺母直径保持不变,就迫使外圆锥螺纹的直径缩小,于是精密螺纹的配合间隙就减小了。然后,松开制动器进行试转,看螺纹间隙是否合适。间隙过小会使测微螺杆活动不灵活,可把调节螺母松出一点,间隙过大则使测微螺杆有松动,可把调节螺母再旋进一点。直至间隙调整好后,再把微分筒装上,对准零位后把测力装置旋紧。

80. 怎样组装 DF_{7G} 型机车燃油粗滤器?

答:将滤器座置于钳工台固定座上。芯杆装入滤器座内,将芯杆上的 O 形密封圈换新。把滤片网芯垫片分别间隔装在芯杆上。把 M27×1.5 螺母拧紧到适当的紧度,套上限位管。把更换好法兰密封槽内橡胶垫的滤器体装在滤器座上,紧固法兰四角上的螺栓及螺母,注意密封垫放平,不要漏气,否则会造成燃油泵吸入空气,建立不起压力。拧上盖形螺母,螺母内的 O 形密封圈换新。封住所有进出口,入库。填写检修记录。

81. 怎样确定 DF_{7G} 型机车右侧凸轮轴位置?

答:用 0.38 专用工具装入第 12 缸进气推杆上并紧固。在凸轮基圆位置时,把百分表压缩 2 mm 后对“0”。顺时针方向盘动曲轴,使曲轴转至第 12 缸上止点前 42°20′20″,即盘车机构指针对准刻度盘 267°40′20″。对控制端顺时针方向单独转动左凸轮轴,使第 12 缸进气凸轮的升程为(0.38+0.02) mm。装上左侧凸轮轴齿轮,调节器传动法兰,并初步固定(注意:为使调整准确,此时应在逆时针方向消除齿侧间隙)。盘动曲轴重复一次,验证上述数值的正确性。取下 0.38 专用工具,并将 0.38 专用工具装入第一缸进气推杆上并紧固,在凸轮基圆时,把百分表压缩 2 mm 后对“0”。顺时针盘动曲轴转至第 1 缸上止点前 42°20′20″,

即盘车机构指针对准 317°40′20″，此时要特别注意，曲轴的位置应第 12 缸上止点前 42°20′20″在同一周内。面对控制端顺时针方向单独转动右凸轮轴，使第一缸进气凸轮升程为（0.38＋0.02）mm。装右侧凸轮轴齿轮，转速表传动法兰并初步固定（注意：此时应该在逆时针方向消除齿侧间隙）。

82. DF8B 型机车调速器组装后将怎样进行试验？

答：调速器须能顺利启、停机。最低转速（400 r/min）和标定转速（1 000 r/min）时转速允差为 10 r/min。工况变换时，伺服电动机杆波动不超过 3 次，稳定时间不超过 10 s。在稳定工况下，调速器转速波动不许超过 6 r/min。在标定转速时，伺服电动机杆抖动量不许超过 0.1 mm，在最低转速时，伺服电动机杆拉动量不许超过 0.2 mm。功率伺服器在 300°转角内转动须灵活，从最大励磁位到最小励磁位电阻变化值为 0～487 Ω。当油温不低于 50 ℃时，恒压室工作油压在所有工况下不低于 0.88 MPa。步进电动机转动须灵活，扭矩不小于 0.5 N·m。停车电磁阀在不低于 30 V 直流电压时须能吸合，吸力不许低于 50 N，在（70±5）V 直流电压时，须能在 120 ℃正常工作，吸力不得低于 100 N。试验过程中，各部分不许渗油。

83. 怎样分解 DF7G 型机车联合调节器上体？

答：解体前用柴油或清洗液把调节器表面清洗干净，同时对转动件应确认在组装前是否灵活。下上盖的紧固螺栓，松出放油堵，放出工作油。测量伺服电动机杆调节螺栓长度，并做好记录，以备组装时参考。拆下步进电机。拆下联合杠杆，注意带刻度的连接板，组装时应朝外侧，拧下作用杠杆顶部的锁紧螺母，拆下伞形齿轮顶部功率调整轮的顶丝，松出功率滑阀偏心调整穿销。松开上体与下体的连接螺栓，取下上体。拆下增、减载速度针阀。松出功率滑阀微动套埋头螺钉，拆下调整偏心块，按顺序依次取出功率滑阀，微动套及套座弹簧。在解体过程中，应注意各部件状态。

84. 怎样使用锯弓？

答：起锯的方式有远边起锯和近边起锯两种，一般情况采用远边起锯。因为此时锯齿是逐步切入材料，不易卡住，起锯比较方便。起锯角 α 以 15°左右为宜。为了起锯的位置正确和平稳，可用左手大拇指挡住锯条来定位。起锯时压力要小，往返行程要短，速度要慢，这样可使起锯平稳。锯割时，手握锯弓要舒展自然，右手握住手柄向前施加压力，左手轻扶在弓架前端，稍加压力。人体重量均布在两腿上。锯割时速度不宜过快，以每分钟 30～60 次为宜，并应用锯条全长的三分之二工作，以免锯条中间部分迅速磨钝。推锯时锯弓运动方式有两种，一种是直线运动，适用于锯缝底面要求平直的槽和薄壁工件的锯割；另一种是锯弓上下摆动，这样操作自然，两手不易疲劳。锯割到材料快断时，用力要轻，以防碰伤手臂或折断锯条。锯割圆钢时，为了得到整齐的锯缝，应从起锯开始以一个方向锯以结束。如果对断面要求不高，可逐渐变更起锯方向，以减少抗力，便于切入。

85. 怎样使用内卡钳?

答:用内卡钳测量内径时,应使两个钳脚的测量面的连线正好垂直相交于内孔的轴线,即钳脚的两个测量面应是内孔直径的两端点。因此,测量时应将下面的钳脚的测量面停在孔壁上作为支点,上面的钳脚由孔口略往里面一些逐渐向外试探,并沿孔壁圆周方向摆动,当沿孔壁圆周方向能摆动的距离为最小时,则表示内卡钳脚的两个测量面已处于内孔直径的两端点了。再将卡钳由外至里慢慢移动,可检验孔的圆度公差。用已在钢直尺上或在外卡钳上取好尺寸的内卡钳去测量内径。就是比较内卡钳在零件孔内的松紧程度。如内卡钳在孔内有较大的自由摆动时,就表示卡钳尺寸比孔径内小了;如内卡钳放不进,或放进孔内后紧得不能自由摆动,就表示内卡钳尺寸比孔径大了,如内卡钳放入孔内,按照上述的测量方法能有1～2 mm的自由摆动距离,这时孔径与内卡钳尺寸正好相等。测量时不要用手抓住卡钳测量,这样手感就没有了,难以比较内卡钳在零件孔内的松紧程度,并会使卡钳变形而产生测量误差。

86. 怎样抽 DF_{8B} 型机车活塞连杆组?

答:用专用扳手松下连杆螺钉(每根连杆暂留一条不取下),注意不要碰伤螺纹丝扣。将1～8缸顶平面转到水平位置,转动曲轴,拆下余留螺钉,同时取下瓦盖,注意检查瓦盖标志是否与连杆标志一致,否则应重新标注,原标志取消。用专用吊具吊出活塞连杆组,放专用架存放送专修组。在盘动曲轴时,如发现个别缸套上窜,应用工艺套将缸套压住,严禁将活塞连杆组和缸套一起吊出。

87. 怎样检修 DF_{8B} 型机车油底壳?

答:拆机座上的滤油网,用柴油清洗,用空气吹扫,破损处可用铜焊修复。卸吸油道进口处滤网,用柴油清洗,用空气吹扫。机座送入清洗设备中清洗。刮净、清除各安装配合面的残存石棉垫。检查机座各处有无裂纹 ,允许焊修,焊修应使用42A焊条。焊修完毕后应灌水作渗漏试验,保持20 min无泄漏。

88. 怎样组装 DF_{7G} 型机车机体与油底壳?

答:吊起机体,在机体底面前后端对角分别入一个导向定位销,然后将机体缓缓吊近油底壳,机体离油底壳5～10 mm,每边拧入36个螺栓,对准螺孔,油底壳与机体初步连接后,拔出导向销,拧上全部螺母,把油底壳初步固定在机体上(此时天车依然吊住机体)。校验安装位置,将机体的输出端和油底壳端面用平尺靠齐,平齐度误差不大于0.05 mm。检查机体与油底壳在水平左右方向的位置。安装位置校正后,紧固好全部螺栓。机体与油底壳组装好后,在机体前端装上柴油机支承,后端装上工艺支承,用441 N·m力矩紧固好柴油机支承螺栓,其与机体结合面应密贴,然后将柴油机吊放到水平台位上,油底壳与机体结合面用0.03 mm塞尺不得塞入。

89. 怎样连接 DF_{7G} 型供油拉杆?

答:检查调整夹头销端头与拨叉座间隙应为0.5～2.5 mm,抽出第1、7缸以外的全部夹头销并转动90°,使夹头销的横销子卡入在浅槽内。连接弹性杆,这时摇臂对铅垂线左、右摆动角大小应差不多。初步确定摇臂位置及第7缸油泵齿条在0刻线,根据油泵齿条位置可适当调整该夹角。调节弹性杆长度,使第7缸喷油泵齿条在0刻线。调整右调节杆,使第一缸喷油泵齿条在0刻线,锁紧连接杆的螺钉。扳动传动轴,检查1、7缸喷油泵齿条应能同时回到0刻线和拉出14刻线。将其余夹头销插入各喷油泵齿条拨叉座内,并调整各齿条均应在0刻线。扳动传动轴,各喷油泵应能拉出14刻线,在0～14刻线任何位置安装紧急停车拉杆,调整紧急停车拉杆长度,扳动传动轴,复查油泵齿条应能拉出14刻线,且横轴上触头与紧急停车按钮摇臂触头不应接触。当油泵齿条在最大刻线位时,按下紧急停车按钮,这时各油泵齿条应能回"0"。固定任一侧供油拉杆,在弹性杆处测量控制机构总间隙应为0.5～2.5 mm。在弹性杆连接处,用弹簧秤拉动整个供油拉杆系统,总阻力不大于118 N。

90. DF$_{7G}$型机车柴油机—同步主发电机组向机车上安装时应怎样检查?

答:柴油机—同步主发电机组轴向中心线与车体纵向中心线在机组前后输出轴端处水平方向的位置度允差为4 mm,自由端弹性支座安装中心线与车架横梁中心线的距离为(1 520±3) mm(C型机车)或(1 650±3) mm(D型机车)。弹性支承的橡胶元件表面不许裂损,但允许存在不大于70%圆周面积的发纹。当更换橡胶元件时,橡胶减振元件加载70 kN,检查其静挠度须为8～14 mm,橡胶元件静挠度允差为2 mm。柴油机支承螺栓的螺母与垫圈须有(5±0.5) mm的间隙。原柴油机装车时,各弹性支座下面的调整垫片须对号入座,确保4个橡胶元件顶面高度允差为2 mm。柴油机—同步主发电机缓冲支座须刚贴靠且不受压缩。缓冲支座上球座杆与同步主发电机座孔单侧间隙不小于2 mm。柴油机支承与机体须接触良好,用0.05 mm塞尺检查不许贯通。

91. DF$_{8B}$型机车双流道散热器补强板处管子泄漏时,应怎样处理?

答:补强板处管子泄漏时,锯掉和管板连接所有管子头(要保证单节有效长度和组装后的实际长度),若组装后的长度不够时,可用加高管板来调整,将截断的管子上的散热片,取下5～6片,并将管子端锉平,清除脏物,焊料和氧化皮等,然后将选配好的管板放在比重为1.7～1.84的硫酸中浸泡5 min,再用清水洗净,清除表面杂质,然后用铆钉将管板和补强板铆在一起,管板的平均挠度不得大于2 mm,否则应刨削平面,然后套在单节的各扁管上,使扁管伸出管板平面1.5～2.5 mm,用毛刷蘸含50%盐酸的水溶液,刷洗其表面,当管板与偏管表面无光泽时,用冷水冲洗,然后放在80～90 ℃热水中浸泡。焊接时,偏管的表面上均匀涂上一层不含机械杂质的硼砂,用氧气枪均匀加热至硼砂全部熔化为止,然后向管板上浇水,用压缩空气吹去表面多余的硼砂和杂质。用磷铜焊料焊接,焊后将偏管头部张开,用0.8×15 mm的塞尺检查,伸长度应为130 mm,然后对单节再做严密性试验,确认无泄漏时,可将连接箱放在管板上进行焊接,焊接时应加热至100～120 ℃,用ϕ3 mm黄铜焊条焊接,焊波宽度应大于5 mm,且均匀无砂眼。

92. DF8B 型机车转向架总组装后怎样检查?

答:每次转向架落车后,均应检查同一转向架和各个轴箱弹簧工作高度允差 2 mm。当超过时,允许加垫调整,但加垫厚度不得大于 2 mm。同一机车各个轴箱弹簧工作允差 3 mm。橡胶堆旁承工作高度差同一转向架内不大于 1 mm,同一机车内不大于 2 mm,如超过,允许用调整垫片调整。安全托与电机托座间距离应为(50±10) mm。牵引杆、连接杆与电机吊座端面间距离不小于 6 mm。检查各连接螺栓,应无松动。砂箱装配应密贴,用 0.15 mm 塞尺检查,应塞不到螺栓根部。各制动装置动作应灵活,不得有卡滞现象。制动缸内通入压缩空气时,闸瓦应作用良好且压紧在车轮踏面,制动缸不得有泄漏。油压减振器应具有阻力系数试验单。如果是带箍车轮,轮对轮箍弛缓标记应完整、清晰、正确。

93. 怎样检测 DF8B 型机车启动机油泵?

答:检查轴套应无松动、拉伤、腐蚀,不良者应予更换。检查齿轮轴应无裂纹、剥离、断齿。检查泵体、前后泵盖应符合技术要求,泵体内壁、齿轮端面、前后泵盖内侧面如有轻微拉伤,可用油石或刮刀清除。各密封平面应在研磨平台上研磨,消除轻微拉伤。更换油封。用 0～25 mm 外径千分尺测量主、从动齿轮轴,用 18～35 mm 内径量表测量轴套内径。两者的配合间隙原形为 0.03～0.074 mm(报废为 0.10 mm)。用塞尺测量主、从动齿轮顶圆直径与泵体孔的间隙,原形为 0.075～0.142 mm(报废为 0.20 mm)。分别测量主、从动齿轮宽度和泵体宽度,两者的配合间隙为 0.028～0.07 mm(报废为 0.15 mm)。更换轴套时,用 0～25 mm 外径千分尺测量轴套外径,用 18～35 mm 内径的百分表测量泵盖轴套孔,两者配合间隙为 0.015～0.023 mm。用 0～25 mm 的外径千分尺测量主动齿轮轴与联轴器配合部位的轴颈,用 10～18 mm 的内径百分表测量联轴器内孔,两者之间的配合间隙为 0.02～0.034 mm。用 25～50 mm 的外径千分尺测量油封座外径,用 35～50 mm 内径量表测量泵盖上油封座的内径,两者间的配合间隙为 0～0.1 mm,报废限度为 0.15 mm。

94. 怎样检查 DF8B 型机车单元制动器?

答:更新所有耐油石棉橡胶板密封垫。螺杆与箱体间的橡胶防尘罩、连接手制动装置的杠杆端部的橡胶防尘套均不得破损、老化,不良者更新。皮碗不得老化、磨损、破裂,不良者更新。检查制动缸体内径面不允许有拉伤(轻微拉伤允许用细砂皮打除),制动缸体内壁的局部锈蚀应予消除,锈蚀严重影响与皮碗接触的则更换。检查缓解弹簧应作用良好,无塑性变形。检查其在 677 N 和 1 160 N 的压力下的工作高度应符合限度表的规定。检查螺杆销、杠杆销等与对应衬套应无严重磨耗。探伤检查各销,应无裂纹。检查各销与对应衬套的间隙,应符合限度表的要求。检查闸瓦托、闸瓦撑状态良好、无裂纹。探伤检查瓦托与箱体间的焊缝处应无裂纹。杠杆无磨损,探伤检查无裂纹。螺杆无磨损和变形,牙形完好,探伤检查焊缝和杆身无裂纹。对于已经解体的闸瓦间隙调整机构,应检查各部状态良好。对于已经解体的螺杆复位机构,应检查轴承保持架完好,滚珠无严重磨耗,滚道无锈蚀。压圈、挡套、调隙挡状态良好。

95. 怎样进行 DF8B 型机车吊运构架、落车？

答：落车时特别注意防止轴箱体的轴箱止挡与构架上的轴箱止挡碰撞。接通架车机电源，按下架车机电源开关，抬高车体至一定高度。拆除支撑架车时，各架车机必须有专人看管。在任一电动机上接通牵车机电源（或人力推），将转向架推至车体下方，对准各旁承的对应位置（必要时轨面撒上黄砂，以增大轮轨间的摩擦力，便于转向架推进）。落下车体时，必须注意旁承与车体上的旁承安装窝对准，构架两侧向支撑不得妨碍落车。装上手制动连接销，穿好开口销并劈开，角度不小于 30°。装上并拧紧连接车体处的横向油压减振器，紧固螺栓，穿好开口销并劈开。测量转向架与车体侧挡间隙，左右之和应为 28～32 mm，如不在此范围内，可用加减垫片的方法调整，但左右侧的垫片厚度应相等。装好橡胶垫和下盖板，拧紧吊杆螺母。用套筒扳手拧紧连接车体处的牵引拉杆紧固螺栓，打好保险，组装完毕，检查牵引销与销座结合处斜面应密贴，局部间隙用 0.05 mm 的塞尺检查，塞入深度不得大于 10 mm，销和槽底部间隙应不小于 0.5 mm，牵引销紧固托板两端与安装座的间隙应相等，组装如有偏差，可用油压镐顶进，严禁用锤敲击。保险片状态良好。顺时针转动手制动摇把，检查手制动装置作用良好，然后复原。拆卸轴箱圆弹簧专用卡子，检查圆弹簧上盖和下座定位销是否入定位孔。

96. 怎样组装 DF7G 型机车抱轴瓦？

答：抱轴瓦组装时，应测量轴颈直径，并做好记录。将检修好的牵引电机放在支架上，用布将电机的瓦座擦净，套上小齿轮的密封胶圈。将上瓦及键放在电机瓦座上，并在瓦合金表面上浇抱轴瓦油。吊轮对放在抱轴瓦上，扣好下瓦，检查瓦合口面应无间隙、错位，如有间隙应检查键是否合适，键与上瓦是否贴靠。将防尘罩放在两抱轴瓦中间的槽内，分别扣上抱轴油盒，再装上螺钉。紧固抱轴油盒螺钉时，先向一端撬动下瓦，使该侧抱轴瓦口对齐，均匀紧固螺钉后再向另一端撬动上瓦，使该侧抱轴瓦口对齐，均匀紧固螺钉。组装完毕检查，抱轴横动量 1～4 mm，抱轴瓦瓦背与抱轴瓦盖、瓦座接触状态良好，局部间隙用 0.25 mm 塞尺检查，塞入深度不得大于 15 mm。用塞尺检查油润间隙应在 0.2～0.7 mm 范围内，左右瓦间隙差不得大于 0.2 mm。检查防尘罩是否灵活。

97. 怎样组装 DF8B 型机车缓冲器？

答：确认各配件状态良好，是合格品且各零部件表面洁净、摩擦面不准有油污方可施行组装，将箱体倒置于组装台位的下支承体上，依次放入角弹簧座→角弹簧→外圆弹簧→内圆弹簧→弹簧座→外固定板→固定斜板→复原弹簧→中心楔块→楔块→动板→销子（铜条组装前安放在楔块里）。箱体内腔应清理干净。4 个角簧自由高差不大于 2 mm，角弹簧要放端正，保证与箱体底面垂直。同一缓冲器内的内弹簧自由高应不高于外弹簧自由高。外弹簧簧尖与箱体内腔壁相邻近，内弹簧上端簧尖与外弹簧上端簧尖相背，并保证内外弹簧的稳定性（手动检查应平稳无晃动）。为保证外固定板、动板、中心楔块、楔块、固定斜板表面洁净无油污，组装时，操作者应使用干净手套，并及时更换新手套，在组装前把能接触到缓冲器零部件的设备、工装擦拭干净，并在设备工作台上铺一层干净的防油纸板。为确保大容量缓冲器性能的稳定，在组装时，对外固定板、楔块、固定斜板、销子的位置应严格的按规定进行。

98. 怎样使用外卡钳?

答:外卡钳在钢直尺上取下尺寸时,一个钳脚的测量面靠在钢直尺的端面上,另一个钳脚的测量面对准所需尺寸刻线的中间,且两个测量面的连线应与钢直尺平行,人的视线要垂直于钢直尺。用已在钢直尺上取好尺寸的外卡钳去测量外径时,要使两个测量面的连线垂直零件的轴线,靠外卡钳的自重滑过零件外圆时,我们手中的感觉应该是外卡钳与零件外圆正好是点接触,此时外卡钳两个测量面之间的距离,就是被测零件的外径。所以,用外卡钳测量外径,就是比较外卡钳与零件外圆接触的松紧程度,以卡钳的自重能刚好滑下为合适。如当卡钳滑过外圆时,我们手中没有接触感觉,就说明外卡钳比零件外径尺寸大,如靠外卡钳的自重不能滑过零件外圆,就说明外卡钳比零件外径尺寸小。切不可将卡钳歪斜地放上工件测量,这样有误差。由于卡钳有弹性,把外卡钳用力压过外圆是错误的,更不能把卡钳横着卡上去。对于大尺寸的外卡钳,靠它自重滑过零件外圆的测量压力已经太大了,此时应托住卡钳进行测量。

99. 怎样校正百分尺的零位?

答:所谓"校对百分尺的零位",就是把百分尺的两个测砧面擦干净,转动测微螺杆使它们贴合在一起(这是对0～25 mm的百分尺而言,若测量范围大于0～25 mm时,应该在两测砧面间放上校对样棒),检查微分筒圆周上的"0"刻线,是否对准固定套筒的中线,微分筒的端面是否正好使固定套筒上的"0"刻线露出来。如果两者位置都是正确的,就认为百分尺的零位是对的,否则就要进行校正,使之对准零位。如果零位是由于微分筒的轴向位置不对,如微分筒的端部盖住固定套筒上的"0"刻线,或"0"刻线露出太多,0.5的刻线搞错,必须进行校正。此时,可用制动器把测微螺杆锁住,再用百分尺的专用扳手,插入测力装置轮轴的小孔内,把测力装置松开(逆时针旋转),微分筒就能进行调整,即轴向移动一点。使固定套筒上的"0"线正好露出来,同时使微分筒的零线对准固定套筒的中线,然后把测力装置旋紧。如果零位是微分筒的零线没有对准固定套筒的中线,也必须进行校正。此时,可用百分尺的专用扳手,插入固定套筒的小孔内,把固定套筒转过一点,使之对准零线。但当微分筒的零线相差较大时,不应当采用此法调整,而应该采用松开测力装置转动微分筒的方法来校正。

100. DF8B 型机车启动变速箱组装后应怎样测试?

答:变速箱组装后需转动灵活,并做空转磨合试验。变速箱装车后运转平稳无异声,分箱面无渗漏。箱体温度≤80 ℃,油封在起、停机时允许有微量渗油。各齿轮啮合间隙0.25～0.70 mm,齿轮轴轴向间隙为0.3～0.6 mm。各齿轮与轴配合过盈量为主动齿轮0.124～0.168 mm;启动电机齿轮0.083～0.121 mm;中间齿轮0.083～0.121 mm;励磁机齿轮0.083～0.121 mm;法兰锥度配合面接触面积≥70%,且均布。压入行程为主动轴法兰6～8.5 mm;启动电机轴法兰5～6.5 mm;其余各轴法兰2.5～4 mm。迷宫圈、挡圈与轴配合过盈量为0.01～0.02 mm。更换迷宫圈挡圈时应测量迷宫圈、挡圈与轴承盖的径向间隙(注意挡圈螺纹旋向)为:迷宫圈与轴承盖0.50～0.66 mm;轴向间隙2.0 mm;挡圈与轴承盖0.17～0.257 mm。

S1 DF4DK 型机车车钩的检查

1. 考场准备

要求在检修库内股道上停留一台 DF4DK 型机车,机车必须在停机状态,机车两端地沟上设有稳固整洁的渡板,考场周围整洁并有隔离措施。

2. 材料工具准备

序号	名称	规格	数量	备注
1	车钩高度专用测尺		1 把	
2	检车锤		1 把	
3	内卡钳	250 mm	1 把	
4	外卡钳	250 mm	1 把	
5	钢直尺	200 mm	1 把	

3. 考核要求

(1)被认定人入场后,首先由裁判告知题目,其次由被认定人检查设备、机具,准备工、卡、量具,当被认定人告知裁判可以开始时,由裁判员开始计时。

(2)考核时间为 15 min。

(3)考核时被认定人应按规定穿戴防护用品,考试中出现挤伤、砸伤等人身伤害情况时立即终止考试,成绩为零。

(4)考核过程中被认定人出现违规使用设备、机具或出现断裂、超压、失控等毁坏设备情况时,终止考试,成绩为零。

(5)考核过程中裁判可以根据现场情况向被认定人提问,以确认被认定人的测量数据、故障判断等是否真实有效。

(6)考核完毕后,由被认定人在评分表上签字确认。

4. 考核评分

(1)考评人员 3 名以上。

(2)评分程序及规则:考评员根据考生操作情况对照计分标准在评分表上给予记录评分。

(3)算分方法:采用百分制,满分 100 分,60 分及以上为及格。

职业技能认定
内燃机车钳工(初级工)实作技能考核评分记录表

单位：________ 姓名：________ 准考证号：________ 工种：________ 级别：________

试题名称：DF_{4DK} 型机车车钩的检查

考核时间：15 min

操作开始时间： 时 分 操作结束时间： 时 分

项 目	考核内容及评分标准	扣分因素及扣分	得 分
操作程序 (10分)	1. 考核前未检查场地安全防护设施扣2分		
	2. 检查、操作程序错误，不会口述、操作时，每次扣2分		
	3. 工序错乱，工作中出现返工、返回检查时，每次扣5分		
作业质量 (60分)	1. 检查之前未确认机车状态，部件温度、稳固等状态，每次扣3分		
	2. 对部件说不出或说错名称、检查顺序混乱、检查内容缺项、漏检等，每次扣3分		
	3. 对需开盖、晃动、敲击等方法进行检查的内容不熟悉，对带压部件检查时未进行呼唤等，每次扣3分		
	4. 对不符合技术要求或有故障的部件进行记录(如果是裁判设置或施画的假设故障，需填写在记录表内)，错漏一项扣5分		
	5. 检查后各开关、盖板、罩子等，需进行恢复，每漏一项扣2分		
工具使用 (10分)	1. 开工前未检查工、量具及设备，收工时不整理扣2分		
	2. 工、卡、量具及设备使用不当，每次扣2分		
	3. 工、量具脱落，每次扣2分		
作业安全 (10分)	1. 未按规定着装扣2分		
	2. 违规操作或违反安全事项扣5分		
	3. 发生事故失格，取消成绩		
考核时间 (10分)	1. 作业在规定时间内完成		
	2. 每超1 min扣2分		
	3. 超过5 min停止考核		
合计 (100分)			

考评员签名： 认定人： 年 月 日

S2　DF4DK 型机车排气总管检修

1. 考场准备

要求在检修库内股道上停留一台 DF4DK 型机车，机车必须在停机状态，机车两端地沟上设有稳固整洁的渡板，考场周围整洁并有隔离措施。

2. 材料工具准备

序　号	名　称	规　格	数　量	备　注
1	开口扳手		1套	
2	刮刀		1把	
3	克丝钳		1把	
4	铁刷		1把	

3. 考核要求

(1)被认定人入场后，首先由裁判告知题目，其次由被认定人检查设备、机具，准备工、卡、量具，当被认定人告知裁判可以开始时，由裁判员开始计时。

(2)考核时间为 20 min。

(3)考核时被认定人应按规定穿戴防护用品，考试中出现挤伤、砸伤等人身伤害情况时立即终止考试，成绩为零。

(4)考核过程中被认定人出现违规使用设备、机具或出现断裂、超压、失控等毁坏设备情况时，终止考试，成绩为零。

(5)考核过程中裁判可以根据现场情况向被认定人提问，以确认被认定人的测量数据、故障判断等是否真实有效。

(6)考核完毕后，由被认定人在评分表上签字确认。

4. 考核评分

(1)考评人员 3 名以上。

(2)评分程序及规则：考评员根据考生操作情况对照计分标准在评分表上给予记录评分。

(3)算分方法：采用百分制，满分 100 分，60 分及以上为及格。

职业技能认定
内燃机车钳工(初级工)实作技能考核评分记录表

单位：________　姓名：________　准考证号：________　工种：________　级别：________

试题名称：DF$_{4DK}$型机车排气总管检修

考核时间：20 min

操作开始时间：　时　分　　　　操作结束时间：　时　分

项　目	考核内容及评分标准	扣分因素及扣分	得　分
操作程序 (10分)	1. 考核前未检查场地安全防护设施扣2分		
	2. 检查、操作程序错误，不会口述、操作时，每次扣2分		
	3. 工序错乱，工作中出现返工时，每次扣5分		
作业质量 (60分)	1. 分解过程中，出现顺序不对、违规使用工具、部件掉落等情况时，每次扣3分		
	2. 对各部件进行检查、清洗、探伤、修理、测量等工序，漏检一项扣2分		
	3. 对不符合技术要求或有故障的部件进行记录、检修或更换(如果是裁判设置或施画的假设故障，只记录不处理)，错、漏一项扣5分		
	4. 按顺序要求组装，出现遗漏、装反、强行装入、未按要求操作等情况时，每次扣5分		
	5. 组装后检查(试验)，检查(试验)数据不准确，每缺、漏、错一项扣2分		
工具使用 (10分)	1. 开工前未检查工、量具及设备，收工时不整理扣2分		
	2. 工、卡、量具及设备使用不当，每次扣2分		
	3. 工、量具脱落，每次扣2分		
作业安全 (10分)	1. 未按规定着装扣2分		
	2. 违规操作或违反安全事项扣5分		
	3. 发生事故失格，取消成绩		
考核时间 (10分)	1. 作业在规定时间内完成		
	2. 每超1 min扣2分		
	3. 超过5 min停止考核		
合计 (100分)			

考评员签名：　　　　　　　认定人：　　　　　　　年　月　日

S3 更换 DF8B 型机车单元制动器螺杆端部防尘罩

1. 考场准备

要求在检修库内股道上停留一台 DF8B 型内燃机车，机车必须在停机状态，机车两端地沟上设有稳固整洁的渡板，考场周围整洁并有隔离措施。

2. 材料工具准备

序 号	名 称	规 格	数 量	备 注
1	开口扳手		1套	
2	撬棍		1根	
3	活扳手	15寸	1把	
4	轮对滚动轴承脂		适量	
5	防尘罩(新品)		1个	

3. 考核要求

(1)被认定人入场后，首先由裁判告知题目，其次由被认定人检查设备、机具，准备工、卡、量具，当被认定人告知裁判可以开始时，由裁判员开始计时。

(2)考核时间为 15 min。

(3)考核时被认定人应按规定穿戴防护用品，考试中出现挤伤、砸伤等人身伤害情况时立即终止考试，成绩为零。

(4)考核过程中被认定人出现违规使用设备、机具或出现断裂、超压、失控等毁坏设备情况时，终止考试，成绩为零。

(5)考核过程中裁判可以根据现场情况向被认定人提问，以确认被认定人的测量数据、故障判断等是否真实有效。

(6)考核完毕后，由被认定人在评分表上签字确认。

4. 考核评分

(1)考评人员 3 名以上。

(2)评分程序及规则：考评员根据考生操作情况对照计分标准在评分表上给予记录评分。

(3)算分方法：采用百分制，满分 100 分，60 分及以上为及格。

职业技能认定
内燃机车钳工(初级工)实作技能考核评分记录表

单位:________ 姓名:________ 准考证号:________ 工种:________ 级别:________

试题名称:更换 DF_{8B} 型机车单元制动器螺杆端部防尘罩

考核时间:15 min

操作开始时间: 时 分 操作结束时间: 时 分

项 目	考核内容及评分标准	扣分因素及扣分	得 分
操作程序(10分)	1. 考核前未检查场地安全防护设施扣2分		
	2. 检查、操作程序错误,不会口述、操作时,每次扣2分		
	3. 工序错乱,工作中出现返工时,每次扣5分		
作业质量(60分)	1. 分解过程中,出现顺序不对、违规使用工具、部件掉落等情况时,每次扣3分		
	2. 对各部件进行检查、清洗、探伤、修理、测量等工序,漏检一项扣2分		
	3. 对不符合技术要求或有故障的部件进行记录、检修或更换(如果是裁判设置或施画的假设故障,只记录不处理),错、漏一项扣5分		
	4. 按顺序要求组装,出现遗漏、装反、强行装入、未按要求操作等情况时,每次扣5分		
	5. 组装后检查(试验),检查(试验)数据不准确,每缺、漏、错一项扣2分		
工具使用(10分)	1. 开工前未检查工、量具及设备,收工时不整理扣2分		
	2. 工、卡、量具及设备使用不当,每次扣2分		
	3. 工、量具脱落,每次扣2分		
作业安全(10分)	1. 未按规定着装扣2分		
	2. 违规操作或违反安全事项扣5分		
	3. 发生事故失格,取消成绩		
考核时间(10分)	1. 作业在规定时间内完成		
	2. 每超1 min扣2分		
	3. 超过5 min停止考核		
合计(100分)			

考评员签名: 认定人: 年 月 日

S4 DF8B 型机车燃油输送泵分解与清洗

1. 考场准备

要求在检修台位准备一台 DF8B 型机车燃油输送泵，清洗油盘一个，考场周围整洁并有隔离措施。

2. 材料工具准备

序　号	名　称	规　格	数　量	备　注
1	开口扳手		1 套	
2	螺丝刀	200 mm	1 套	
3	内六方扳手		1 套	
4	手锤		1 把	
5	麂皮		1 块	
6	冲子		1 把	
7	清洗用柴油		适量	

3. 考核要求

(1)被认定人入场后，首先由裁判告知题目，其次由被认定人检查设备、机具，准备工、卡、量具，当被认定人告知裁判可以开始时，由裁判员开始计时。

(2)考核时间为 20 min。

(3)考核时被认定人应按规定穿戴防护用品，考试中出现挤伤、砸伤等人身伤害情况时立即终止考试，成绩为零。

(4)考核过程中被认定人出现违规使用设备、机具或出现断裂、超压、失控等毁坏设备情况时，终止考试，成绩为零。

(5)考核过程中裁判可以根据现场情况向被认定人提问，以确认被认定人的测量数据、故障判断等是否真实有效。

(6)考核完毕后，由被认定人在评分表上签字确认。

4. 考核评分

(1)考评人员 3 名以上。

(2)评分程序及规则：考评员根据考生操作情况对照计分标准在评分表上给予记录评分。

(3)算分方法：采用百分制，满分 100 分，60 分及以上为及格。

职业技能认定
内燃机车钳工(初级工)实作技能考核评分记录表

单位:________ 姓名:________ 准考证号:________ 工种:________ 级别:________

试题名称:DF_{8B}型机车燃油输送泵分解与清洗

考核时间:20 min

操作开始时间: 时 分 操作结束时间: 时 分

项 目	考核内容及评分标准	扣分因素及扣分	得 分
操作程序 (10分)	1. 考核前未检查场地安全防护设施扣2分		
	2. 检查、操作程序错误,不会口述、操作时,每次扣2分		
	3. 工序错乱,工作中出现返工时,每次扣5分		
作业质量 (60分)	1. 分解过程中,出现顺序不对、违规使用工具、部件掉落等情况时,每次扣3分		
	2. 对各部件进行检查、清洗、探伤、修理、测量等工序,漏检一项扣2分		
	3. 对不符合技术要求或有故障的部件进行记录、检修或更换(如果是裁判设置或施画的假设故障,只记录不处理),错、漏一项扣5分		
	4. 按顺序要求组装,出现遗漏、装反、强行装入、未按要求操作等情况时,每次扣5分		
	5. 组装后检查(试验),检查(试验)数据不准确,每缺、漏、错一项扣2分		
工具使用 (10分)	1. 开工前未检查工、量具及设备,收工时不整理扣2分		
	2. 工、卡、量具及设备使用不当,每次扣2分		
	3. 工、量具脱落,每次扣2分		
作业安全 (10分)	1. 未按规定着装扣2分		
	2. 违规操作或违反安全事项扣5分		
	3. 发生事故失格,取消成绩		
考核时间 (10分)	1. 作业在规定时间内完成		
	2. 每超1 min扣2分		
	3. 超过5 min停止考核		
合计 (100分)			

考评员签名: 认定人: 年 月 日

S5 DF4DK 型机车燃油精滤器检修

1. 考场准备

要求在检修台位上准备一台 DF4DK 型机车燃油精滤器，清洗油盘一个，试压设备，考场周围整洁并有隔离措施。

2. 材料工具准备

序　号	名　称	规　格	数　量	备　注
1	开口扳手		1套	
2	专用扳手		1把	
3	清洗剂		适量	

3. 考核要求

(1)被认定人入场后，首先由裁判告知题目，其次由被认定人检查设备、机具，准备工、卡、量具，当被认定人告知裁判可以开始时，由裁判员开始计时。

(2)考核时间为 20 min。

(3)考核时被认定人应按规定穿戴防护用品，考试中出现挤伤、砸伤等人身伤害情况时立即终止考试，成绩为零。

(4)考核过程中被认定人出现违规使用设备、机具或出现断裂、超压、失控等毁坏设备情况时，终止考试，成绩为零。

(5)考核过程中裁判可以根据现场情况向被认定人提问，以确认被认定人的测量数据、故障判断等是否真实有效。

(6)考核完毕后，由被认定人在评分表上签字确认。

4. 考核评分

(1)考评人员 3 名以上。

(2)评分程序及规则：考评员根据考生操作情况对照计分标准在评分表上给予记录评分。

(3)算分方法：采用百分制，满分 100 分，60 分及以上为及格。

职业技能认定

内燃机车钳工(初级工)实作技能考核评分记录表

单位:_______ 姓名:_______ 准考证号:_______ 工种:_______ 级别:_______

试题名称:DF_{4DK}型机车燃油精滤器检修

考核时间:20 min

操作开始时间: 时 分 操作结束时间: 时 分

项 目	考核内容及评分标准	扣分因素及扣分	得 分
操作程序(10分)	1. 考核前未检查场地安全防护设施扣2分		
	2. 检查、操作程序错误,不会口述、操作时,每次扣2分		
	3. 工序错乱,工作中出现返工时,每次扣5分		
作业质量(60分)	1. 分解过程中,出现顺序不对、违规使用工具、部件掉落等情况时,每次扣3分		
	2. 对各部件进行检查、清洗、探伤、修理、测量等工序,漏检一项扣2分		
	3. 对不符合技术要求或有故障的部件进行记录、检修或更换(如果是裁判设置或施画的假设故障,只记录不处理),错、漏一项扣5分		
	4. 按顺序要求组装,出现遗漏、装反、强行装入、未按要求操作等情况时,每次扣5分		
	5. 组装后检查(试验),检查(试验)数据不准确,每缺、漏、错一项扣2分		
工具使用(10分)	1. 开工前未检查工、量具及设备,收工时不整理扣2分		
	2. 工、卡、量具及设备使用不当,每次扣2分		
	3. 工、量具脱落,每次扣2分		
作业安全(10分)	1. 未按规定着装扣2分		
	2. 违规操作或违反安全事项扣5分		
	3. 发生事故失格,取消成绩		
考核时间(10分)	1. 作业在规定时间内完成		
	2. 每超1 min扣2分		
	3. 超过5 min停止考核		
合计(100分)			

考评员签名: 认定人: 年 月 日

S6　DF8B 型机车预热锅炉喷嘴检修

1. 考场准备

要求在检修台位准备 DF8B 型机车预热锅炉喷嘴组件一套，清洗油盘一个，考场周围整洁并有隔离措施。

2. 材料工具准备

序　号	名　称	规　格	数　量	备　注
1	开口扳手		1 套	
2	螺丝刀	200 mm	1 套	
3	刮刀		1 把	
4	钢丝		1 根	
5	清洗用柴油		适量	

3. 考核要求

(1)被认定人入场后，首先由裁判告知题目，其次由被认定人检查设备、机具，准备工、卡、量具，当被认定人告知裁判可以开始时，由裁判员开始计时。

(2)考核时间为 15 min。

(3)考核时被认定人应按规定穿戴防护用品，考试中出现挤伤、砸伤等人身伤害情况时立即终止考试，成绩为零。

(4)考核过程中被认定人出现违规使用设备、机具或出现断裂、超压、失控等毁坏设备情况时，终止考试，成绩为零。

(5)考核过程中裁判可以根据现场情况向被认定人提问，以确认被认定人的测量数据、故障判断等是否真实有效。

(6)考核完毕后，由被认定人在评分表上签字确认。

4. 考核评分

(1)考评人员 3 名以上。

(2)评分程序及规则：考评员根据考生操作情况对照计分标准在评分表上给予记录评分。

(3)算分方法：采用百分制，满分 100 分，60 分及以上为及格。

职业技能认定
内燃机车钳工(初级工)实作技能考核评分记录表

单位:________　姓名:________　准考证号:________　工种:________　级别:________

试题名称:DF_{8B}型机车预热锅炉喷嘴检修

考核时间:15 min

操作开始时间:　　时　　分　　　　　　操作结束时间:　　时　　分

项　目	考核内容及评分标准	扣分因素及扣分	得　分
操作程序(10分)	1. 考核前未检查场地安全防护设施扣2分		
	2. 检查、操作程序错误,不会口述、操作时,每次扣2分		
	3. 工序错乱,工作中出现返工时,每次扣5分		
作业质量(60分)	1. 分解过程中,出现顺序不对、违规使用工具、部件掉落等情况时,每次扣3分		
	2. 对各部件进行检查、清洗、探伤、修理、测量等工序,漏检一项扣2分		
	3. 对不符合技术要求或有故障的部件进行记录、检修或更换(如果是裁判设置或施画的假设故障,只记录不处理),错、漏一项扣5分		
	4. 按顺序要求组装,出现遗漏、装反、强行装入、未按要求操作等情况时,每次扣5分		
	5. 组装后检查(试验),检查(试验)数据不准确,每缺、漏、错一项扣2分		
工具使用(10分)	1. 开工前未检查工、量具及设备,收工时不整理扣2分		
	2. 工、卡、量具及设备使用不当,每次扣2分		
	3. 工、量具脱落,每次扣2分		
作业安全(10分)	1. 未按规定着装扣2分		
	2. 违规操作或违反安全事项扣5分		
	3. 发生事故失格,取消成绩		
考核时间(10分)	1. 作业在规定时间内完成		
	2. 每超1 min扣2分		
	3. 超过5 min停止考核		
合计(100分)			

考评员签名:　　　　　　　　认定人:　　　　　　　　年　　月　　日

S7 DF8B 型机油热交换器检修

1. 考场准备

要求在检修台位上准备 DF8B 型机油热交换器一台，放水槽一处，水压试验台，考场周围整洁并有隔离措施。

2. 材料工具准备

序　号	名　称	规　格	数　量	备　注
1	开口扳手		1 套	
2	活扳手	12 寸	1 把	
3	水压试验盖板		1 个	

3. 考核要求

(1)被认定人入场后，首先由裁判告知题目，其次由被认定人检查设备、机具，准备工、卡、量具，当被认定人告知裁判可以开始时，由裁判员开始计时。

(2)考核时间为 20 min。

(3)考核时被认定人应按规定穿戴防护用品，考试中出现挤伤、砸伤等人身伤害情况时立即终止考试，成绩为零。

(4)考核过程中被认定人出现违规使用设备、机具或出现断裂、超压、失控等毁坏设备情况时，终止考试，成绩为零。

(5)考核过程中裁判可以根据现场情况向被认定人提问，以确认被认定人的测量数据、故障判断等是否真实有效。

(6)考核完毕后，由被认定人在评分表上签字确认。

4. 考核评分

(1)考评人员 3 名以上。

(2)评分程序及规则：考评员根据考生操作情况对照计分标准在评分表上给予记录评分。

(3)算分方法：采用百分制，满分 100 分，60 分及以上为及格。

职业技能认定
内燃机车钳工(初级工)实作技能考核评分记录表

单位:________　姓名:________　准考证号:________　工种:________　级别:________

试题名称:DF8B 型机油热交换器检修

考核时间:20 min

操作开始时间:　　时　　分　　　　　　　　操作结束时间:　　时　　分

项　目	考核内容及评分标准	扣分因素及扣分	得　分
操作程序(10 分)	1. 考核前未检查场地安全防护设施扣 2 分		
	2. 检查、操作程序错误,不会口述、操作时,每次扣 2 分		
	3. 工序错乱,工作中出现返工时,每次扣 5 分		
作业质量(60 分)	1. 分解过程中,出现顺序不对、违规使用工具、部件掉落等情况时,每次扣 3 分		
	2. 对各部件进行检查、清洗、探伤、修理、测量等工序,漏检一项扣 2 分		
	3. 对不符合技术要求或有故障的部件进行记录、检修或更换(如果是裁判设置或施画的假设故障,只记录不处理),错、漏一项扣 5 分		
	4. 按顺序要求组装,出现遗漏、装反、强行装入、未按要求操作等情况时,每次扣 5 分		
	5. 组装后检查(试验),检查(试验)数据不准确,每缺、漏、错一项扣 2 分		
工具使用(10 分)	1. 开工前未检查工、量具及设备,收工时不整理扣 2 分		
	2. 工、卡、量具及设备使用不当,每次扣 2 分		
	3. 工、量具脱落,每次扣 2 分		
作业安全(10 分)	1. 未按规定着装扣 2 分		
	2. 违规操作或违反安全事项扣 5 分		
	3. 发生事故失格,取消成绩		
考核时间(10 分)	1. 作业在规定时间内完成		
	2. 每超 1 min 扣 2 分		
	3. 超过 5 min 停止考核		
合计(100 分)			

考评员签名:　　　　　　　　　　认定人:　　　　　　　　　　年　　月　　日

S8 分解组装 DF8B 型机车车钩(钩头内各部件)

1. 考场准备

要求在检修库内股道上停留一台 DF8B 型机车,机车必须在停机状态,机车两端地沟上设有稳固整洁的渡板,考场周围整洁并有隔离措施。

2. 材料工具准备

序 号	名 称	规 格	数 量	备 注
1	手锤		1 把	
2	撬棍		1 根	
3	克丝钳		1 把	

3. 考核要求

(1)被认定人入场后,首先由裁判告知题目,其次由被认定人检查设备、机具,准备工、卡、量具,当被认定人告知裁判可以开始时,由裁判员开始计时。

(2)考核时间为 15 min。

(3)考核时被认定人应按规定穿戴防护用品,考试中出现挤伤、砸伤等人身伤害情况时立即终止考试,成绩为零。

(4)考核过程中被认定人出现违规使用设备、机具或出现断裂、超压、失控等毁坏设备情况时,终止考试,成绩为零。

(5)考核过程中裁判可以根据现场情况向被认定人提问,以确认被认定人的测量数据、故障判断等是否真实有效。

(6)考核完毕后,由被认定人在评分表上签字确认。

4. 考核评分

(1)考评人员 3 名以上。

(2)评分程序及规则:考评员根据考生操作情况对照计分标准在评分表上给予记录评分。

(3)算分方法:采用百分制,满分 100 分,60 分及以上为及格。

职业技能认定
内燃机车钳工(初级工)实作技能考核评分记录表

单位:________ 姓名:________ 准考证号:________ 工种:________ 级别:________

试题名称:分解组装 DF_{8B} 型机车车钩(钩头内各部件)

考核时间:15 min

操作开始时间: 时 分 操作结束时间: 时 分

项 目	考核内容及评分标准	扣分因素及扣分	得 分
操作程序(10分)	1. 考核前未检查场地安全防护设施扣2分		
	2. 检查、操作程序错误,不会口述、操作时,每次扣2分		
	3. 工序错乱,工作中出现返工时,每次扣5分		
作业质量(60分)	1. 分解过程中,出现顺序不对、违规使用工具、部件掉落等情况时,每次扣3分		
	2. 对各部件进行检查、清洗、探伤、修理、测量等工序,漏检一项扣2分		
	3. 对不符合技术要求或有故障的部件进行记录、检修或更换(如果是裁判设置或施画的假设故障,只记录不处理),错、漏一项扣5分		
	4. 按顺序要求组装,出现遗漏、装反、强行装入、未按要求操作等情况时,每次扣5分		
	5. 组装后检查(试验),检查(试验)数据不准确,每缺、漏、错一项扣2分		
工具使用(10分)	1. 开工前未检查工、量具及设备,收工时不整理扣2分		
	2. 工、卡、量具及设备使用不当,每次扣2分		
	3. 工、量具脱落,每次扣2分		
作业安全(10分)	1. 未按规定着装扣2分		
	2. 违规操作或违反安全事项扣5分		
	3. 发生事故失格,取消成绩		
考核时间(10分)	1. 作业在规定时间内完成		
	2. 每超1 min扣2分		
	3. 超过5 min停止考核		
合计(100分)			

考评员签名: 认定人: 年 月 日

S9 DF4DK 型机车小修时调控装置检查

1. 考场准备

要求在检修库内股道上停留一台 DF4DK 型内燃机车，机车必须在停机状态，机车两端地沟上设有稳固整洁的渡板，考场周围整洁并有隔离措施。

2. 材料工具准备

序 号	名 称	规 格	数 量	备 注
1	手电		1 只	
2	钢直尺	150 mm	1 把	
3	万用表		1 部	

3. 考核要求

(1)被认定人入场后，首先由裁判告知题目，其次由被认定人检查设备、机具，准备工、卡、量具，当被认定人告知裁判可以开始时，由裁判员开始计时。

(2)考核时间为 25 min。

(3)考核时被认定人应按规定穿戴防护用品，考试中出现挤伤、砸伤等人身伤害情况时立即终止考试，成绩为零。

(4)考核过程中被认定人出现违规使用设备、机具或出现断裂、超压、失控等毁坏设备情况时，终止考试，成绩为零。

(5)考核过程中裁判可以根据现场情况向被认定人提问，以确认被认定人的测量数据、故障判断等是否真实有效。

(6)考核完毕后，由被认定人在评分表上签字确认。

4. 考核评分

(1)考评人员 3 名以上。

(2)评分程序及规则：考评员根据考生操作情况对照计分标准在评分表上给予记录评分。

(3)算分方法：采用百分制，满分 100 分，60 分及以上为及格。

职业技能认定
内燃机车钳工(初级工)实作技能考核评分记录表

单位：________　姓名：________　准考证号：________　工种：________　级别：________

试题名称：DF_{4DK}型机车小修时调控装置检查

考核时间：25 min

操作开始时间：　时　分　　　　操作结束时间：　时　分

项　目	考核内容及评分标准	扣分因素及扣分	得　分
操作程序 (10分)	1. 考核前未检查场地安全防护设施扣2分		
	2. 检查、操作程序错误,不会口述、操作时,每次扣2分		
	3. 工序错乱,工作中出现返工、返回检查时,每次扣5分		
作业质量 (60分)	1. 检查之前未确认机车状态,部件温度、稳固等状态,每次扣3分		
	2. 对部件说不出或说错名称、检查顺序混乱、检查内容缺项、漏检等,每次扣3分		
	3. 对需开盖、晃动、敲击等方法进行检查的内容不熟悉,对带压部件检查时未进行呼唤等,每次扣3分		
	4. 对不符合技术要求或有故障的部件进行记录(如果是裁判设置或施画的假设故障,需填写在记录表内),错漏一项扣5分		
	5. 检查后各开关、盖板、罩子等,需进行恢复,每漏一项扣2分		
工具使用 (10分)	1. 开工前未检查工、量具及设备,收工时不整理扣2分		
	2. 工、卡、量具及设备使用不当,每次扣2分		
	3. 工、量具脱落,每次扣2分		
作业安全 (10分)	1. 未按规定着装扣2分		
	2. 违规操作或违反安全事项扣5分		
	3. 发生事故失格,取消成绩		
考核时间 (10分)	1. 作业在规定时间内完成		
	2. 每超1 min扣2分		
	3. 超过5 min停止考核		
合计 (100分)			

考评员签名：　　　　　　认定人：　　　　　　年　月　日

S10 DF4DK 型机车喷油泵及喷油器检查

1. 考场准备

要求在检修库内股道上停留一台 DF4DK 型内燃机车，机车必须在停机状态，机车两端地沟上设有稳固整洁的渡板，考场周围整洁并有隔离措施。

2. 材料工具准备

序 号	名 称	规 格	数 量	备 注
1	钢直尺	150 mm	1 把	
2	手电		1 只	
3	清洗用柴油		适量	

3. 考核要求

(1)被认定人入场后，首先由裁判告知题目，其次由被认定人检查设备、机具，准备工、卡、量具，当被认定人告知裁判可以开始时，由裁判员开始计时。

(2)考核时间为 15 min。

(3)考核时被认定人应按规定穿戴防护用品，考试中出现挤伤、砸伤等人身伤害情况时立即终止考试，成绩为零。

(4)考核过程中被认定人出现违规使用设备、机具或出现断裂、超压、失控等毁坏设备情况时，终止考试，成绩为零。

(5)考核过程中裁判可以根据现场情况向被认定人提问，以确认被认定人的测量数据、故障判断等是否真实有效。

(6)考核完毕后，由被认定人在评分表上签字确认。

4. 考核评分

(1)考评人员 3 名以上。

(2)评分程序及规则：考评员根据考生操作情况对照计分标准在评分表上给予记录评分。

(3)算分方法：采用百分制，满分 100 分，60 分及以上为及格。

职业技能认定
内燃机车钳工(初级工)实作技能考核评分记录表

单位:_______　姓名:_______　准考证号:_______　工种:_______　级别:_______

试题名称:DF4DK 型机车喷油泵及喷油器检查

考核时间:15 min

操作开始时间:　时　分　　　　操作结束时间:　时　分

项　目	考核内容及评分标准	扣分因素及扣分	得　分
操作程序(10分)	1. 考核前未检查场地安全防护设施扣 2 分		
	2. 检查、操作程序错误,不会口述、操作时,每次扣 2 分		
	3. 工序错乱,工作中出现返工、返回检查时,每次扣 5 分		
作业质量(60分)	1. 检查之前未确认机车状态,部件温度、稳固等状态,每次扣 3 分		
	2. 对部件说不出或说错名称、检查顺序混乱、检查内容缺项、漏检等,每次扣 3 分		
	3. 对需开盖、晃动、敲击等方法进行检查的内容不熟悉,对带压部件检查时未进行呼唤等,每次扣 3 分		
	4. 对不符合技术要求或有故障的部件进行记录(如果是裁判设置或施画的假设故障,需填写在记录表内),错漏一项扣 5 分		
	5. 检查后各开关、盖板、罩子等,需进行恢复,每漏一项扣 2 分		
工具使用(10分)	1. 开工前未检查工、量具及设备,收工时不整理扣 2 分		
	2. 工、卡、量具及设备使用不当,每次扣 2 分		
	3. 工、量具脱落,每次扣 2 分		
作业安全(10分)	1. 未按规定着装扣 2 分		
	2. 违规操作或违反安全事项扣 5 分		
	3. 发生事故失格,取消成绩		
考核时间(10分)	1. 作业在规定时间内完成		
	2. 每超 1 min 扣 2 分		
	3. 超过 5 min 停止考核		
合计(100分)			

考评员签名:　　　　　　　认定人:　　　　　　　年　　月　　日

S11 DF8B 型机车燃油粗滤器组装

1. 考场准备

要求在检修台位上准备 DF8B 型机车燃油粗滤器一台，钳工台一处，考场周围整洁并有隔离措施。

2. 材料工具准备

序　号	名　称	规　格	数　量	备　注
1	开口扳手		1 套	
2	螺丝刀	200 mm	1 套	
3	尼龙棒		1 根	
4	清洗用柴油		适量	

3. 考核要求

(1)被认定人入场后，首先由裁判告知题目，其次由被认定人检查设备、机具，准备工、卡、量具，当被认定人告知裁判可以开始时，由裁判员开始计时。

(2)考核时间为 20 min。

(3)考核时被认定人应按规定穿戴防护用品，考试中出现挤伤、砸伤等人身伤害情况时立即终止考试，成绩为零。

(4)考核过程中被认定人出现违规使用设备、机具或出现断裂、超压、失控等毁坏设备情况时，终止考试，成绩为零。

(5)考核过程中裁判可以根据现场情况向被认定人提问，以确认被认定人的测量数据、故障判断等是否真实有效。

(6)考核完毕后，由被认定人在评分表上签字确认。

4. 考核评分

(1)考评人员 3 名以上。

(2)评分程序及规则：考评员根据考生操作情况对照计分标准在评分表上给予记录评分。

(3)算分方法：采用百分制，满分 100 分，60 分及以上为及格。

职业技能认定
内燃机车钳工(初级工)实作技能考核评分记录表

单位:________　姓名:________　准考证号:________　工种:________　级别:________

试题名称:DF$_{8B}$型机车燃油粗滤器组装

考核时间:20 min

操作开始时间:　　时　　分　　　　　　　　　　操作结束时间:　　时　　分

项　目	考核内容及评分标准	扣分因素及扣分	得　分
操作程序 (10分)	1. 考核前未检查场地安全防护设施扣2分		
	2. 检查、操作程序错误,不会口述、操作时,每次扣2分		
	3. 工序错乱,工作中出现返工时,每次扣5分		
作业质量 (60分)	1. 分解过程中,出现顺序不对、违规使用工具、部件掉落等情况时,每次扣3分		
	2. 对各部件进行检查、清洗、探伤、修理、测量等工序,漏检一项扣2分		
	3. 对不符合技术要求或有故障的部件进行记录、检修或更换(如果是裁判设置或施画的假设故障,只记录不处理),错、漏一项扣5分		
	4. 按顺序要求组装,出现遗漏、装反、强行装入、未按要求操作等情况时,每次扣5分		
	5. 组装后检查(试验),检查(试验)数据不准确,每缺、漏、错一项扣2分		
工具使用 (10分)	1. 开工前未检查工、量具及设备,收工时不整理扣2分		
	2. 工、卡、量具及设备使用不当,每次扣2分		
	3. 工、量具脱落,每次扣2分		
作业安全 (10分)	1. 未按规定着装扣2分		
	2. 违规操作或违反安全事项扣5分		
	3. 发生事故失格,取消成绩		
考核时间 (10分)	1. 作业在规定时间内完成		
	2. 每超1 min扣2分		
	3. 超过5 min停止考核		
合计 (100分)			

考评员签名:　　　　　　　　　　认定人:　　　　　　　　　　年　　月　　日

S12　HXN3B 型机车进排气系统检查

1. 考场准备

要求在场地内停留一台 HXN3B 型内燃机车，机车必须在停机状态，考场周围整洁并有隔离措施。

2. 材料工具准备

序号	名称	规格	数量	备注
1	手电		1只	
2	检车锤		1把	
3	开口扳手		1套	

3. 考核要求

(1)被认定人入场后，首先由裁判告知题目，其次由被认定人检查设备、机具，准备工、卡、量具，当被认定人告知裁判可以开始时，由裁判员开始计时。

(2)考核时间为 10 min。

(3)考核时被认定人应按规定穿戴防护用品，考试中出现挤伤、砸伤等人身伤害情况时立即终止考试，成绩为零。

(4)考核过程中被认定人出现违规使用设备、机具或出现断裂、超压、失控等毁坏设备情况时，终止考试，成绩为零。

(5)考核过程中裁判可以根据现场情况向被认定人提问，以确认被认定人的测量数据、故障判断等是否真实有效。

(6)考核完毕后，由被认定人在评分表上签字确认。

4. 考核评分

(1)考评人员 3 名以上。

(2)评分程序及规则：考评员根据考生操作情况对照计分标准在评分表上给予记录评分。

(3)算分方法：采用百分制，满分 100 分，60 分及以上为及格。

职业技能认定
内燃机车钳工(初级工)实作技能考核评分记录表

单位:________　姓名:________　准考证号:________　工种:________　级别:________

试题名称:HXN_{3B}型机车进排气系统检查

考核时间:10 min

操作开始时间:　　时　　分　　　　　　　　　　操作结束时间:　　时　　分

项　目	考核内容及评分标准	扣分因素及扣分	得　分
操作程序(10分)	1. 考核前未检查场地安全防护设施扣2分		
	2. 检查、操作程序错误,不会口述、操作时,每次扣2分		
	3. 工序错乱,工作中出现返工、返回检查时,每次扣5分		
作业质量(60分)	1. 检查之前未确认机车状态,部件温度、稳固等状态,每次扣3分		
	2. 对部件说不出或说错名称、检查顺序混乱、检查内容缺项、漏检等,每次扣3分		
	3. 对需开盖、晃动、敲击等方法进行检查的内容不熟悉,对带压部件检查时未进行呼唤等,每次扣3分		
	4. 对不符合技术要求或有故障的部件进行记录(如果是裁判设置或施画的假设故障,需填写在记录表内),错漏一项扣5分		
	5. 检查后各开关、盖板、罩子等,需进行恢复,每漏一项扣2分		
工具使用(10分)	1. 开工前未检查工、量具及设备,收工时不整理扣2分		
	2. 工、卡、量具及设备使用不当,每次扣2分		
	3. 工、量具脱落,每次扣2分		
作业安全(10分)	1. 未按规定着装扣2分		
	2. 违规操作或违反安全事项扣5分		
	3. 发生事故失格,取消成绩		
考核时间(10分)	1. 作业在规定时间内完成		
	2. 每超1 min扣2分		
	3. 超过5 min停止考核		
合计(100分)			

考评员签名:　　　　　　　　　　　　认定人:　　　　　　　　　　　　年　　月　　日

S13 HXN3B 型机车电阻制动通风机的检查

1. 考场准备

要求在场地内停留一台 HXN3B 型机车，机车必须在停机状态，考场周围整洁并有隔离措施。

2. 材料工具准备

序 号	名 称	规 格	数 量	备 注
1	手电		1只	
2	检车锤		1把	
3	开口扳手		1套	

3. 考核要求

(1)被认定人入场后，首先由裁判告知题目，其次由被认定人检查设备、机具，准备工、卡、量具，当被认定人告知裁判可以开始时，由裁判员开始计时。

(2)考核时间为 10 min。

(3)考核时被认定人应按规定穿戴防护用品，考试中出现挤伤、砸伤等人身伤害情况时立即终止考试，成绩为零。

(4)考核过程中被认定人出现违规使用设备、机具或出现断裂、超压、失控等毁坏设备情况时，终止考试，成绩为零。

(5)考核过程中裁判可以根据现场情况向被认定人提问，以确认被认定人的测量数据、故障判断等是否真实有效。

(6)考核完毕后，由被认定人在评分表上签字确认。

4. 考核评分

(1)考评人员 3 名以上。

(2)评分程序及规则：考评员根据考生操作情况对照计分标准在评分表上给予记录评分。

(3)算分方法：采用百分制，满分 100 分，60 分及以上为及格。

职业技能认定
内燃机车钳工(初级工)实作技能考核评分记录表

单位:________ 姓名:________ 准考证号:________ 工种:________ 级别:________

试题名称:HXN_{3B}型机车电阻制动通风机的检查

考核时间:10 min

操作开始时间: 时 分 操作结束时间: 时 分

项 目	考核内容及评分标准	扣分因素及扣分	得 分
操作程序(10分)	1. 考核前未检查场地安全防护设施扣2分		
	2. 检查、操作程序错误,不会口述、操作时,每次扣2分		
	3. 工序错乱,工作中出现返工、返回检查时,每次扣5分		
作业质量(60分)	1. 检查之前未确认机车状态,部件温度、稳固等状态,每次扣3分		
	2. 对部件说不出或说错名称、检查顺序混乱、检查内容缺项、漏检等,每次扣3分		
	3. 对需开盖、晃动、敲击等方法进行检查的内容不熟悉,对带压部件检查时未进行呼唤等,每次扣3分		
	4. 对不符合技术要求或有故障的部件进行记录(如果是裁判设置或施画的假设故障,需填写在记录表内),错漏一项扣5分		
	5. 检查后各开关、盖板、罩子等,需进行恢复,每漏一项扣2分		
工具使用(10分)	1. 开工前未检查工、量具及设备,收工时不整理扣2分		
	2. 工、卡、量具及设备使用不当,每次扣2分		
	3. 工、量具脱落,每次扣2分		
作业安全(10分)	1. 未按规定着装扣2分		
	2. 违规操作或违反安全事项扣5分		
	3. 发生事故失格,取消成绩		
考核时间(10分)	1. 作业在规定时间内完成		
	2. 每超1 min扣2分		
	3. 超过5 min停止考核		
合计(100分)			

考评员签名: 认定人: 年 月 日

S14　HXN3B 型机车增压器及中冷器检查

1. 考场准备

要求在场地内停留一台 HXN3B 型机车，机车必须在停机状态，考场周围整洁并有隔离措施。

2. 材料工具准备

序　号	名　称	规　格	数　量	备　注
1	手电		1 只	
2	检车锤		1 把	
3	开口扳手		1 套	

3. 考核要求

(1)被认定人入场后，首先由裁判告知题目，其次由被认定人检查设备、机具，准备工、卡、量具，当被认定人告知裁判可以开始时，由裁判员开始计时。

(2)考核时间为 10 min。

(3)考核时被认定人应按规定穿戴防护用品，考试中出现挤伤、砸伤等人身伤害情况时立即终止考试，成绩为零。

(4)考核过程中被认定人出现违规使用设备、机具或出现断裂、超压、失控等毁坏设备情况时，终止考试，成绩为零。

(5)考核过程中裁判可以根据现场情况向被认定人提问，以确认被认定人的测量数据、故障判断等是否真实有效。

(6)考核完毕后，由被认定人在评分表上签字确认。

4. 考核评分

(1)考评人员 3 名以上。

(2)评分程序及规则：考评员根据考生操作情况对照计分标准在评分表上给予记录评分。

(3)算分方法：采用百分制，满分 100 分，60 分及以上为及格。

职业技能认定
内燃机车钳工（初级工）实作技能考核评分记录表

单位：________　姓名：________　准考证号：________　工种：________　级别：________

试题名称：HXN_{3B}型机车增压器及中冷器检查

考核时间：10 min

操作开始时间：　时　分　　　　操作结束时间：　时　分

项　目	考核内容及评分标准	扣分因素及扣分	得　分
操作程序（10分）	1. 考核前未检查场地安全防护设施扣2分		
	2. 检查、操作程序错误，不会口述、操作时，每次扣2分		
	3. 工序错乱，工作中出现返工、返回检查时，每次扣5分		
作业质量（60分）	1. 检查之前未确认机车状态，部件温度、稳固等状态，每次扣3分		
	2. 对部件说不出或说错名称、检查顺序混乱、检查内容缺项、漏检等，每次扣3分		
	3. 对需开盖、晃动、敲击等方法进行检查的内容不熟悉，对带压部件检查时未进行呼唤等，每次扣3分		
	4. 对不符合技术要求或有故障的部件进行记录（如果是裁判设置或施画的假设故障，需填写在记录表内），错漏一项扣5分		
	5. 检查后各开关、盖板、罩子等，需进行恢复，每漏一项扣2分		
工具使用（10分）	1. 开工前未检查工、量具及设备，收工时不整理扣2分		
	2. 工、卡、量具及设备使用不当，每次扣2分		
	3. 工、量具脱落，每次扣2分		
作业安全（10分）	1. 未按规定着装扣2分		
	2. 违规操作或违反安全事项扣5分		
	3. 发生事故失格，取消成绩		
考核时间（10分）	1. 作业在规定时间内完成		
	2. 每超1 min扣2分		
	3. 超过5 min停止考核		
合计（100分）			

考评员签名：　　　　　　　　认定人：　　　　　　　　年　月　日

S15 HXN3B 型机车燃油系统的检查

1. 考场准备

要求在场地内停留一台 HXN3B 型机车，机车必须在停机状态，考场周围整洁并有隔离措施。

2. 材料工具准备

序 号	名 称	规 格	数 量	备 注
1	手电		1只	
2	检车锤		1把	
3	开口扳手		1套	
4	力矩扳手	20～100 N·m	1把	

3. 考核要求

(1)被认定人入场后，首先由裁判告知题目，其次由被认定人检查设备、机具，准备工、卡、量具，当被认定人告知裁判可以开始时，由裁判员开始计时。

(2)考核时间为 15 min。

(3)考核时被认定人应按规定穿戴防护用品，考试中出现挤伤、砸伤等人身伤害情况时立即终止考试，成绩为零。

(4)考核过程中被认定人出现违规使用设备、机具或出现断裂、超压、失控等毁坏设备情况时，终止考试，成绩为零。

(5)考核过程中裁判可以根据现场情况向被认定人提问，以确认被认定人的测量数据、故障判断等是否真实有效。

(6)考核完毕后，由被认定人在评分表上签字确认。

4. 考核评分

(1)考评人员 3 名以上。

(2)评分程序及规则：考评员根据考生操作情况对照计分标准在评分表上给予记录评分。

(3)算分方法：采用百分制，满分 100 分，60 分及以上为及格。

职业技能认定
内燃机车钳工（初级工）实作技能考核评分记录表

单位：________　姓名：________　准考证号：________　工种：________　级别：________

试题名称：HXN_{3B}型机车燃油系统的检查

考核时间：15 min

操作开始时间：　时　分　　　　操作结束时间：　时　分

项　目	考核内容及评分标准	扣分因素及扣分	得　分
操作程序（10分）	1. 考核前未检查场地安全防护设施扣2分		
	2. 检查、操作程序错误，不会口述、操作时，每次扣2分		
	3. 工序错乱，工作中出现返工、返回检查时，每次扣5分		
作业质量（60分）	1. 检查之前未确认机车状态，部件温度、稳固等状态，每次扣3分		
	2. 对部件说不出或说错名称、检查顺序混乱、检查内容缺项、漏检等，每次扣3分		
	3. 对需开盖、晃动、敲击等方法进行检查的内容不熟悉，对带压部件检查时未进行呼唤等，每次扣3分		
	4. 对不符合技术要求或有故障的部件进行记录（如果是裁判设置或施画的假设故障，需填写在记录表内），错漏一项扣5分		
	5. 检查后各开关、盖板、罩子等，需进行恢复，每漏一项扣2分		
工具使用（10分）	1. 开工前未检查工、量具及设备，收工时不整理扣2分		
	2. 工、卡、量具及设备使用不当，每次扣2分		
	3. 工、量具脱落，每次扣2分		
作业安全（10分）	1. 未按规定着装扣2分		
	2. 违规操作或违反安全事项扣5分		
	3. 发生事故失格，取消成绩		
考核时间（10分）	1. 作业在规定时间内完成		
	2. 每超1 min扣2分		
	3. 超过5 min停止考核		
合计（100分）			

考评员签名：　　　　　　认定人：　　　　　　年　　月　　日

S16 DF8B型机车机油滤清器检修

1. 考场准备

要求在检修台位上准备DF8B型机车机油滤清器一台，清洗油槽一个，水压试验装置，吊具，考场周围整洁并有隔离措施。

2. 材料工具准备

序 号	名 称	规 格	数 量	备 注
1	开口扳手		1套	
2	活扳手	12寸	1把	
3	清洗剂		适量	
4	毛刷		1把	
5	O形密封圈		5个	
6	手锤		1把	

3. 考核要求

(1)被认定人入场后，首先由裁判告知题目，其次由被认定人检查设备、机具，准备工、卡、量具，当被认定人告知裁判可以开始时，由裁判员开始计时。

(2)考核时间为20 min。

(3)考核时被认定人应按规定穿戴防护用品，考试中出现挤伤、砸伤等人身伤害情况时立即终止考试，成绩为零。

(4)考核过程中被认定人出现违规使用设备、机具或出现断裂、超压、失控等毁坏设备情况时，终止考试，成绩为零。

(5)考核过程中裁判可以根据现场情况向被认定人提问，以确认被认定人的测量数据、故障判断等是否真实有效。

(6)考核完毕后，由被认定人在评分表上签字确认。

4. 考核评分

(1)考评人员3名以上。

(2)评分程序及规则：考评员根据考生操作情况对照计分标准在评分表上给予记录评分。

(3)算分方法：采用百分制，满分100分，60分及以上为及格。

职业技能认定
内燃机车钳工(初级工)实作技能考核评分记录表

单位:_______ 姓名:_______ 准考证号:_______ 工种:_______ 级别:_______

试题名称:DF8B型机车机油滤清器检修

考核时间:20 min

操作开始时间: 时 分 操作结束时间: 时 分

项 目	考核内容及评分标准	扣分因素及扣分	得 分
操作程序(10分)	1. 考核前未检查场地安全防护设施扣2分		
	2. 检查、操作程序错误,不会口述、操作时,每次扣2分		
	3. 工序错乱,工作中出现返工时,每次扣5分		
作业质量(60分)	1. 分解过程中,出现顺序不对、违规使用工具、部件掉落等情况时,每次扣3分		
	2. 对各部件进行检查、清洗、探伤、修理、测量等工序,漏检一项扣2分		
	3. 对不符合技术要求或有故障的部件进行记录、检修或更换(如果是裁判设置或施画的假设故障,只记录不处理),错、漏一项扣5分		
	4. 按顺序要求组装,出现遗漏、装反、强行装入、未按要求操作等情况时,每次扣5分		
	5. 组装后检查(试验),检查(试验)数据不准确,每缺、漏、错一项扣2分		
工具使用(10分)	1. 开工前未检查工、量具及设备,收工时不整理扣2分		
	2. 工、卡、量具及设备使用不当,每次扣2分		
	3. 工、量具脱落,每次扣2分		
作业安全(10分)	1. 未按规定着装扣2分		
	2. 违规操作或违反安全事项扣5分		
	3. 发生事故失格,取消成绩		
考核时间(10分)	1. 作业在规定时间内完成		
	2. 每超1 min扣2分		
	3. 超过5 min停止考核		
合计(100分)			

考评员签名: 认定人: 年 月 日

S17　HXN3B 型机车主压缩机检查

1. 考场准备

要求在场地内停留一台 HXN3B 型机车，机车必须在停机状态，考场周围整洁并有隔离措施。

2. 材料工具准备

序　号	名　称	规　格	数　量	备　注
1	手电		1 只	
2	检车锤		1 把	
3	开口扳手		1 套	
4	油滤器		1 个	
5	安全滤芯		1 个	

3. 考核要求

(1)被认定人入场后，首先由裁判告知题目，其次由被认定人检查设备、机具，准备工、卡、量具，当被认定人告知裁判可以开始时，由裁判员开始计时。

(2)考核时间为 15 min。

(3)考核时被认定人应按规定穿戴防护用品，考试中出现挤伤、砸伤等人身伤害情况时立即终止考试，成绩为零。

(4)考核过程中被认定人出现违规使用设备、机具或出现断裂、超压、失控等毁坏设备情况时，终止考试，成绩为零。

(5)考核过程中裁判可以根据现场情况向被认定人提问，以确认被认定人的测量数据、故障判断等是否真实有效。

(6)考核完毕后，由被认定人在评分表上签字确认。

4. 考核评分

(1)考评人员 3 名以上。

(2)评分程序及规则：考评员根据考生操作情况对照计分标准在评分表上给予记录评分。

(3)算分方法：采用百分制，满分 100 分，60 分及以上为及格。

职业技能认定
内燃机车钳工(初级工)实作技能考核评分记录表

单位:________　姓名:________　准考证号:________　工种:________　级别:________

试题名称:HXN_{3B}型机车主压缩机检查

考核时间:15 min

操作开始时间:　　时　　分　　　　　　　　　　操作结束时间:　　时　　分

项　目	考核内容及评分标准	扣分因素及扣分	得　分
操作程序 (10分)	1. 考核前未检查场地安全防护设施扣2分		
	2. 检查、操作程序错误,不会口述、操作时,每次扣2分		
	3. 工序错乱,工作中出现返工、返回检查时,每次扣5分		
作业质量 (60分)	1. 检查之前未确认机车状态,部件温度、稳固等状态,每次扣3分		
	2. 对部件说不出或说错名称、检查顺序混乱、检查内容缺项、漏检等,每次扣3分		
	3. 对需开盖、晃动、敲击等方法进行检查的内容不熟悉,对带压部件检查时未进行呼唤等,每次扣3分		
	4. 对不符合技术要求或有故障的部件进行记录(如果是裁判设置或施画的假设故障,需填写在记录表内),错漏一项扣5分		
	5. 检查后各开关、盖板、罩子等,需进行恢复,每漏一项扣2分		
工具使用 (10分)	1. 开工前未检查工、量具及设备,收工时不整理扣2分		
	2. 工、卡、量具及设备使用不当,每次扣2分		
	3. 工、量具脱落,每次扣2分		
作业安全 (10分)	1. 未按规定着装扣2分		
	2. 违规操作或违反安全事项扣5分		
	3. 发生事故失格,取消成绩		
考核时间 (10分)	1. 作业在规定时间内完成		
	2. 每超1 min扣2分		
	3. 超过5 min停止考核		
合计 (100分)			

考评员签名:　　　　　　　　　　　　　认定人:　　　　　　　　　　　　　年　　月　　日

S18 DF4DK 型机车空气滤清器检修

1. 考场准备

要求在检修台位上准备 DF4DK 型机车空气滤清器一组，股道上停留 DF4DK 型机车一台，清洗油槽一个，考场周围整洁并有隔离措施。

2. 材料工具准备

序 号	名 称	规 格	数 量	备 注
1	开口扳手		1 套	
2	毛刷		1 把	
3	风道帆布套		1 个	

3. 考核要求

(1)被认定人入场后，首先由裁判告知题目，其次由被认定人检查设备、机具，准备工、卡、量具，当被认定人告知裁判可以开始时，由裁判员开始计时。

(2)考核时间为 15 min。

(3)考核时被认定人应按规定穿戴防护用品，考试中出现挤伤、砸伤等人身伤害情况时立即终止考试，成绩为零。

(4)考核过程中被认定人出现违规使用设备、机具或出现断裂、超压、失控等毁坏设备情况时，终止考试，成绩为零。

(5)考核过程中裁判可以根据现场情况向被认定人提问，以确认被认定人的测量数据、故障判断等是否真实有效。

(6)考核完毕后，由被认定人在评分表上签字确认。

4. 考核评分

(1)考评人员 3 名以上。

(2)评分程序及规则：考评员根据考生操作情况对照计分标准在评分表上给予记录评分。

(3)算分方法：采用百分制，满分 100 分，60 分及以上为及格。

职业技能认定
内燃机车钳工(初级工)实作技能考核评分记录表

单位:________　姓名:________　准考证号:________　工种:________　级别:________

试题名称:DF_{4DK} 型机车空气滤清器检修

考核时间:15 min

操作开始时间:　　时　　分　　　　　　　　　　操作结束时间:　　时　　分

项　目	考核内容及评分标准	扣分因素及扣分	得　分
操作程序(10 分)	1. 考核前未检查场地安全防护设施扣 2 分		
	2. 检查、操作程序错误,不会口述、操作时,每次扣 2 分		
	3. 工序错乱,工作中出现返工时,每次扣 5 分		
作业质量(60 分)	1. 分解过程中,出现顺序不对、违规使用工具、部件掉落等情况时,每次扣 3 分		
	2. 对各部件进行检查、清洗、探伤、修理、测量等工序,漏检一项扣 2 分		
	3. 对不符合技术要求或有故障的部件进行记录、检修或更换(如果是裁判设置或施画的假设故障,只记录不处理),错、漏一项扣 5 分		
	4. 按顺序要求组装,出现遗漏、装反、强行装入、未按要求操作等情况时,每次扣 5 分		
	5. 组装后检查(试验),检查(试验)数据不准确,每缺、漏、错一项扣 2 分		
工具使用(10 分)	1. 开工前未检查工、量具及设备,收工时不整理扣 2 分		
	2. 工、卡、量具及设备使用不当,每次扣 2 分		
	3. 工、量具脱落,每次扣 2 分		
作业安全(10 分)	1. 未按规定着装扣 2 分		
	2. 违规操作或违反安全事项扣 5 分		
	3. 发生事故失格,取消成绩		
考核时间(10 分)	1. 作业在规定时间内完成		
	2. 每超 1 min 扣 2 分		
	3. 超过 5 min 停止考核		
合计(100 分)			

考评员签名:　　　　　　　　　　　　　　认定人:　　　　　　　　　　　　　年　　月　　日

S19　DF4DK 型机车辅修时曲轴箱的检查

1. 考场准备

要求在检修库内股道上停留一台 DF4DK 型机车，机车必须在停机状态，清洗油槽一个，机车两端地沟上设有稳固整洁的渡板，考场周围整洁并有隔离措施。

2. 材料工具准备

序　号	名　称	规　格	数　量	备　注
1	开口扳手		1 套	
2	检车锤		1 把	
3	手电		1 只	
4	钢板尺	200 mm	1 把	
5	塞尺	150 mm	1 把	
6	毛刷		1 把	
7	柴油		适量	

3. 考核要求

(1)被认定人入场后，首先由裁判告知题目，其次由被认定人检查设备、机具，准备工、卡、量具，当被认定人告知裁判可以开始时，由裁判员开始计时。

(2)考核时间为 25 min。

(3)考核时被认定人应按规定穿戴防护用品，考试中出现挤伤、砸伤等人身伤害情况时立即终止考试，成绩为零。

(4)考核过程中被认定人出现违规使用设备、机具或出现断裂、超压、失控等毁坏设备情况时，终止考试，成绩为零。

(5)考核过程中裁判可以根据现场情况向被认定人提问，以确认被认定人的测量数据、故障判断等是否真实有效。

(6)考核完毕后，由被认定人在评分表上签字确认。

4. 考核评分

(1)考评人员 3 名以上。

(2)评分程序及规则：考评员根据考生操作情况对照计分标准在评分表上给予记录评分。

(3)算分方法：采用百分制，满分 100 分，60 分及以上为及格。

职业技能认定
内燃机车钳工(初级工)实作技能考核评分记录表

单位:________　姓名:________　准考证号:________　工种:________　级别:________

试题名称:DF_{4DK}型机车辅修时曲轴箱的检查

考核时间:25 min

操作开始时间:　　时　　分　　　　　　操作结束时间:　　时　　分

项　目	考核内容及评分标准	扣分因素及扣分	得　分
操作程序(10分)	1. 考核前未检查场地安全防护设施扣2分		
	2. 检查、操作程序错误,不会口述、操作时,每次扣2分		
	3. 工序错乱,工作中出现返工、返回检查时,每次扣5分		
作业质量(60分)	1. 检查之前未确认机车状态,部件温度、稳固等状态,每次扣3分		
	2. 对部件说不出或说错名称、检查顺序混乱、检查内容缺项、漏检等,每次扣3分		
	3. 对需开盖、晃动、敲击等方法进行检查的内容不熟悉,对带压部件检查时未进行呼唤等,每次扣3分		
	4. 对不符合技术要求或有故障的部件进行记录(如果是裁判设置或施画的假设故障,需填写在记录表内),错漏一项扣5分		
	5. 检查后各开关、盖板、罩子等,需进行恢复,每漏一项扣2分		
工具使用(10分)	1. 开工前未检查工、量具及设备,收工时不整理扣2分		
	2. 工、卡、量具及设备使用不当,每次扣2分		
	3. 工、量具脱落,每次扣2分		
作业安全(10分)	1. 未按规定着装扣2分		
	2. 违规操作或违反安全事项扣5分		
	3. 发生事故失格,取消成绩		
考核时间(10分)	1. 作业在规定时间内完成		
	2. 每超1 min扣2分		
	3. 超过5 min停止考核		
合计(100分)			

考评员签名:　　　　　　　　认定人:　　　　　　　　年　　月　　日

S20　更换 DF4DK 型机车横臂导杆

1. 考场准备

要求在检修库内股道上停留一台 DF4DK 型机车，机车必须在停机状态，机车两端地沟上设有稳固整洁的渡板，考场周围整洁并有隔离措施。

2. 材料工具准备

序　号	名　称	规　格	数　量	备　注
1	气缸盖专用扳手		1把	
2	油压拔出器		1把	
3	游标卡尺	200 mm	1把	
4	开口扳手		1套	

3. 考核要求

(1)被认定人入场后，首先由裁判告知题目，其次由被认定人检查设备、机具，准备工、卡、量具，当被认定人告知裁判可以开始时，由裁判员开始计时。

(2)考核时间为 25 min。

(3)考核时被认定人应按规定穿戴防护用品，考试中出现挤伤、砸伤等人身伤害情况时立即终止考试，成绩为零。

(4)考核过程中被认定人出现违规使用设备、机具或出现断裂、超压、失控等毁坏设备情况时，终止考试，成绩为零。

(5)考核过程中裁判可以根据现场情况向被认定人提问，以确认被认定人的测量数据、故障判断等是否真实有效。

(6)考核完毕后，由被认定人在评分表上签字确认。

4. 考核评分

(1)考评人员 3 名以上。

(2)评分程序及规则：考评员根据考生操作情况对照计分标准在评分表上给予记录评分。

(3)算分方法：采用百分制，满分 100 分，60 分及以上为及格。

职业技能认定
内燃机车钳工(初级工)实作技能考核评分记录表

单位：________　姓名：________　准考证号：________　工种：________　级别：________

试题名称：更换 DF_{4DK} 型机车横臂导杆

考核时间：25 min

操作开始时间：　时　分　　　　操作结束时间：　时　分

项　目	考核内容及评分标准	扣分因素及扣分	得　分
操作程序(10分)	1. 考核前未检查场地安全防护设施扣2分		
	2. 检查、操作程序错误，不会口述、操作时，每次扣2分		
	3. 工序错乱，工作中出现返工时，每次扣5分		
作业质量(60分)	1. 分解过程中，出现顺序不对、违规使用工具、部件掉落等情况时，每次扣3分		
	2. 对各部件进行检查、清洗、探伤、修理、测量等工序，漏检一项扣2分		
	3. 对不符合技术要求或有故障的部件进行记录、检修或更换(如果是裁判设置或施画的假设故障，只记录不处理)，错、漏一项扣5分		
	4. 按顺序要求组装，出现遗漏、装反、强行装入、未按要求操作等情况时，每次扣5分		
	5. 组装后检查(试验)，检查(试验)数据不准确，每缺、漏、错一项扣2分		
工具使用(10分)	1. 开工前未检查工、量具及设备，收工时不整理扣2分		
	2. 工、卡、量具及设备使用不当，每次扣2分		
	3. 工、量具脱落，每次扣2分		
作业安全(10分)	1. 未按规定着装扣2分		
	2. 违规操作或违反安全事项扣5分		
	3. 发生事故失格，取消成绩		
考核时间(10分)	1. 作业在规定时间内完成		
	2. 每超1 min扣2分		
	3. 超过5 min停止考核		
合计(100分)			

考评员签名：　　　　　　认定人：　　　　　　年　月　日

第二部分　中　级　工

1. 辅修时怎样对 DF7G 型机车进排气管路进行检查？

答：进、排气管状态良好，无破裂，石棉防护层良好。各紧固螺栓紧固良好。排气总管各卡子、螺栓齐全、无松动，状态良好。

2. 小修时怎样对 DF7G 型机车中冷器进行检查？

答：外观检查中冷器体不许有裂纹、砂眼，安装螺栓齐全无松动，对缝处不许有漏水、漏气，进出水管接口处不许有泄漏。打开稳压箱排污阀，检查稳压箱内无油水和杂物，如有需进一步查找泄漏部位。

3. 柴油机冷却系统水温过高时应怎样检查？

答：检查散热器是否过脏，扁管部分是否堵塞。检查冷却风扇转速是否偏低。检查水泵是否故障。检查中冷器是否漏水。检查温度控制阀是否作用不良。

4. 小修时怎样对 DF8B 型机车泵及传动齿轮进行检查？

答：各传动齿轮不许有裂纹、剥离，各齿端面不平齐度小于 2 mm。高低温水泵吸水壳、蜗壳、泵座不许有裂纹、泄漏现象。高低温水泵水封泄漏量小于 10 滴/min。

5. 小修时怎样对 DF4D 型机车转向架进行检查？

答：转向架及构架无裂纹。牵引拐臂、牵引杆、牵引座各部无裂纹。车体侧挡安装螺栓无松动。侧挡间隙左右之和为(30±2)mm。

6. 辅修时怎样对 DF7G 型机车抱轴瓦进行检查？

答：抱轴瓦油盒盖密封良好，螺栓齐全无松动。防尘罩完整严密，开关灵活。加油孔盖完整严密，油尺无丢失。放油堵无松动漏油。抱轴瓦无错口、裂纹、碾片，轴瓦与轴颈的径向间隙为 0.2～1.0 mm。

7. 小修时怎样对 DF4D 型机车撒砂装置进行检查？

答：砂箱存砂量充足。砂质纯净、干燥。撒砂器及砂管安装牢固，无堵塞。砂管无变形，管口无偏斜，距轨面高度 35～60 mm。

8. 小修时怎样对 DF4D 型机车基础装置进行检查?

答:制动装置各销与套的径向间隙不大于 1 mm。制动缸活塞行程为 74～123 mm。闸瓦安装正确不偏磨,无裂纹,各穿销开口销完好。闸瓦与轮箍踏面缓解间隙为 4～8 mm,闸瓦厚度不少于 20 mm。手制动装置作用良好。

9. 小修时怎样对 DF4D 型机车管路及各连接法兰进行检查?

答:管路各连接法兰无变形、翘曲、泄漏,各管卡子无松动,安装牢固,连接胶管无老化、变形、泄漏现象。各管间及管路与机体间不许碰磨;法兰间垫片厚度不大于 6 mm,总数不超过 4 片。同一油管焊修不得超过两次。

10. 辅修时怎样对 DF4D 型机车旁承进行检查?

答:橡胶旁承表面龟裂深度不大于 1.5 mm,与金属板之间不得脱开。构架上的球形侧挡磨耗量不大于 2 mm,尼龙止挡磨耗量不大于 3 mm。

11. 怎样安装 DF8B 型机车顶杆和顶杆套筒?

答:将顶杆和顶杆套筒装入进排气推杆装配内。装入前应将顶杆和顶杆套筒清洗和吹扫干净并外观检查,顶杆无弯曲,顶杆座无松动且凹球面状态良好,顶杆护套筒无裂纹,护套预先调整至适当长度,以免压裂。

12. 怎样安装 DF7G 型机车水道?

答:装上各缸缸头出水支管,装上出水总管,各垫及胶圈均须换新。安装中冷器的进出水管道。水管连接时,法兰面对齐,选用石棉垫的内径应稍小于管道内径,紧固时分两次对角拧紧。

13. C2 修时怎样对 HXN3B 型机车柴油机空气滤清器和电气柜滤清器进行检查?

答:滤清器清扫,不许有损坏,安装支架及螺栓状态良好。更新柴油机空气滤清器滤芯。

14. 怎样研修 DF8B 型机车气门与阀座?

答:将选配好的气门按缸号和序号分别放入对应的气门座中对研,粗研时用 100 号金刚砂与煤油拌成糊状,精研用氧化铬研磨膏。研修后必须有连续密封环带,进气门与其阀座为 2～2.5 mm,研修后的气门不得调换。

15. 怎样对 DF8B 型机车喷油泵下体进行分解?

答:将弹簧上座压下,取下卡环,取出弹簧上座、弹簧、弹簧下座。取下推杆定位销及推杆,再将滚轮轴从推杆取出,取下滚轮、轴承套。

16. 辅修时怎样对 DF7G 型机车泵及传动齿轮进行检查?

答:水泵吸水壳、蜗壳、泵座不许有裂纹、泄漏现象。水泵水封泄漏量小于 10 滴/min。主机油泵传动齿套轴向移动应灵活。

17. 怎样测量 DF8B 型机车超速停车装置 *b* 尺寸?

答:打落停车杆,将百分表装在停车杆顶端,然后用手缓慢提起复原手柄,当百分表指针开始逆时针旋转时,记录此瞬间读数值,继续缓慢提起复原手柄,当摇臂顶到顶杆时百分表指针停止旋转,记录此读数值,两读数之差应在 0.12～0.18 mm 之间,即可以确认此时 *b* 尺寸在 2.0～2.5 mm 之间,否则重新调整。

18. C2 修时怎样对 HXN3B 型机车排障器进行检查?

答:用直尺测量排障器的高度,排障器的高度要求为 140 ～150 mm。检查排障器无裂纹变形。排障器安装螺栓紧固状态良好无松缓,螺栓防缓标记清晰正确。检查脚踏板无裂纹变形。

19. 辅修时怎样对 DF8B 型机车启动变速箱进行检查?

答:变速箱体不得有裂纹,安装牢固无松动。变速箱各接合面及油封处无泄漏,柴油机启动和停机时油封处轻微泄漏除外。变速箱内齿轮(可见部分)不得有剥离、裂纹、烧损及过热变色,齿轮局部腐蚀不超过有效啮合面积的 15%。

20. 对 DF8B 型机车连接箱焊修后或更换柴油机原装连接箱后,应怎样检查?

答:连接箱直径 1 544 mm,定位孔对主轴承孔轴线的同轴度不大于 ϕ0.20 mm。连接箱与牵引发电机连接的法兰端面相对于主轴承孔轴线的端面跳动允差为 0.4 mm,且不许用偏垫调整。

21. 小修时怎样对 DF4D 型机车喷油泵及喷油器进行检查?

答:外观检查喷油泵各部状态无裂纹、泄漏现象,底座紧固是否良好。用手固定住调节齿杆组件,拉出拨插座,放手后,齿杆弹簧应能复位。检查齿条锁紧螺母无松动,齿条指针无松动,柱塞套齿条固定螺钉无松动,防缓铁丝封锁无折断。夹头销与喷油泵齿条间隙为 0.5～2.5 mm。检查喷油泵下体滚轮无拉伤、剥离。外观检查喷油器、输油管各部状态良好。清洗喷油泵齿条并润滑。

22. C2 修时怎样对 HXN3B 型机车增压器进行检查?

答:检查增压器支架不许有裂纹,增压器紧固螺栓紧固状态良好。增压器烟囱安装座螺栓紧固状态良好。增压器进油管、回油管紧固状态良好,油管管卡紧固状态良好。增压器零部件安装螺栓紧固状态良好。检查增压器不许有燃气泄漏迹象。

23. 怎样组装 DF7G 型机车气缸盖？

答：在气缸盖翻转位将进、排气门用橡皮筋固定，然后将翻转工作台转至气缸盖处于水平位置，取下橡皮筋，对应装入气门弹簧及锁夹套。锁夹上部 12 mm，宽度槽朝向左、右布置。对准锁夹套，将锁夹压装胎具固定好，压下，待锁夹到位后再升起胎具压头，对号装入各缸横臂弹簧、弹簧及横臂，按长短不同要求的螺栓把摇臂轴座紧固到气缸盖体外。安装示功阀螺栓，紧固良好。

24. 怎样检修 DF7G 型机车联合调节器匀速盘？

答：检查扭簧有无裂纹、变形，扭转后恢复应灵活，不良者予以更换。检查主动盘上的滚动轴承、滚子、滚道有无拉伤、点蚀、剥离，转动是否灵活，不良者予以更换。检查主动盘齿轮表面状态如何，有较重剥离磨损者予以更换。检查主动盘挡锤固定螺栓不得松动。更换飞锤时，重量差应符合技术要求。更换全部油封、石棉纸垫，更换各油路中密封件。

25. 辅修时怎样对 DF4D 型机车螺杆式压缩机进行检查？

答：更换润滑油时，必须更换新滤筒。检查动作是否灵敏，压缩机满载工作 0.9 MPa 时，轻拉上方拉环安全阀能向外排气为正常。检查油位，缺油时补油（空压机启动状态下，油位在视油镜中间为正常）。检查润滑油状态，有乳化、老化等不良状态，须更换。清扫冷却器表面灰尘。各紧固件紧固良好，管路无泄漏。

26. 怎样组装 DF8B 型机车 D 型联合调节器上体装配？

答：将功率滑阀套复原弹簧装入上体。将功率滑阀及压盖装入功率滑阀套内，用螺钉将压盖紧固于上体上，再将联合杠杆、十字销复原连杆装于功率滑阀的偏心配速活塞杆上，最后用螺钉螺母紧固。用定位销将配速杠杆与连杆连接起来，用尖嘴钳上好开口销，配速板底下放好复原弹簧。将增减速、增减载针阀拧入上体，保持一定开度带好锁紧螺母。

27. 怎样安装 DF8B 型机车进、排气推杆？

答：将导筒的安装配合面和滚轮用绸布擦干净，装入到机体安装孔内。在各进排气推杆内放入弹簧，装入垫片和法兰，并把紧。用 0.03 mm 塞尺检查滚轮与凸轮的接触状态，不得塞入，否则应调整推杆装配的位置或更换推杆装配。

28. 辅修时怎样对 DF4D 型机车轮对进行检查？

答：轮芯上的裂纹禁止焊修。轮箍踏面擦伤深度不大于 0.7 mm，剥离长度不大于 40 mm，深度不大于 1 mm，垂直磨耗深度不大于 18 mm。轮缘无碾堆，踏面磨耗高度不超过 7 mm，厚度测量点与踏面基线之间距离 10 mm 处测量为 23～33 mm。轮缘高度为 25 mm 减磨型踏面磨耗深度不大于 10 mm。轮芯探伤检查无裂纹。

29. 怎样组装 DF7G 型机车进排气支管?

答:进、排气支管内部必须清洁干净,法兰面应平整。排气支管的外部石棉层状态良好,破损者应重包,选用耐高温的石棉。排气支管的测温堵应拆下涂一层石墨粉和二硫化钼的混合剂后再拧紧。排气支管法兰垫应用耐高温夹心石棉垫。排气支管法兰的紧固螺母部位应涂一层石墨粉和二硫化钼的混合润滑剂。

30. DF7G 型机车轴箱拉杆装车后应怎样检查?

答:轴箱装上轮对后,安装轴箱拉杆,拧紧拉杆芯轴紧固螺栓后,检查芯轴与拉杆座斜面应密贴,局部间隙用 0.05 mm 塞尺检查,塞入深度不大于 10 mm,芯轴与槽底部间隙不得小于 0.5 mm。拉杆端盖与拉杆座槽口内侧的局部间隙不大于 0.2 mm。

31. C2 修时怎样对 HXN3B 型机车中冷器进行检查?

答:检查中冷器各部安装和紧固状态良好。检查中冷器外部安装螺栓和端板安装螺栓紧固状态良好。检查中冷器与各管路安装螺栓及法兰接口无泄漏,紧固状态良好。检查中冷器空气进气弯管安装状态良好,无松缓、漏水、漏气。拆下中冷器下方排污堵,不许有连续性油、水流出。

32. 怎样分解 DF8B 型机车通风机?

答:拆下吸风口紧固螺栓,取下吸风口。打下叶轮端轴头螺母开口销,拆下螺母,取出叶轮。打开法兰固定螺母防缓垫,松下固定螺母,取出叶轮。拆下法兰端的轴承压盖与轴承箱的紧固螺钉,取下压盖。拆下轴承箱与蜗壳的紧固螺钉,将轴承箱与蜗壳拆开。拆下叶轮端轴承压盖与轴承箱的紧固螺钉,取下压盖。用铜棒从叶轮端将轴打出,从轴承箱中把轴与轴承一起取出。

33. 怎样机械加工 DF8B 型机车轮箍(整体轮对)?

答:轮箍(对)外形按规定旋修。加工轮对踏面,应从旋削量中取大的一个(轮缘厚度最小的)轮为基准计算加工量。根据轮辋宽度旋修扣环槽。轮箍旋削后,轮箍外形用样板检查必须符合技术要求,检查轮箍扣环槽应符合技术要求。测量检查各轮对的轮径须符合技术要求。

34. 怎样检修 DF7G 机车齿轮箱?

答:外观检查箱体不得有裂纹、砂眼、开焊、破损、变形等缺陷,裂纹可焊修,但在一处有两条长度超过 50 mm 时应挖补焊修,气孔应完好。检查油封槽内孔有否磨耗失圆现象,磨耗严重者可镗孔处理,其直径的扩大量不超过 8 mm。更换密封毛毡,检查毛毡槽深度,磨耗量不得大于 2 mm。

35. 柴油机启动时转速飞升(超过 900 r/min 以上)时,应怎样检查?

答:检查联合调节器配速伺服器杠杆系统是否抗劲。检查配速滑阀是否抗劲。检查供油拉杆系统是否抗劲。检查联合调节器油是否过脏。检查转速调节系统的滑阀柱塞是否抗劲。

检查B型联合调节器电磁阀是否作用不良(A、B、C、D电磁阀动作不规则)。检查补偿针阀开度是否过小。检查升速针阀开度是否过大。

36. 怎样进行錾削操作?

答:起錾时,錾子尽可能向右斜45°左右。从工件边缘尖角处开始,并使錾子从尖角处向下倾斜30°左右,轻打錾子,可较容易切入材料。起錾后按正常方法錾削。当錾削到工件尽头时,要防止工件材料边缘崩裂,脆性材料尤其需要注意。因此,錾到尽头10 mm左右时,必须调头錾去其余部分。

37. 怎样检修DF8B型机车冷却风扇?

答:外观检查,并须整修裂纹处,使其呈现纯金属光泽。冷却风扇叶片不许有变形及裂纹,否则应更换该风扇。检查风扇轮毂键槽,不得有严重变形和磨耗。检查连接件不得有变形、挤痕,否则应更换。冷却风扇与静液压电动机装配时,应涂上红丹油,检查静液压电动机主轴与轮毂锥孔接触面积应不少于70%。

38. 怎样判断柴油机飞车的原因?

答:控制拉杆被异物卡滞在喷油泵较大的供油位。控制拉杆的夹头销没有插在喷油泵齿条的拨叉座内,或者在处理故障时没有把夹头销拉出旋转90°并落进弹性夹头后端的凹槽里。如果喷油泵卡泵数量较多,就可能在降速卸载时使拉杆不能及时拉回。控制拉杆系统的滚轮、销轴不灵活,使拉杆阻滞。调速器转速调节系统中的阻滑阀、柱塞卡滞,使动力活塞下方的压力油不能迅速排出,造成控制拉杆不能及时拉回。调速器最高转速限制螺钉与从动齿轮的螺钉卡住,使转速降不下来,突然卸载造成飞车。

39. 怎样判断机油压力过低的原因?

答:原因有连杆瓦和主轴瓦的间隙过大。机油泵齿轮间隙过大。油管有漏油的地方。机油过度稀释。机油压力表损坏。主机油泵减压阀弹簧的弹力过弱或弹簧折损。主机油泵吸油管吸入空气或滤网过脏。

40. 怎样将DF8B型机车牵引缓冲装置与机车进行分解?

答:分离提杆与车钩的连接,抬高车钩取下磨耗板、均衡梁和吊杆。把牵引装置安装小车(DLJ6. N68～152～00)送至端部牵引梁下,松下尾框托板与牵引梁的8个M24的连接螺栓及前端角钢与车架连接的2个M24的螺栓;压缩前从板,使前从板与从板座之间有1～2 mm的间隙,此时,牵引缓冲装置即可取出。

41. 辅修时怎样对DF4D型机车凸轮轴箱进行检查?

答:凸轮轴不许有裂纹,凸轮及轴颈工作表面不许有剥离、拉伤及碾堆等缺陷。推杆压球、顶杆压球座不许有松缓。顶杆及导筒不许有裂纹，推杆滚轮表面不许有剥离及擦伤，导筒与导块无严重拉伤，定位销无松缓，导块移动灵活。凸轮轴瓦无窜动，润滑良好，定位螺栓无松动。喷油器、喷油泵回油管、凸轮轴润滑油管无松动、断裂。

42. 怎样安装 DF8B 型机车增压器？

答：检查增压器内部清洁无异物后，将增压器吊到稳压箱上，检查增压器与排气总管应对正，否则应用调整垫片调整增压器的高度或排气总管高度，增压器支架安装面平面度应小于 0.25 mm。可加调整垫片，厚度从 0.1 mm 开始，每挡加厚 0.1 mm，注意每个脚只允许垫一片。在增压器与总管间装高温夹心石棉垫片或石墨片，并紧固好螺栓。紧固各支架螺钉，并紧固好波纹管与排气总管的连接卡子。

43. 怎样对 DF8B 型机车 D 型联合调节器中体装置进行检修？

答：检查中体中孔、储油室各配合面是否拉伤或出现划痕。检查两定位销是否松动。检查齿轮轴是否松动，齿轮轴端面比中体下端面低 0.2～0.4 mm。检查储油室内外弹簧是否失效。检查各堵是否松动或损坏。检查油位指示器装配是否损坏，玻璃管刻线是否清晰。检查滑阀装置与中体中孔的配合极限间隙是否超过 0.055 mm。检查缓冲活塞与中体缓冲腔孔的配合极限间隙是否超过 0.55 mm。检查储油室活塞与中体活塞腔的配合极限间隙是否超过 0.055 mm。

44. C2 修时怎样对 HXN3B 型机车进气道总成及排气管总成进行检查？

答：中冷器空气进气弯管紧固螺栓状态良好，不许有漏气迹象。两段管路之间的橡胶波纹管不许有老化、龟裂、破损。橡胶波纹管管卡不许有开焊或断裂迹象，紧固螺栓状态良好。气缸盖进气弯管安装螺栓紧固状态良好，不许有漏气迹象。排气总管不破损，管卡安装螺栓安装牢固，总管垫圈不许有窜出。排气支管无破损，支管安装螺栓安装牢固，支管垫不许有窜出。支管法兰不许有裂纹。排气总管和支管不许有泄漏。

45. 怎样使用锉刀？

答：顺向锉法为锉刀沿着工件表面横向或纵向移动，锉削平面可得到下正直的锉痕，比较美观。适用于工件锉光、锉平或锉顺锉纹。交叉锉法是以交叉的两个方向顺序地对工件进行锉削。由于锉痕是交叉的，容易判断锉削表面的不平程度，因此也容易把表面锉平，交叉锉法去屑较快，适用于平面的粗锉。推锉法是两手对称地握着锉刀，用两大拇指推锉刀进行锉削。这种方式适用于较窄表面和已锉平、加工余量较小的情况，可用来修正和减少表面粗糙度。

46. 怎样调试 DF8B 型机车超速停车装置？

答：试验前给各润滑部位和摩擦面上润滑油，滑油为柴油机润滑油。将调控传动总成装上试验台进行试验，当飞锤的转速达到 560～575 r/min，即转速表显示与转速达到 1 120～

1 150 r/min 时，飞锤应立即推动摇臂，使停车杆立即落下，转速高或低时，可调整飞锤上的调整螺母，但须保证飞锤行程为 $6^{+0.5}_{0}$ mm，试验动作次数应不少于 3 次，转速差不大于 10 r/min（转速表值）。试验合格后，调整螺母上装上卡簧，停车按钮加铅封。装入各观察孔盖及油管接头，油管接头做好防护。试验后记录极限动作转速数值。

47. 小修时怎样对 DF8B 型机车气缸盖及气门驱动机构进行检查？

答：气缸盖各处不许有裂纹。横臂导柱、工艺堵无松动，油堵无脱落，气门摇臂、横臂、调整螺钉、压球、压球座及气门弹簧不许有裂纹，油路畅通。示功阀及阀座安装牢固无泄漏。各气门处于关闭状态，横臂与同名气门之间的间隙小于等于 0.03 mm。气门锁夹无严重磨损，并须成对使用，锁夹下陷量小于等于 1 mm。进气门冷态间隙为（0.4＋0.05）mm，排气门冷态间隙为（0.5＋0.05）mm。

48. 辅修时怎样对 DF8B 型机车增压系统进行检查？

答：外观检查蜗壳、进气壳不许有裂纹，底座安装螺栓无松动，各油水管路无泄漏，吸风道严密无破损。起机检查增压器工作状态良好，无异声、异状。滑油压力符合要求。增压压力不小于 0.12 MPa。空气滤清器滤芯应清洁，通风良好，无破损。清扫箱体尘土，组装时调整螺栓无松动，螺母齐全，紧固良好；纸滤芯安装牢固，钢板网滤芯下车检修。

49. 怎样检修 DF8B 型机车连杆瓦？

答：连杆瓦合金如有严重拉伤、镶入异物、剥离、腐蚀、合金层分层脱壳、龟裂、烧损者更换。轴瓦合金表面如有较硬杂质嵌入，应用刮刀予以剔除并仔细修光，四周不得有高点出现，禁止使用砂布打磨。更换新瓦时瓦背与连杆大端孔及瓦口接合面应涂色检查，保证接触面在 75％以上，并要求均匀分布。

50. 小修时怎样对 DF8B 型机车油、水系统进行检查？

答：管路各连接法兰无变形、翘曲、泄漏，各管卡子无松动，安装牢固，连接胶管无老化、变形、泄漏现象。滑油粗、精滤器和燃油粗、精滤器体无裂纹、泄漏现象。当柴油机转速 1 000 r/min，机油温度 70～80 ℃时，机油滤清器前、后压力差大于 0.1 MPa 或小于 0.03 MPa 时更换滤芯。燃料泵、辅助机油泵、启动滑油泵外壳无裂纹，连接管处无泄漏，安装牢固。

51. 辅修时怎样对 DF8B 型机车轴箱进行检查？

答：轴箱体、前后盖不许有裂纹，轴箱上的横向止挡磨耗超过 1 mm 时须焊修恢复原形。轴箱后盖及防尘圈不许有偏磨。轴箱橡胶圈和轴端橡胶支承须无老化和破损。轴箱拉杆的橡胶圈和橡胶垫不许有老化和裂损，拉杆芯轴与拉杆座结合处斜面须密贴，局部间隙用 0.05 mm 塞尺检查，塞入深度不大于 10 mm，芯轴与槽底部间隙不小于 0.5 mm，拉杆端盖与拉杆座槽口内侧间的局部间隙不大于 0.2 mm。轴箱温升不大于 40 ℃。轴承端盖紧固螺栓无松动。

52. 安装 DF8B 型机车摇臂轴座装配前应怎样检查?

答:根据装配预紧标记将横臂装在导杆上(因为有配气间隙的要求)在装配前须检查油路畅通,导向销无松动。并将导杆与横臂擦干净并涂以适量的机油后装上。装入后用一手指轻轻按压横臂一端,另一只手向上提横臂另一端,应能活动,然后按上述方法反过来再检查另一端,如其中任何一端不能活动时,应调整横臂螺钉,直至横臂两端的活动量基本均匀为止,使横臂两端与气阀顶部同时接触且中间孔与导杆相平行。

53. 怎样测量 DF8B 型机车轮对?

答:整体轮滚动圆直径为 975～1 050 mm,轮箍厚度为 40～74.5 mm,轮箍宽度(或轮辋厚度)为 135～140 mm ,同一轮对轮缘内侧距离差为 1.2 mm,齿形偏差为 0.35 mm,抱轴颈直径为 204～ 210 mm ,抱轴颈圆柱度为 0.02～0.04 mm 。

54. C2 修时怎样对 HXN3B 型机车凸轮轴箱进行检查?

答:凸轮轴不许有裂纹,凸轮及轴颈工作表面不许有剥离、拉伤及碾堆等缺陷。盘车检查各缸的凸轮及滚轮状态良好,撬动各滚轮无卡死,滚轮转动灵活。凸轮轴瓦无窜动,润滑良好,定位螺栓无松动。喷油器、喷油泵回油管、凸轮轴润滑油管无松动、断裂。

55. 怎样判断柴油机冒白烟?

答:柴油机冒白烟的主要原因是水分进入气缸内参与燃烧,其成因为进入气缸内的空气含有大量的水分;燃油中含有水分;气缸水套密封不良或其他原因,使水进入气缸。柴油机冒白烟说明有水进入燃烧室,冷却水进入燃烧室,会破坏活塞环与缸壁的润滑油膜,加速它们的磨损。当冷却水进入燃烧室的数量达到一定程度时,还会发生水锤,造成柴油机重大机破事故。因此对运用中长期存在冒白烟现象的柴油机应及时进行检查,并排除故障。

56. 怎样分解 DF8B 型机车静液压系统安全阀?

答:用柴油或清洗液清洗安全阀外部,并擦拭干净。用扳手松下油管紧固螺母,取下连通减振器的油管。松下减振器体与下体的连接螺钉,取下减振器体,取下减振器阀、导阀、减振器阀弹簧、调整螺钉、锁紧螺母。松开导阀上的两个螺母,取下导阀体。将两个螺母重新装于导阀体上,并相互锁紧。然后用扳手松开导阀体,从导阀体中取下锥阀、弹簧及簧座。用专用扳子从阀体上松下螺堵,取出滑阀及弹簧。用铜棒将锥阀体从安全阀体中轻轻敲出。

57. 怎样检修 DF8B 型机车燃油箱?

答:修复燃油箱裂漏处所。包皮腐蚀、残缺破损者应更换,残缺或损坏的包皮螺栓要修复配齐。吸油筒、加油口、侧面清洗口、保温层不良者应修复,螺栓孔丝扣要完好,螺栓要配齐。底部清洗口、排油螺堵不良者更换。油表装置检修。蓄电池箱及车体安装柜内壁须清扫检查,有腐蚀时须彻底清除修整,并进行防腐处理。导轨及滚轮不良时须修复。检查燃油箱吊挂不许有裂纹，吊挂、安装螺栓、螺母、垫片不良应换新；螺杆吊挂、安装螺栓不得松动。

58. 怎样进行 DF8B 型机车轴箱拉杆压装？

答：用专用工具将橡胶圈和芯轴分别压入拉杆孔内。方法是先用手将胶圈压入引导器，借助引导器、胶圈拉杆体定位器用压力机将胶圈压入拉杆体孔内，然后在胶圈内和芯轴引导器外表面涂一层润滑油，将芯轴套在引导器上，压入拉杆孔胶圈内。检查橡胶圈距拉杆两端面距离不小于 1.5 mm，同时检查芯轴两端面距拉杆孔端面距离应相同，两拉杆芯轴中心距离应为(260±2)mm，压装时注意两芯轴斜面中心垂直于轴箱拉杆两中心线所在平面，斜面分同向和反向两种，一台转向架两种装配各一半。压装后检查各橡胶圈有无挤破，位置是否正确。检查完毕后，按分解的反顺序组装金属橡胶垫、端盖、卡环。

59. 怎样摸轴温？

答：摸轴温时要注意摸中有比，摸、比、看相结合。通过摸机车各轴或抱轴轴承温度，掌握正常的运转热。注意不同季节的气温变化，冬季温度低，要从低温中找高温，夏季温度高，要从高温中找高温。下雪或下雨时，可以通过观察雪融化的程度或轴箱干燥的快慢判断轴温的差别。

60. 怎样组装 DF8B 型机车通风机？

答：组装前轴承、轴及轴承箱、轴承盖应清洗干净，并用压缩空气吹干。加热轴承装于轴上。用压力机或铜棒将轴装在轴承箱内。将装有毛毡油封的轴承压盖分别用螺钉紧固到轴承箱上。叶轮端轴承盖凸台缺口对准油杯。用螺钉将轴承箱紧固在蜗壳上。装叶轮于轴上，紧固螺母装上开口销。用手转动叶轮应灵活无死点。向轴承箱内压入润滑脂。装法兰于轴上，紧固螺母，止动垫翻边止动。

61. 怎样安装 DF8B 型机车止推轴承？

答：在止推轴承的两端涂以适量的机油后，装止推法兰和垫圈，并用 M12×1.25×80 的螺栓将止推轴承压紧圈、止推轴承和止推法兰把紧。用 0.12 mm 塞尺检查轴承止推法兰内孔与轴颈的径向间隙均能塞入，然后装入挡圈，拧紧锁紧螺母。用百分表测量凸轮轴的横动量，应在 0.12～0.35 mm 范围内，再用防缓螺栓锁死锁紧螺母，最后穿好各防缓铁丝。

62. 辅修时怎样对 DF4D 型机车曲轴箱进行检查？

答：曲轴各部无裂纹，曲柄销及其过渡圆角表面上不许有剥离、损伤；油堵无松脱。主轴承盖及紧固螺栓作用良好无松动，开口销无折断。主轴瓦、连杆瓦无剥离、烧损，主轴瓦端面错口不大于 0.5 mm。活塞、连杆无破损、变形，油堵无松脱；连杆盖及紧固螺栓作用良好无松动。连杆大端横动量符合 0.25～0.5 mm。气缸套进出水管无松动泄漏；气缸套密封圈作用良好无泄漏。油气分离器连接良好无泄漏。清洗油气分离器各部连接良好，无泄漏。防爆阀垫、开口销良好，无漏油，弹簧良好，胶圈良好。滤网无异物、无破损。

63. 怎样检修 DF8B 型机车主轴瓦？

答：用清洁柴油清洗干净后，外观检查轴瓦状态。合金层不许有剥离、脱壳，烧损严重腐蚀和拉伤。检查主轴瓦涨量，以在体内不自由脱落为准，同时外观检查瓦口附近与体的接触状态，是否有收口现象。轴瓦合口面应平行，在瓦口全长内平行度不大于 0.03 mm。将主轴瓦放入标准胎具内。测量主轴瓦紧余量。

64. 怎样分解 DF8B 型机车 D 型联合调节器伺服电动机？

答：从花键输出轴取下拐臂。松下供油传动装置六条螺栓，用尖嘴钳取下电动机杆与链板连接销的开口销，把锥销取出，拆下拐臂链板，将下体盖和传动轴一起拿下。松下伺服电动机上杆头，拆下传动装置上盖与伺服体连接的四条螺栓，上盖取下，并用拔出器拔出油封。将伺服电动机放在调速器拆装台上，使用专用压套将弹簧压盖压住，用扳子松开盖上四条螺栓，松转丝杠，取下盖与动力活塞复原弹簧，作用顶杆及弹簧座。用尖嘴钳拔出动力活塞与杆连接的开口销，松下动力活塞固定螺母，取下动力活塞，抽出补偿活塞及伺服电动机杆。

65. 怎样分解 DF7G 型机车冷却水泵？

答：松下泵体前盖压紧螺母。取下泵体前盖。松下叶轮防松螺母。松下叶轮压紧螺母。取下叶轮、叶轮水封垫片、水封。松开水泵齿轮端压盖防缓铁丝，松下压盖紧固螺钉。用铜棒轻击水泵轴，将轴从水泵齿轮端取出。松下水泵齿轮防松压母。松下水泵齿轮压紧螺母。接上细管，加压扩张，压力应为 4.0～4.5 MPa，压出齿轮。取下垫片、轴套。用压力机将滚动轴承从水泵轴齿轮端压出。取出油封。

66. 辅修时怎样对 DF7G 型机车车钩进行检查？

答：车钩“三态”（闭锁状态、开锁状态、全开状态）作用良好。车钩在闭锁状态时，钩锁往上的活动量为 3 号和改进型 3 号下作用式车钩 5～15 mm；13 号下作用式车钩 5～22 mm。钩锁与钩舌的接触面须平直，其高度不少于 40 mm，钩体防跳凸台和钩锁销的作用面平直，钩舌与钩体上、下承力面接触良好。车钩在闭锁状态时，钩锁尾部与钩体间隙不大于 4 mm，钩舌与钩锁铁侧面间隙为 3 号下作用车钩 3 mm；改进型 3 号下作用式车钩不大于 5 mm；13 号下作用式车钩 6.5 mm。测量车钩中心线距轨面高度为 820～890 mm。

67. 怎样组装 DF8B 型机车超速停车器体装配？

答：将停车杆与连接臂用销连接好，再将摇臂与连接臂用销连接好，在摇臂上装上滚轮，用穿销固定，销加垫，插入开口销，上好保险。将上述组件放入停车器体，用摇臂销固定在停车器体上。在调控传动装置停车器体弹簧压装台上，将弹簧座套入停车杆装入停车器体，装入停车弹簧，再用停车器体盖压紧弹簧，拧紧螺栓。将传动轴摇臂大端用停车轴串在停车器盖上，铰好锥销孔，打入锥销，锥销小端开口放松，摇臂小端与停车杆用传动摇臂销连接好。将停车器体装配与箱体装配，用垫片调整摇臂滚轮间的间隙(0.8±0.1)mm。拧紧螺栓，摇臂偏心尺寸为2.0～2.5 mm。用钢尺测量停车杆升程，把升程调整至不小于20 mm时，摇臂滚轮与紧急停车按钮的顶杆不许相碰。装上行程开关。

68. 怎样维护保养量具?

答:在机床上测量零件时，要等零件完全停稳后进行，否则不但使量具的测量面过早磨损而失去精度，且会造成事故。测量前应把量具的测量面和零件的被测量表面都要擦干净，以免因有脏物存在而影响测量精度。量具在使用过程中，不要和工具、刀具等堆放在一起，以免碰伤量具。量具是测量工具，绝对不能作为其他工具的代用品。温度对测量结果影响很大，零件的精密测量一定要使零件和量具都在20 ℃的情况下进行测量。温度对量具精度的影响亦很大，避免使量具受热变形而失去精度。不要把精密量具放在磁场附近，以免使量具感磁。发现精密量具有不正常现象时，使用者应当主动送计量站检修，并经检定量具精度后再继续使用。量具使用后，应及时擦干净，表面应涂防锈油，放在专用的盒子里，保存在干燥的地方。长期使用的精密量具，要定期送计量站进行保养和检定精度，以免因量具的示值误差超差而造成产品质量事故。

69. 怎样组装 DF8B 型机车连杆瓦盖?

答:组装应注意连杆瓦盖和连杆螺栓必须对号装入。连杆螺钉的螺纹和支承面应涂以适量的二硫化钼(或机油)。用棘轮扳手预紧连杆螺栓至瓦盖与体齿面密贴，瓦盖与连杆大头的不平齐度、连杆体端面的不平齐度允差为0.3 mm。分三次均匀紧固连杆螺栓至螺栓头部的刻线与连杆瓦盖上的刻线对齐，不重合度允差为0.3 mm。

70. C2 修时怎样对 HXN3B 型机车辅助电机进行检查?

答:各通风机安装座螺栓紧固牢固无松缓，电机座无裂纹。打盖检查接线状态，各通风机引线连接和绝缘套无缺陷及破损，接线无老化和接磨。空压机电机、燃油泵电机、冷却风扇电机安装座安装螺栓紧固良好无松缓，电机座无裂纹。打盖检查空压机电机接线状态，空压机电机、燃油泵电机、冷却风扇电机引线连接和绝缘套无缺陷、接磨或破损。检查各通风机扇叶状态，手动转动检查冷却风扇电机应灵活无异声。风机扇叶无裂纹、折损，扇叶安装良好。外观检查各风机通风道不老化、破损和泄漏，通风道卡子安装齐全良好。通风道座安装螺栓牢固，防缓标记位置正确。

71. 怎样分解 DF7G 型机车单元制动器?

答:用手锤、撬棍拆下瓦签、插销，取下闸瓦。松开调瓦装配上的蝶形螺母和相配的M8薄螺母。拆下闸瓦撑两端的开口销，松开M20开槽螺母和垫圈，取下螺杆销，卸下闸瓦撑和闸瓦托。拆除箱体上各处盖板。拆下制动缸与箱体间的8个M10×15螺栓。从箱体两边的开口处拆除活塞推杆接头体与杠杆的连接销，取下活塞推杆和缓解弹簧。拆下制动缸皮碗。打开箱体侧面上部两块盖板和顶部防尘套。拆除防尘罩与箱体的 M6×12 螺钉和压环。从侧面孔中拆除杠杆销轴，取出杠杆。拆除端盖与箱体的 M10×25 安装螺栓。旋动螺杆，依次退出螺杆复位机构和闸瓦间隙自动调整机构，分别进行分解。

72. 怎样使用游标卡尺测量零件内尺寸？

答：测量零件的内尺寸时要使量爪分开的距离小于所测内尺寸，进入零件内孔后，再慢慢张开并轻轻接触零件内表面，用固定螺钉固定尺框后，轻轻取出卡尺来读数。取出量爪时，用力要均匀，并使卡尺沿着孔的中心线方向滑出，不可歪斜，免使量爪扭伤、变形和受到不必要的磨损，同时会使尺框移动，影响测量精度。测量内孔时卡尺两测量刃应在孔的直径上，不能偏歪。当量爪在错误位置时，其测量结果将比实际孔径 D 要小。用下量爪的外测量面测量内尺寸时，在读取测量结果时，一定要把量爪的厚度加上去，即游标卡尺上的读数加上量爪的厚度才是被测零件的内尺寸。测量范围在 500 mm 以下的游标卡尺，量爪厚度一般为 10 mm。但当量爪磨损和修理后，量爪厚度就要小于 10 mm，读数时这个修正值也要考虑进去。

73. 怎样分解 DF8B 型机车上海产静液压泵(静液压电动机)？

答：将静液压泵(静液压电动机)固定于专用翻转架上。拆下前端盖卡环、取下油封盖，拆下油封。拆下主轴上卡环，取下碟簧及座。拆下后端盖螺栓，取下后盖，然后将配流盘分解下来。松下前后泵体的紧固螺栓，取下后泵体。将油缸抽出，取下芯轴球套，弹簧和弹簧座。拆下压板紧固螺钉和压板，然后取下柱塞连杆(注意打好刻印)。将主轴、从前泵体中拆出。将轴承 315、隔环、2 个 446315 轴承从前泵体中压出。将拆下的零部件放好，以免与其他零部件搞混。

74. 怎样检测 DF7G 型机车万向轴？

答：探伤检查万向轴花键叉头、滑动叉头、轴承盖、十字销。花键轴叉及滑动轴叉的工作面如有毛刺拉伤用油石及锉刀修复。十字销轴颈有轻微拉伤应用油石打磨，严重者更换。测量十字销头移动量为 0.022～0.60 mm(轴向间隙)。测量十字销头直径减少量不大于 1.5 mm，不圆度不大于 1.5 mm。测量轴套与轴承体配合间隙为 0.025～0.077 mm。允许间隙 0.027 mm，过盈 0.023 mm。测量轴承体的外径和叉头体孔的内径。测量十字头销与轴套径向配合间隙为 0.07～0.22 mm；十字头轴与轴套间隙 0.015～0.22 mm。测量花键轴与花键套侧面间隙为 0.05～0.50 mm。测量在半径 R80 mm 处，万向轴的叉头对轴线的端面圆跳动不大于 0.1 mm。测量花键部分的径向圆跳动不大于 0.08 mm。

75. 怎样检查与调整 DF8B 型机车预热锅炉？

答：检查炉体、管组、燃烧室体、烟囱、上下水箱无裂纹、开焊，清除烟垢及水垢。喷油器分解检修组装后应进行试验调整，应符合技术条件要求。燃油输送泵分解、检修、组装后应进行试验，当燃油输送泵转速为 3 000 r/min,喷射压力为 1.6 MPa 时,流量不少于 0.017 m^3/h。风机分解、检修、组装后应进行试验,工作状态良好。水泵分解、检修、组装后,应进行试验,当水泵转速为 3 000 r/min 时,流量不小于 8 m^3/h,压力为 0.4 MPa。调整点火装置两电极间距离为(4±0.5)mm。电极与喷嘴轴向间距离为(10±0.5)mm。电极与喷嘴径向间距离为(8±0.5)mm。烟囱装配应保证内腔清洁,外表面石棉布和玻璃布绕制时要拉紧,缠绕钢丝不得松脱,确保无破损、缺损现象。

76. 怎样检修 DF7G 型机车钩体?

答:钩体上长度不超过 50 mm 的纵裂纹,消除裂纹后缓坡过渡并补焊、打磨平整,允许比原平面高出 2 mm。测量扁销孔的尺寸不得大于 118×49 mm。钩体磨耗部位应堆焊后打磨平整,钩体下平面与均衡梁接触处修磨后允许高出周转平面 2 mm;钩尾与尾框接触处修磨后允许高出周围平面 2 mm;钩尾端面修磨后,扁销孔到端面距离应在 48～54 mm 之间。原有防脱凸台和补焊后的防脱凸台,其高度尺寸均应符合修理要求。裂纹处理完后应进行复探。钩耳孔中衬套不松动可以不检修。测量钩耳孔及衬套磨耗,钩耳孔直径不得大于 44 mm[原形(42.2±1) mm]否则换套。直径在 51.06～52.00 mm,装入等级衬套,保证过盈量在 0.03～0.15 mm 之间。衬套在安装时内孔长径方向须与钩体纵向一致,衬套不应凸出钩耳内距 212 mm 平面外。

77. 怎样检修 DF8B 型机车温控阀?

答:检修阀体、阀盖不得有裂纹及破损,局部轻微硬伤及毛刺用油石修整光滑。检查滑阀与阀体配合面状态,有轻微拉伤时,用油石修整光滑,并用研磨剂研磨,使滑阀能在自重下沿阀体缓慢落下。测量滑阀外径和阀体内径,其间隙为 0.015～0.030 mm。检查弹簧、挡圈、弹簧座、阀体挡圈槽,不得有裂纹及破损。检查调节螺钉,螺纹与锥面状态应良好。感温元件在中修时,必须更换新品。组装后应进行性能试验。恒温元件动作温度范围低温为(50±2) ℃,高温为(60±2) ℃。初始推力 160 N,推杆行程须大于 7 mm。

78. 怎样镶装 DF7G 型机车轮箍?

答:轮箍须探伤检查,不许有裂纹和缺陷。轮辋外径配合的圆度不大于 0.25 mm,圆柱度不大于 0.1 mm。轮箍紧余量按轮辋外径计算,每 1 000 mm 轮辋直径的紧余量为 1.2～1.5 mm。其外圆粗糙度 3.2 μm。轮箍加热应均匀,温度不许超过 330 ℃,严禁用人工方法冷却轮箍。轮箍加垫时,垫板厚度不许大于 1 mm,垫板不多于 1 层,总数不多于 4 块,相邻两块垫板间的距离不大于 10 mm。新轮箍及轮箍厚度小于 50 mm 时不许加垫。禁止用不同厚度的垫板或两端搭接。加垫用垫片,必须在同一钢片上截取,禁止使用镀镁钢板材。

79. 怎样组装 DF7G 型机车启动滑油泵?

答:组装前各零件必须清洁,不得用棉丝擦拭,应用麂皮擦拭。将主、从动齿轮同时装入泵体内,并涂以少量润滑油,在泵体端面上向上放好纸垫。装好泵盖,打入定位销,放上平垫及弹簧垫圈,用扳手均匀紧固螺栓,打好防缓铁丝。将油封装在油封座内(注意不要装反)装入弹簧,将油封座装在泵体上,放好平垫及弹簧垫圈,把紧螺钉。将键放入键槽内,用尼龙棒或铜棒将齿形联轴节。打入轴上,然后紧上止动螺钉。用带磁力表架的百分表校验齿轮端面与泵体和泵盖的总间隙。组装后,应转动灵活无异状。

80. 怎样组装 DF7G 型机车燃油粗滤器?

答:将滤器座置于钳工台固定座上。芯杆装入滤器座内,将芯杆上的 O 形密封圈换新。把滤片网芯垫片分别间隔装在芯杆上。把 M27×1.5 螺母拧紧到适当的紧度,套上限位管。把更换好法兰密封槽内橡胶垫的滤器体装在滤器座上,紧固法兰四角上的螺栓及螺母,注意密封垫放平,不要漏气,否则会造成燃油泵吸入空气,建立不起压力。拧上盖形螺母,螺母内的 O 形密封圈换新。封住所有进出口,入库。填写检修记录。

81. 辅修时怎样对 DF4D 型机车调控装置进行检查?

答:外观检查调速器无裂纹、泄漏,缓冲油杯无缺油,拉杆无抖动,柴油机无游车现象,油电动机无卡滞现象。油位符合要求(刻线上下 5 mm)。测量升降速时间。检查调速器步进电机接线良好。最高转速止挡、最低转速止挡无松动,步进电机的主从动伞形齿轮啮合状态良好。检查功调电阻各状态,变阻器滑片无折断,接触良好,各电阻无烧损、断路和短路现象,测量功调电阻阻值应符合要求。外观检查供油拉杆无裂纹、变形、弯曲,各拐臂、连接销、开口销完整,各滚轮转动灵活。检查横轴轴向间隙、整个杠杆系统总间隙不超过 0.6 mm,总阻力不超过 120 N。外观检查,超速停车装置各部无裂纹,紧固状态是否良好。检查调控传动箱各部无裂纹、泄漏,用手按动紧急停车按钮,须作用灵活可靠,各泵齿条须立即回到零刻线或略低于零刻线。检查极限调速器飞块无异状,弹簧、穿销无折损,锁母紧固状态良好。

82. 怎样分解 DF8B 型机车凸轮轴?

答:拆下输出端齿轮轴端盖。测量左、右凸轮轴的横动量,并记录。分解止推轴承,做好标记,左、右分别存放。取出凸轮轴瓦的卡环。拆下凸轮轴瓦。取下凸轮轴瓦。卸凸轮轴齿轮。用带胶皮的撬棍将凸轮轴从自由端撬出,用吊具将凸轮轴轻轻吊起,取出第 1 和第 5 位的轴瓦,然后不断地撬动凸轮轴和移动天车,此时应注意不要碰伤凸轮轴孔或凸轮轴,凸轮轴抽出后,放在专用支架上。

83. DF7G 型机车调速器组装后将怎样进行试验?

答:试验前,从加油口加入经绸布过滤的调速器专用油,油位应保持在油表刻线上下 5 mm 的范围内。进行磨合试验,当油温为 60~70 ℃时,工作油压力为 650~700 kPa;工作油油温不得超过 70 ℃;检查各接合面及油封应无泄漏。磨合后将工作油放出,更换新油。性能试验在 0 位转速时,把补偿针阀松开 2~3 圈,让调速器波动运转以排除体内空气,然后慢慢拧紧针阀直到调速器稳定工作运转。检查稳定性，变换手柄，检查转速波动及稳定时间，变换手柄时，转速波动应小于 3 次，稳定时间应小于 10 s。测量抖动量，在动力缸顶杆与联合杠杆连接处测量抖动量，将百分表置于上体表面平台上，表的触头顶在联合杠杆上，观察其上下摆动的抖量应不大于 0.8 mm。检查灵敏度，拧死降速针阀螺母，将手柄回至降位，此时应不降速或降速很慢，拧死升速针阀螺母，将手柄置于升位，此时应不升或升速很慢，在油温及油压均符合标准的情况下，调整升速针阀，将手柄从 430 r/min 突然升到 1 000 r/min，反之升速时间应为 18～20 s。降速时间应为 17～19 s。

84. 怎样使用外卡钳？

答：外卡钳在钢直尺上取下尺寸时，一个钳脚的测量面靠在钢直尺的端面上，另一个钳脚的测量面对准所需尺寸刻线的中间，且两个测量面的连线应与钢直尺平行，人的视线要垂直于钢直尺。用已在钢直尺上取好尺寸的外卡钳去测量外径时，要使两个测量面的连线垂直零件的轴线，靠外卡钳的自重滑过零件外圆时，我们手中的感觉应该是外卡钳与零件外圆正好是点接触，此时外卡钳两个测量面之间的距离，就是被测零件的外径。所以，用外卡钳测量外径，就是比较外卡钳与零件外圆接触的松紧程度，以卡钳的自重能刚好滑下为合适。如当卡钳滑过外圆时，我们手中没有接触感觉，就说明外卡钳比零件外径尺寸大，如靠外卡钳的自重不能滑过零件外圆，就说明外卡钳比零件外径尺寸小。切不可将卡钳歪斜地放上工件测量，这样有误差。由于卡钳有弹性，把外卡钳用力压过外圆是错误的，更不能把卡钳横着卡上去。对于大尺寸的外卡钳，靠其自重滑过零件外圆的测量压力已经太大了，此时应托住卡钳进行测量。

85. 怎样分解 DF8B 型机车 D 型联合调节器上体？

答：解体前用柴油或清洗液把调节器表面清洗干净，然后将调节器放在支承架上松开放油堵，放净内部调速器油盖上的两条固定螺栓，将上盖拿下。用扳子松开伺服电动机尾杆与联合杠杆穿销螺母，取下穿销，用尖嘴钳取下复原连杆与配速杠杆开口销，拿下连接销，用改锥松开功率滑阀套压盖两条螺栓，用扳子松动配速活塞杆螺母，用改锥慢慢松开配速活塞油缸两条固定螺栓，取下配速板及其复原弹簧，然后将配速活塞油缸、联合杠杆、功率滑阀、功率滑阀压盖、连杆一起拿下，并从中取出配速活塞复原弹簧，松下配速活塞杆上螺母，从中取出活塞，从上体取出功率滑阀套及弹簧。用扳子松开上体、与中体固定的四条螺栓，取下上体。用扳子和改锥松下增减载及升降速针阀。

86. 螺纹连接装配要注意哪些？

答：螺钉、螺栓或螺母与零件贴合的表面要光洁、平整，贴合处的表面应当经过加工，否则容易使连接件松动或使螺钉弯曲。螺钉、螺母或螺栓和接触的表面之间应保持清洁，螺孔内的脏物应当清理干净。拧紧成组螺母时，须按照一定的顺序进行，并做到分次逐步拧紧(一般分 3 次拧紧)，否则会使零件或螺杆产生松紧不一致甚至变形。在拧紧长方形布置的成组螺母时，须从中间开始，逐渐向两边对称地扩展，在拧紧圆形或方形布置的成组螺母时，必须对称地进行。必须按一定的拧紧力矩来拧紧。连接件在工作中有振动或冲击时，为了防止螺钉和螺母回松，必须采用防松装置，加弹簧垫圈或止动垫圈。

87. 怎样分解 DF8B 型机车曲轴组？

答：将机体转至主轴承向上的垂直位，并将曲轴盘到 338°曲轴转角。用百分表测量曲轴的横动量并记录。卸主轴承螺母和横拉螺钉，此时注意检查工件上的标志是否与安装位置一致，否则重新标注，原标志取消。用专用吊具将主轴承盖吊出放专用架存放，注意检查瓦盖标志是否与安装位置一致，否则重新标注。卸止推轴承的前后止推挡环，并标明前后。用专用吊具将曲轴吊出放专用架存放。取下各位轴瓦，按顺序存放。

88. 怎样检修 DF7G 型机车连杆瓦？

答：检查合金层表面，不许有剥离，严重腐蚀、裂纹、折叠、拉伤及气泡，钢背及合金层不许有烧伤，否则更换。轴瓦合金表面如有较硬杂质嵌入，应用刮刀予以剔除并仔细修光，四周不得有高点出现，禁止使用砂布打磨。更换新瓦时瓦背与连杆大端孔及瓦口接合面应涂色检查，保证接触面在 75%以上，并要求均匀分布。测量连杆瓦其厚度应保证油隙为 0.15～0.28 mm 的要求。厚度为 5 mm 的连杆瓦的紧余量为在 21.56 kN 的作用力下，其余面高度应为 0.2～0.24 mm。厚度为 7.5 mm 的连杆瓦的紧余量为在 32.36 kN 的作用力下，其余面高度应为 0.08～0.12 mm。

89. 怎样解体 DF7G 型机车喷油泵？

答：将喷油泵置于专用拆装台上并固定好。拧下出油阀接头压紧螺套，取出油阀接头、出油阀升程限制器，弹簧及出油阀偶件。转动拆装台后使泵体翻转 180°，用专用工具压下弹簧下座，弹簧柱塞、弹簧上座。松开调节齿杆定位螺钉，将调节齿杆拉至尽头一端，用专用夹钳夹出调节齿圈，抽出调节齿杆组件。用手握住泵体下口，拧下柱塞套止动螺钉，取下柱塞套并将柱塞放入柱塞套。拧下进油管接头，取出垫圈。同一泵上拆下的出油阀偶件及出油阀弹簧、柱塞偶件等为一组与其他泵拆下的各组按一定顺序放在清洁油盘中，同一泵上拆下的其他零件和泵体放在一起，亦按一定顺序存放；固定在泵体上的指针一般不拆下。

90. 怎样拆装更换一般穿销及开口销？

答：拆卸开口销时，应使开口销尾部并直，以小撬棍插入销子头部环内，再用手锤轻敲小撬棍，将开口销剔出。开口销装好后，将其尾部劈成 60°。拆卸穿销时，应先将开口销取出，再取出垫圈及穿销。穿销的安装，应按销孔的方向而定。一般横向穿销应从内往外穿或由前往后穿；竖向穿销应从上向下穿入。开口销的直径，应符合穿销孔的大小，插入劈开后不应跳动。使用花螺母时，开口销应插入花螺母槽内。没有丝扣的穿销，在安装开口销前应加垫圈。开口销安装后，距螺母或垫圈不得超过 3 mm。

91. DF8B 型机车启动变速箱组装后应怎样测试?

答:变速箱组装后需转动灵活,并做空转磨合试验。变速箱装车后运转平稳无异声,分箱面无渗漏。箱体温度小于等于 80 ℃,油封在起、停机时允许有微量渗油。各齿轮啮合间隙 0.25～0.70 mm,齿轮轴轴向间隙为 0.3～0.6 mm。各齿轮与轴配合过盈量为:主动齿轮 0.124～0.168 mm;启动电机齿轮 0.083～0.121 mm;中间齿轮 0.083～0.121 mm;励磁机齿轮 0.083～0.121 mm。法兰锥度配合面接触面积小于等于 70%,且均布,压入行程为主动轴法兰 6.0～8.5 mm;启动电机轴法兰 5.0～6.5 mm;其余各轴法兰 2.5～4.0mm;迷宫圈、挡圈与轴配合过盈量为 0.01～0.02 mm。更换迷宫圈挡圈时应测量迷宫圈、挡圈与轴承盖的径向间隙(注意挡圈螺纹旋向)为迷宫圈与轴承盖径向间隙 0.50～0.66 mm,轴向间隙 2.0 mm,挡圈与轴承盖间隙 0.170～0.257 mm。

92. 怎样实现 DF8B 型机车转向架与车体的分离?

答:架车前各轴箱弹簧用专用卡具卡好,并按轴位顺序做好标记。各撒砂管、齿轮箱用红漆按顺序做好标记。测量各抱轴瓦径向间隙,并做成记录,以便确定抱轴瓦的修程。测量左右侧挡的总横动量,并做好记录。拆下牵引杆与车体的连接螺栓,并使牵引销与车体的销座分离。拆下横向各减振器与车体处的连接螺栓。拆下电机风道与车体的连接。分离电机大线及各传感器与车体的连接。各撒砂管分离前、后转向架制动管、撒砂管、轮轨润滑装置风管与车体的连接。分离手制动装置钢丝绳。在确认转向架与车体无连接件后,闭合电源按钮,架起车体至适当高度,推出转向架。转向架推出后,将车体落下。

93. 怎样检测 DF7G 型机车轴箱?

答:测量轴箱体内孔尺寸并记录其圆度、圆柱度应符合技术要求,且与轴承外圈配合间隙应为 0.040～0.226 mm。检查轴箱后端盖与防尘圈,不应有接磨痕迹,否则须查明原因。更换前后端盖止口上的橡胶油封圈。用专用小车、轴承支架从轴承检测站领回新轴承和轴承履历表(注意轴承不应与铁支架碰磨),搬动轴承时不能直接接触轴承。检查轴承各部位应符合技术要求。轴承按组进行三分离外观检查,轴承内外圈工作表面、配合面及滚子工作面、保持架等必须光洁,无磕碰、磨伤、压坑、锈蚀等缺陷,符合轴承技术要求,不同组的轴承配件不得混装。测量轴承游隙,选配同轴箱两轴承游隙差应≤0.02 mm。严格检查轴颈表面及轴肩端面,不许有毛刺锈斑和轻微碰伤,否则应用细砂布清除打磨,然后用脂溜汽油、不脱毛绸布或麂皮擦净,表面粗糙度为 1.6 μm。清洗轴承内圈和轴颈,清洁度达到 2 级标准。复测轴承内圈内孔尺寸。复测轴承外圈外径尺寸,并记录。测量轴颈尺寸(原形为 $\phi160^{+0.052}_{+0.027}$ mm),并记录。根据上述尺寸按轴承内圈与车轴轴颈的过盈配合公差为 0.027～0.077 mm 的技术要求选配轴承,并记录轴承内圈与轴颈过盈量和外圈与箱体间隙值。

94. 怎样使用内卡钳?

答:用内卡钳测量内径时,应使两个钳脚的测量面的连线正好垂直相交于内孔的轴线,即钳脚的两个测量面应是内孔直径的两端点。因此，测量时应将下面的钳脚的测量面停在孔壁上作为支点，上面的钳脚由孔口略往里面一些逐渐向外试探，并沿孔壁圆周方向摆动，当沿孔壁圆周方向能摆动的距离为最小时，则表示内卡钳脚的两个测量面已处于内孔直径的两端点。再将卡钳由外至里慢慢移动，可检验孔的圆度公差。用已在钢直尺上或在外卡钳上取好尺寸的内卡钳去测量内径。就是比较内卡钳在零件孔内的松紧程度。如内卡钳在孔内有较大的自由摆动时，就表示卡钳尺寸比孔径内小了；如内卡钳放不进，或放进孔内后紧得不能自由摆动，就表示内卡钳尺寸比孔径大了，如内卡钳放入孔内，按照上述的测量方法能有 1～2 mm 的自由摆动距离，这时孔径与内卡钳尺寸正好相等。测量时不要用手抓住卡钳测量，这样手感就没有了，难以比较内卡钳在零件孔内的松紧程度，并使卡钳变形而产生测量误差。

95. 怎样检查 DF7G 型机车单元制动器？

答：更新所有耐油石棉橡胶板密封垫。螺杆与箱体间的橡胶防尘罩、连接手制动装置的杠杆端部的橡胶防尘套均不得破损、老化，不良者更新。皮碗不得老化、磨损、破裂，不良者更新。检查制动缸体内径面不允许有拉伤（轻微拉伤允许用细砂皮打除），制动缸体内壁的局部锈蚀应予消除，锈蚀严重影响与皮碗接触的则更换。检查缓解弹簧应作用良好，无塑性变形。检查螺杆销、杠杆销等与对应衬套应无严重磨耗。探伤检查各销，应无裂纹。检查各销与对应衬套的间隙，间隙应不大于 2 mm。检查闸瓦托、闸瓦撑状态良好、无裂纹。探伤检查瓦托与箱体间的焊缝处应无裂纹。杠杆无磨损，探伤检查无裂纹。螺杆无磨损和变形，牙形完好，探伤检查焊缝和杆身无裂纹。对于已经解体的闸瓦间隙调整机构，应检查各部状态良好。对于已经解体的螺杆复位机构，应检查轴承保持架完好，滚珠无严重磨耗，滚道无锈蚀。压圈、挡套、调隙挡状态良好。

96. 怎样进行 DF7G 型机车吊运构架、落车？

答：落车时特别注意防止轴箱体的轴箱止挡与构架上的轴箱止挡碰撞。接通架车机电源，按下架车机电源开关，抬高车体至一定高度。拆除支撑架车时，各架车机必须有专人看管。在任一电动机上接通牵车机电源（或人力推），将转向架推至车体下方，对准各旁承的对应位置（必要时轨面撒上黄砂，以增大轮轨间的摩擦力，便于转向架推进）。落下车体时，必须注意旁承与车体上的旁承安装窝对准，构架两侧向支撑不得妨碍落车。装上手制动连接销，穿好开口销并劈开，角度不小于 30°。装上并拧紧连接车体处的横向油压减振器，紧固螺栓，穿好开口销并劈开。测量转向架与车体侧挡间隙，左右之和应为 28～32 mm，如不在此范围内，可用加减垫片的方法调整，但左右侧的垫片厚度应相等。装好橡胶垫和下盖板，拧紧吊杆螺母。用套筒扳手拧紧连接车体处的牵引拉杆紧固螺栓，打好保险，组装完毕，检查牵引销与销座结合处斜面应密贴，局部间隙用 0.05 mm 的塞尺检查，塞入深度不得大于 10 mm，销和槽底部间隙应不小于 0.5 mm，牵引销紧固托板两端与安装座的间隙应相等，组装如有偏差，可用油压镐顶进，严禁用锤敲击。保险片状态良好。顺时针转动手制动摇把，检查手制动装置作用良好，然后复原。拆卸轴箱圆弹簧专用卡子，检查圆弹簧上盖和下座定位销是否入定位孔。

97. C2 修时怎样对 HXN3B 型机车动力组上层部件进行检查?

答:检查各油管接头，进油管、回油管、高压油管不许有松动或漏油迹象，喷油器回油管不许有漏油迹象，各油管卡子不许有松动，各软管状态良好。进排气门、气门弹簧、气门杆密封套状态良好，进、排气顶杆不许有弯曲，锁夹和气门旋转机构状态良好。摇臂装配及轴承状态良好，气门横臂装配对状态良好，气门横臂装配铜质球头不许有偏磨。横臂防转片不许有裂纹与异常磨损。转动曲轴至 0°、165°、360°和 525°，各缸气门间隙调整器不许有松动，其间隙为 1.5～3.5 mm，摇臂调整螺钉锁紧螺母紧固力矩 108 N·m。喷油器和喷油泵安装状态良好。气缸盖示功阀堵安装不许有松动泄漏，气缸盖工艺堵不许有松动泄漏。气门导管不许有异常离座现象。摇臂箱盖罩橡胶圈状态良好，不许有老化、龟裂。摇臂箱紧固螺栓安装牢固。检查摇臂、横臂状态良好，更换不良摇臂衬套。检查进、排气挺杆状态良好。

98. C2 修时怎样对 HXN3B 型机车主辅发电机进行检查?

答:机座安装状态良好，各接线端子、卡子、线束状态良好。通风道不许有破损。集电环及内部元件安装牢固，集电环须光洁，不许有烧损、灼伤。集电环内部须清洁，集电环盖板密封良好，不许有损坏、变形。刷握安装牢固不许有烧损断裂;刷辫安装牢固，电刷不许有到限偏磨及异常磨耗，主发和辅发电机短边电刷长度不小于 25 mm，在刷握中上下活动自由，不许有卡滞，电刷压指作用良好不许有断裂，电刷与集电环的接触不小于电刷截面积的 75%。刷握距集电环表面间隙在 2.5～4.0 mm 范围内。励磁引线、环线不许有松动、过热、烧损，刷架、卡子等各部状态良好。同台电机须使用同一厂家、同一型号的电刷。输出大线不许有接磨、破损、老化或龟裂，安装牢固。辅发电机外部接线、卡子、线束及安装座安装状态良好。辅发电机接线盒内部接线紧固良好，不许有松动、过热、烧损现象。整流元件、观察窗需清洁主发电机轴承端盖安装螺栓紧固良好，轴承端盖不许有漏油迹象。对调励磁线。定期检查定子绕组可见部分状态良好，引线铜排与电缆连接紧固牢靠。定期清除通风槽内的污垢。

99. 怎样组装 DF8B 型机车机油离心精滤器?

答:将转子轴装在转子体上。按原有标记将集油管安装在转子体上。将固定片套装于转子轴和集油管上，(固定片左右翘曲角度应对称)穿上开口销。将新的衬纸装于转子盖内。在转子体上装上转子下垫圈、滤油网，重新合上转子外壳，拧紧螺母。拨动转子组装应转动灵活，无阻滞。将止推垫圈装在转子轴上，拧紧螺母保证止推垫圈与轴承间的间隙为 0.5～1.0 mm。在滤清器座上放上罩壳下垫圈，合上外罩壳并拧紧螺母。更换转子组总成零件须进行动平衡试验，不平衡度不大于 5 g·cm。将试验良好的转子组成装入下体内，此时，转动转子组成应能自由转动。将上体与下体按标记进行组装，并均匀紧固。对良好的离心滤清器进油口应包扎，以防污物落入。填写好检修记录，入库。

100. 怎样使用锯弓?

答:起锯的方式有远边起锯和近边起锯两种，一般情况采用远边起锯。因为此时锯齿是逐步切入材料，不易卡住，起锯比较方便。起锯角 α 以 15°左右为宜。为了起锯的位置正确和平稳，可用左手大拇指挡住锯条来定位。起锯时压力要小，往返行程要短，速度要慢，这样可使起锯平稳。锯割时，手握锯弓要舒展自然，右手握住手柄向前施加压力，左手轻扶在弓架前端，稍加压力。人体重量均布在两腿上。锯割时速度不宜过快，以每分钟 30～60 次为宜，并应用锯条全长的三分之二工作，以免锯条中间部分迅速磨钝。推锯时锯弓运动方式有两种，一种是直线运动，适用于锯缝底面要求平直的槽和薄壁工件的锯割；另一种是锯弓上下摆动，这样操作自然，两手不易疲劳。锯割到材料快断时，用力要轻，以防碰伤手臂或折断锯条。锯割圆钢时，为了得到整齐的锯缝，应从起锯开始以一个方向锯结束。如果对断面要求不高，可逐渐变更起锯方向，以减少抗力，便于切入。

S1 HXN3B型机车C3修时进排气支管的检查

1. 考场准备

要求在检修库内股道上停留一台HXN3B型机车，机车必须在停机状态，机车两端地沟上设有稳固整洁的渡板，考场周围整洁并有隔离措施。

2. 材料工具准备

序 号	名 称	规 格	数 量	备 注
1	开口扳手		1套	
2	检车锤		1把	
3	手电		1只	

3. 考核要求

(1)被认定人入场后，首先由裁判告知题目，其次由被认定人检查设备、机具，准备工、卡、量具，当被认定人告知裁判可以开始时，由裁判员开始计时。

(2)考核时间为15 min。

(3)考核时被认定人应按规定穿戴防护用品，考试中出现挤伤、砸伤等人身伤害情况时立即终止考试，成绩为零。

(4)考核过程中被认定人出现违规使用设备、机具或出现断裂、超压、失控等毁坏设备情况时，终止考试，成绩为零。

(5)考核过程中裁判可以根据现场情况向被认定人提问，以确认被认定人的测量数据、故障判断等是否真实有效。

(6)考核完毕后，由被认定人在评分表上签字确认。

4. 考核评分

(1)考评人员3名以上。

(2)评分程序及规则：考评员根据考生操作情况对照计分标准在评分表上给予记录评分。

(3)算分方法：采用百分制，满分100分，60分及以上为及格。

职业技能认定
内燃机车钳工(中级工)实作技能考核评分记录表

单位:________ 姓名:________ 准考证号:________ 工种:________ 级别:________

试题名称:HXN3B 型机车 C3 修时进排气支管的检查

考核时间:15 min

操作开始时间: 时 分 操作结束时间: 时 分

项 目	考核内容及评分标准	扣分因素及扣分	得 分
操作程序(10 分)	1. 考核前未检查场地安全防护设施扣 2 分		
	2. 检查、操作程序错误,不会口述、操作时,每次扣 2 分		
	3. 工序错乱,工作中出现返工、返回检查时,每次扣 5 分		
作业质量(60 分)	1. 检查之前未确认机车状态,部件温度、稳固等状态,每次扣 3 分		
	2. 对部件说不出或说错名称、检查顺序混乱、检查内容缺项、漏检等,每次扣 3 分		
	3. 对需开盖、晃动、敲击等方法进行检查的内容不熟悉,对带压部件检查时未进行呼唤等,每次扣 3 分		
	4. 对不符合技术要求或有故障的部件进行记录(如果是裁判设置或施画的假设故障,需填写在记录表内),错漏一项扣 5 分		
	5. 检查后各开关、盖板、罩子等,需进行恢复,每漏一项扣 2 分		
工具使用(10 分)	1. 开工前未检查工、量具及设备,收工时不整理扣 2 分		
	2. 工、卡、量具及设备使用不当,每次扣 2 分		
	3. 工、量具脱落,每次扣 2 分		
作业安全(10 分)	1. 未按规定着装扣 2 分		
	2. 违规操作或违反安全事项扣 5 分		
	3. 发生事故失格,取消成绩		
考核时间(10 分)	1. 作业在规定时间内完成		
	2. 每超 1 min 扣 2 分		
	3. 超过 5 min 停止考核		
合计(100 分)			

考评员签名: 认定人: 年 月 日

S2　HXN3B 型机车 C2 修时燃油系统的检查

1. 考场准备

要求在检修库内股道上停留一台 HXN3B 型机车，机车必须在停机状态，机车两端地沟上设有稳固整洁的渡板，考场周围整洁并有隔离措施。

2. 材料工具准备

序　号	名　称	规　格	数　量	备　注
1	开口扳手		1 套	
2	检车锤		1 把	
3	手电		1 只	
4	扭力扳手	20～100 N・m	1 把	

3. 考核要求

(1)被认定人入场后，首先由裁判告知题目，其次由被认定人检查设备、机具，准备工、卡、量具，当被认定人告知裁判可以开始时，由裁判员开始计时。

(2)考核时间为 15 min。

(3)考核时被认定人应按规定穿戴防护用品，考试中出现挤伤、砸伤等人身伤害情况时立即终止考试，成绩为零。

(4)考核过程中被认定人出现违规使用设备、机具或出现断裂、超压、失控等毁坏设备情况时，终止考试，成绩为零。

(5)考核过程中裁判可以根据现场情况向被认定人提问，以确认被认定人的测量数据、故障判断等是否真实有效。

(6)考核完毕后，由被认定人在评分表上签字确认。

4. 考核评分

(1)考评人员 3 名以上。

(2)评分程序及规则：考评员根据考生操作情况对照计分标准在评分表上给予记录评分。

(3)算分方法：采用百分制，满分 100 分，60 分及以上为及格。

职业技能认定
内燃机车钳工(中级工)实作技能考核评分记录表

单位:_______ 姓名:_______ 准考证号:_______ 工种:_______ 级别:_______

试题名称:HXN_{3B}型机车 C2 修时燃油系统的检查

考核时间:15 min

操作开始时间: 时 分 操作结束时间: 时 分

项 目	考核内容及评分标准	扣分因素及扣分	得 分
操作程序 (10 分)	1. 考核前未检查场地安全防护设施扣 2 分		
	2. 检查、操作程序错误,不会口述、操作时,每次扣 2 分		
	3. 工序错乱,工作中出现返工、返回检查时,每次扣 5 分		
作业质量 (60 分)	1. 检查之前未确认机车状态,部件温度、稳固等状态,每次扣 3 分		
	2. 对部件说不出或说错名称、检查顺序混乱、检查内容缺项、漏检等,每次扣 3 分		
	3. 对需开盖、晃动、敲击等方法进行检查的内容不熟悉,对带压部件检查时未进行呼唤等,每次扣 3 分		
	4. 对不符合技术要求或有故障的部件进行记录(如果是裁判设置或施画的假设故障,需填写在记录表内),错漏一项扣 5 分		
	5. 检查后各开关、盖板、罩子等,需进行恢复,每漏一项扣 2 分		
工具使用 (10 分)	1. 开工前未检查工、量具及设备,收工时不整理扣 2 分		
	2. 工、卡、量具及设备使用不当,每次扣 2 分		
	3. 工、量具脱落,每次扣 2 分		
作业安全 (10 分)	1. 未按规定着装扣 2 分		
	2. 违规操作或违反安全事项扣 5 分		
	3. 发生事故失格,取消成绩		
考核时间 (10 分)	1. 作业在规定时间内完成		
	2. 每超 1 min 扣 2 分		
	3. 超过 5 min 停止考核		
合计 (100 分)			

考评员签名: 认定人: 年 月 日

S3　HXN3B 型机车 C3 修时电阻制动通风机的检查

1. 考场准备

要求在检修库内股道上停留一台 HXN3B 型机车，机车必须在停机状态，机车两端地沟上设有稳固整洁的渡板，考场周围整洁并有隔离措施。

2. 材料工具准备

序　号	名　称	规　格	数　量	备　注
1	开口扳手		1 套	
2	检车锤		1 把	
3	手电		1 只	
4	钢直尺	200 mm	1 把	

3. 考核要求

(1)被认定人入场后，首先由裁判告知题目，其次由被认定人检查设备、机具，准备工、卡、量具，当被认定人告知裁判可以开始时，由裁判员开始计时。

(2)考核时间为 15 min。

(3)考核时被认定人应按规定穿戴防护用品，考试中出现挤伤、砸伤等人身伤害情况时立即终止考试，成绩为零。

(4)考核过程中被认定人出现违规使用设备、机具或出现断裂、超压、失控等毁坏设备情况时，终止考试，成绩为零。

(5)考核过程中裁判可以根据现场情况向被认定人提问，以确认被认定人的测量数据、故障判断等是否真实有效。

(6)考核完毕后，由被认定人在评分表上签字确认。

4. 考核评分

(1)考评人员 3 名以上。

(2)评分程序及规则：考评员根据考生操作情况对照计分标准在评分表上给予记录评分。

(3)算分方法：采用百分制，满分 100 分，60 分及以上为及格。

职业技能认定
内燃机车钳工(中级工)实作技能考核评分记录表

单位:________ 姓名:________ 准考证号:________ 工种:________ 级别:________

试题名称:HXN_{3B}型机车 C3 修时电阻制动通风机的检查

考核时间:15 min

操作开始时间: 时 分 操作结束时间: 时 分

项 目	考核内容及评分标准	扣分因素及扣分	得 分
操作程序(10分)	1. 考核前未检查场地安全防护设施扣2分		
	2. 检查、操作程序错误,不会口述、操作时,每次扣2分		
	3. 工序错乱,工作中出现返工、返回检查时,每次扣5分		
作业质量(60分)	1. 检查之前未确认机车状态,部件温度、稳固等状态,每次扣3分		
	2. 对部件说不出或说错名称、检查顺序混乱、检查内容缺项、漏检等,每次扣3分		
	3. 对需开盖、晃动、敲击等方法进行检查的内容不熟悉,对带压部件检查时未进行呼唤等,每次扣3分		
	4. 对不符合技术要求或有故障的部件进行记录(如果是裁判设置或施画的假设故障,需填写在记录表内),错漏一项扣5分		
	5. 检查后各开关、盖板、罩子等,需进行恢复,每漏一项扣2分		
工具使用(10分)	1. 开工前未检查工、量具及设备,收工时不整理扣2分		
	2. 工、卡、量具及设备使用不当,每次扣2分		
	3. 工、量具脱落,每次扣2分		
作业安全(10分)	1. 未按规定着装扣2分		
	2. 违规操作或违反安全事项扣5分		
	3. 发生事故失格,取消成绩		
考核时间(10分)	1. 作业在规定时间内完成		
	2. 每超1 min扣2分		
	3. 超过5 min停止考核		
合计(100分)			

考评员签名: 认定人: 年 月 日

S4　HXN3B 型机车 C2 修时进排气系统检查

1. 考场准备

要求在检修库内股道上停留一台 HXN3B 型机车，机车必须在停机状态，机车两端地沟上设有稳固整洁的渡板，考场周围整洁并有隔离措施。

2. 材料工具准备

序　号	名　称	规　格	数　量	备　注
1	开口扳手		1 套	
2	检车锤		1 把	
3	手电		1 只	

3. 考核要求

(1)被认定人入场后，首先由裁判告知题目，其次由被认定人检查设备、机具，准备工、卡、量具，当被认定人告知裁判可以开始时，由裁判员开始计时。

(2)考核时间为 15 min。

(3)考核时被认定人应按规定穿戴防护用品，考试中出现挤伤、砸伤等人身伤害情况时立即终止考试，成绩为零。

(4)考核过程中被认定人出现违规使用设备、机具或出现断裂、超压、失控等毁坏设备情况时，终止考试，成绩为零。

(5)考核过程中裁判可以根据现场情况向被认定人提问，以确认被认定人的测量数据、故障判断等是否真实有效。

(6)考核完毕后，由被认定人在评分表上签字确认。

4. 考核评分

(1)考评人员 3 名以上。

(2)评分程序及规则：考评员根据考生操作情况对照计分标准在评分表上给予记录评分。

(3)算分方法：采用百分制，满分 100 分，60 分及以上为及格。

职业技能认定
内燃机车钳工(中级工)实作技能考核评分记录表

单位:________ 姓名:________ 准考证号:________ 工种:________ 级别:________

试题名称:HXN3B 型机车 C2 修时进排气系统检查

考核时间:15 min

操作开始时间: 时 分 操作结束时间: 时 分

项 目	考核内容及评分标准	扣分因素及扣分	得 分
操作程序(10分)	1. 考核前未检查场地安全防护设施扣2分		
	2. 检查、操作程序错误,不会口述、操作时,每次扣2分		
	3. 工序错乱,工作中出现返工、返回检查时,每次扣5分		
作业质量(60分)	1. 检查之前未确认机车状态,部件温度、稳固等状态,每次扣3分		
	2. 对部件说不出或说错名称、检查顺序混乱、检查内容缺项、漏检等,每次扣3分		
	3. 对需开盖、晃动、敲击等方法进行检查的内容不熟悉,对带压部件检查时未进行呼唤等,每次扣3分		
	4. 对不符合技术要求或有故障的部件进行记录(如果是裁判设置或施画的假设故障,需填写在记录表内),错漏一项扣5分		
	5. 检查后各开关、盖板、罩子等,需进行恢复,每漏一项扣2分		
工具使用(10分)	1. 开工前未检查工、量具及设备,收工时不整理扣2分		
	2. 工、卡、量具及设备使用不当,每次扣2分		
	3. 工、量具脱落,每次扣2分		
作业安全(10分)	1. 未按规定着装扣2分		
	2. 违规操作或违反安全事项扣5分		
	3. 发生事故失格,取消成绩		
考核时间(10分)	1. 作业在规定时间内完成		
	2. 每超1 min扣2分		
	3. 超过5 min停止考核		
合计(100分)			

考评员签名: 认定人: 年 月 日

S5 DF8B 型机车机油热交换器检修

1. 考场准备

要求在检修台位上准备 DF8B 型机车机油热交换器一台，放水槽一处，水压试验台，考场周围整洁并有隔离措施。

2. 材料工具准备

序 号	名 称	规 格	数 量	备 注
1	开口扳手		1套	
2	活扳手	12寸	1把	
3	水压试验盖板		1个	

3. 考核要求

(1)被认定人入场后，首先由裁判告知题目，其次由被认定人检查设备、机具，准备工、卡、量具，当被认定人告知裁判可以开始时，由裁判员开始计时。

(2)考核时间为 30 min。

(3)考核时被认定人应按规定穿戴防护用品，考试中出现挤伤、砸伤等人身伤害情况时立即终止考试，成绩为零。

(4)考核过程中被认定人出现违规使用设备、机具或出现断裂、超压、失控等毁坏设备情况时，终止考试，成绩为零。

(5)考核过程中裁判可以根据现场情况向被认定人提问，以确认被认定人的测量数据、故障判断等是否真实有效。

(6)考核完毕后，由被认定人在评分表上签字确认。

4. 考核评分

(1)考评人员 3 名以上。

(2)评分程序及规则：考评员根据考生操作情况对照计分标准在评分表上给予记录评分。

(3)算分方法：采用百分制，满分 100 分，60 分及以上为及格。

职业技能认定
内燃机车钳工(中级工)实作技能考核评分记录表

单位:________ 姓名:________ 准考证号:________ 工种:________ 级别:________

试题名称:DF8B型机车机油热交换器检修

考核时间:30 min

操作开始时间: 时 分 操作结束时间: 时 分

项 目	考核内容及评分标准	扣分因素及扣分	得 分
操作程序(10分)	1. 考核前未检查场地安全防护设施扣2分		
	2. 检查、操作程序错误,不会口述、操作时,每次扣2分		
	3. 工序错乱,工作中出现返工时,每次扣5分		
作业质量(60分)	1. 分解过程中,出现顺序不对、违规使用工具、部件掉落等情况时,每次扣3分		
	2. 对各部件进行检查、清洗、探伤、修理、测量等工序,漏检一项扣2分		
	3. 对不符合技术要求或有故障的部件进行记录、检修或更换(如果是裁判设置或施画的假设故障,只记录不处理),错、漏一项扣5分		
	4. 按顺序要求组装,出现遗漏、装反、强行装入、未按要求操作等情况时,每次扣5分		
	5. 组装后检查(试验),检查(试验)数据不准确,每缺、漏、错一项扣2分		
工具使用(10分)	1. 开工前未检查工、量具及设备,收工时不整理扣2分		
	2. 工、卡、量具及设备使用不当,每次扣2分		
	3. 工、量具脱落,每次扣2分		
作业安全(10分)	1. 未按规定着装扣2分		
	2. 违规操作或违反安全事项扣5分		
	3. 发生事故失格,取消成绩		
考核时间(10分)	1. 作业在规定时间内完成		
	2. 每超1 min扣2分		
	3. 超过5 min停止考核		
合计(100分)			

考评员签名: 认定人: 年 月 日

S6　DF8B 型机车小修时曲轴箱的检查

1. 考场准备

要求在检修库内股道上停留一台 DF8B 型机车，机车必须在停机状态，清洗油槽一个，机车两端地沟上设有稳固整洁的渡板，考场周围整洁并有隔离措施。

2. 材料工具准备

序　号	名　称	规　格	数　量	备　注
1	开口扳手		1 套	
2	检车锤		1 把	
3	手电		1 只	
4	钢板尺	200 mm	1 把	
5	塞尺	150 mm	1 把	
6	毛刷		1 把	
7	柴油		适量	

3. 考核要求

(1)被认定人入场后，首先由裁判告知题目，其次由被认定人检查设备、机具，准备工、卡、量具，当被认定人告知裁判可以开始时，由裁判员开始计时。

(2)考核时间为 20 min。

(3)考核时被认定人应按规定穿戴防护用品，考试中出现挤伤、砸伤等人身伤害情况时立即终止考试，成绩为零。

(4)考核过程中被认定人出现违规使用设备、机具或出现断裂、超压、失控等毁坏设备情况时，终止考试，成绩为零。

(5)考核过程中裁判可以根据现场情况向被认定人提问，以确认被认定人的测量数据、故障判断等是否真实有效。

(6)考核完毕后，由被认定人在评分表上签字确认。

4. 考核评分

(1)考评人员 3 名以上。

(2)评分程序及规则：考评员根据考生操作情况对照计分标准在评分表上给予记录评分。

(3)算分方法：采用百分制，满分 100 分，60 分及以上为及格。

职业技能认定
内燃机车钳工(中级工)实作技能考核评分记录表

单位:________ 姓名:________ 准考证号:________ 工种:________ 级别:________

试题名称:DF8B型机车小修时曲轴箱的检查

考核时间:20 min

操作开始时间: 时 分　　　　操作结束时间: 时 分

项目	考核内容及评分标准	扣分因素及扣分	得分
操作程序(10分)	1. 考核前未检查场地安全防护设施扣2分		
	2. 检查、操作程序错误,不会口述、操作时,每次扣2分		
	3. 工序错乱,工作中出现返工、返回检查时,每次扣5分		
作业质量(60分)	1. 检查之前未确认机车状态,部件温度、稳固等状态,每次扣3分		
	2. 对部件说不出或说错名称、检查顺序混乱、检查内容缺项、漏检等,每次扣3分		
	3. 对需开盖、晃动、敲击等方法进行检查的内容不熟悉,对带压部件检查时未进行呼唤等,每次扣3分		
	4. 对不符合技术要求或有故障的部件进行记录(如果是裁判设置或施画的假设故障,需填写在记录表内),错漏一项扣5分		
	5. 检查后各开关、盖板、罩子等,需进行恢复,每漏一项扣2分		
工具使用(10分)	1. 开工前未检查工、量具及设备,收工时不整理扣2分		
	2. 工、卡、量具及设备使用不当,每次扣2分		
	3. 工、量具脱落,每次扣2分		
作业安全(10分)	1. 未按规定着装扣2分		
	2. 违规操作或违反安全事项扣5分		
	3. 发生事故失格,取消成绩		
考核时间(10分)	1. 作业在规定时间内完成		
	2. 每超1 min扣2分		
	3. 超过5 min停止考核		
合计(100分)			

考评员签名:　　　　认定人:　　　　年 月 日

S7 DF8B 型机车小修时牵引拉杆、齿轮箱及抱轴瓦的检查

1. 考场准备

要求在检修库内股道上停留一台 DF8B 型机车，机车必须在停机状态，机车两端地沟上设有稳固整洁的渡板，考场周围整洁并有隔离措施。

2. 材料工具准备

序 号	名 称	规 格	数 量	备 注
1	开口扳手		1套	
2	检车锤		1把	
3	手电		1只	
4	塞尺	150 mm	1把	
5	毛线架		1个	

3. 考核要求

(1)被认定人入场后，首先由裁判告知题目，其次由被认定人检查设备、机具，准备工、卡、量具，当被认定人告知裁判可以开始时，由裁判员开始计时。

(2)考核时间为 20 min。

(3)考核时被认定人应按规定穿戴防护用品，考试中出现挤伤、砸伤等人身伤害情况时立即终止考试，成绩为零。

(4)考核过程中被认定人出现违规使用设备、机具或出现断裂、超压、失控等毁坏设备情况时，终止考试，成绩为零。

(5)考核过程中裁判可以根据现场情况向被认定人提问，以确认被认定人的测量数据、故障判断等是否真实有效。

(6)考核完毕后，由被认定人在评分表上签字确认。

4. 考核评分

(1)考评人员 3 名以上。

(2)评分程序及规则：考评员根据考生操作情况对照计分标准在评分表上给予记录评分。

(3)算分方法：采用百分制，满分 100 分，60 分及以上为及格。

职业技能认定
内燃机车钳工（中级工）实作技能考核评分记录表

单位：________　姓名：________　准考证号：________　工种：________　级别：________

试题名称：DF_{8B}型机车小修时牵引拉杆、齿轮箱及抱轴瓦的检查

考核时间：20 min

操作开始时间：　时　分　　　　操作结束时间：　时　分

项　目	考核内容及评分标准	扣分因素及扣分	得　分
操作程序（10分）	1. 考核前未检查场地安全防护设施扣2分		
	2. 检查、操作程序错误，不会口述、操作时，每次扣2分		
	3. 工序错乱，工作中出现返工、返回检查时，每次扣5分		
作业质量（60分）	1. 检查之前未确认机车状态，部件温度、稳固等状态，每次扣3分		
	2. 对部件说不出或说错名称、检查顺序混乱、检查内容缺项、漏检等，每次扣3分		
	3. 对需开盖、晃动、敲击等方法进行检查的内容不熟悉，对带压部件检查时未进行呼唤等，每次扣3分		
	4. 对不符合技术要求或有故障的部件进行记录（如果是裁判设置或施画的假设故障，需填写在记录表内），错漏一项扣5分		
	5. 检查后各开关、盖板、罩子等，需进行恢复，每漏一项扣2分		
工具使用（10分）	1. 开工前未检查工、量具及设备，收工时不整理扣2分		
	2. 工、卡、量具及设备使用不当，每次扣2分		
	3. 工、量具脱落，每次扣2分		
作业安全（10分）	1. 未按规定着装扣2分		
	2. 违规操作或违反安全事项扣5分		
	3. 发生事故失格，取消成绩		
考核时间（10分）	1. 作业在规定时间内完成		
	2. 每超1 min扣2分		
	3. 超过5 min停止考核		
合计（100分）			

考评员签名：　　　　　　认定人：　　　　　　年　月　日

S8　DF4DK 型机车燃油粗滤器检修

1. 考场准备

要求在检修台位准备 DF4DK 型机车燃油粗滤器一台，钳工台一处，清洗油槽一个，考场周围整洁并有隔离措施。

2. 材料工具准备

序　号	名　称	规　格	数　量	备　注
1	开口扳手		1 套	
2	毛刷		1 把	
3	清洗用柴油		适量	
4	O 形圈		4 个	
5	麂皮		1 块	

3. 考核要求

(1)被认定人入场后，首先由裁判告知题目，其次由被认定人检查设备、机具，准备工、卡、量具，当被认定人告知裁判可以开始时，由裁判员开始计时。

(2)考核时间为 20 min。

(3)考核时被认定人应按规定穿戴防护用品，考试中出现挤伤、砸伤等人身伤害情况时立即终止考试，成绩为零。

(4)考核过程中被认定人出现违规使用设备、机具或出现断裂、超压、失控等毁坏设备情况时，终止考试，成绩为零。

(5)考核过程中裁判可以根据现场情况向被认定人提问，以确认被认定人的测量数据、故障判断等是否真实有效。

(6)考核完毕后，由被认定人在评分表上签字确认。

4. 考核评分

(1)考评人员 3 名以上。

(2)评分程序及规则：考评员根据考生操作情况对照计分标准在评分表上给予记录评分。

(3)算分方法：采用百分制，满分 100 分，60 分及以上为及格。

职业技能认定
内燃机车钳工(中级工)实作技能考核评分记录表

单位:________ 姓名:________ 准考证号:________ 工种:________ 级别:________

试题名称:DF_{4DK}型机车燃油粗滤器检修

考核时间:20 min

操作开始时间: 时 分 操作结束时间: 时 分

项 目	考核内容及评分标准	扣分因素及扣分	得 分
操作程序(10分)	1. 考核前未检查场地安全防护设施扣2分		
	2. 检查、操作程序错误,不会口述、操作时,每次扣2分		
	3. 工序错乱,工作中出现返工时,每次扣5分		
作业质量(60分)	1. 分解过程中,出现顺序不对、违规使用工具、部件掉落等情况时,每次扣3分		
	2. 对各部件进行检查、清洗、探伤、修理、测量等工序,漏检一项扣2分		
	3. 对不符合技术要求或有故障的部件进行记录、检修或更换(如果是裁判设置或施画的假设故障,只记录不处理),错、漏一项扣5分		
	4. 按顺序要求组装,出现遗漏、装反、强行装入、未按要求操作等情况时,每次扣5分		
	5. 组装后检查(试验),检查(试验)数据不准确,每缺、漏、错一项扣2分		
工具使用(10分)	1. 开工前未检查工、量具及设备,收工时不整理扣2分		
	2. 工、卡、量具及设备使用不当,每次扣2分		
	3. 工、量具脱落,每次扣2分		
作业安全(10分)	1. 未按规定着装扣2分		
	2. 违规操作或违反安全事项扣5分		
	3. 发生事故失格,取消成绩		
考核时间(10分)	1. 作业在规定时间内完成		
	2. 每超1 min扣2分		
	3. 超过5 min停止考核		
合计(100分)			

考评员签名: 认定人: 年 月 日

S9　DF4DK 型机车通风机检修

1. 考场准备

要求在检修台位上准备 DF4DK 型机车通风机一台，清洗油槽一个，压力机，静平衡试验设备，清洗加热设备，考场周围整洁并有隔离措施。

2. 材料工具准备

序　号	名　称	规　格	数　量	备　注
1	开口扳手		1 套	
2	活扳手	12 寸	1 把	
3	外径千分尺	50～75 mm	1 把	
4	内径量表	50～100 mm	1 把	
5	塞尺		1 把	
6	柴油、清洗剂		适量	

3. 考核要求

(1)被认定人入场后，首先由裁判告知题目，其次由被认定人检查设备、机具，准备工、卡、量具，当被认定人告知裁判可以开始时，由裁判员开始计时。

(2)考核时间为 40 min。

(3)考核时被认定人应按规定穿戴防护用品，考试中出现挤伤、砸伤等人身伤害情况时立即终止考试，成绩为零。

(4)考核过程中被认定人出现违规使用设备、机具或出现断裂、超压、失控等毁坏设备情况时，终止考试，成绩为零。

(5)考核过程中裁判可以根据现场情况向被认定人提问，以确认被认定人的测量数据、故障判断等是否真实有效。

(6)考核完毕后，由被认定人在评分表上签字确认。

4. 考核评分

(1)考评人员 3 名以上。

(2)评分程序及规则：考评员根据考生操作情况对照计分标准在评分表上给予记录评分。

(3)算分方法：采用百分制，满分 100 分，60 分及以上为及格。

职业技能认定
内燃机车钳工(中级工)实作技能考核评分记录表

单位:________ 姓名:________ 准考证号:________ 工种:________ 级别:________

试题名称:DF4DK 型机车通风机检修

考核时间:40 min

操作开始时间: 时 分 操作结束时间: 时 分

项 目	考核内容及评分标准	扣分因素及扣分	得 分
操作程序 (10 分)	1. 考核前未检查场地安全防护设施扣 2 分		
	2. 检查、操作程序错误,不会口述、操作时,每次扣 2 分		
	3. 工序错乱,工作中出现返工时,每次扣 5 分		
作业质量 (60 分)	1. 分解过程中,出现顺序不对、违规使用工具、部件掉落等情况时,每次扣 3 分		
	2. 对各部件进行检查、清洗、探伤、修理、测量等工序,漏检一项扣 2 分		
	3. 对不符合技术要求或有故障的部件进行记录、检修或更换(如果是裁判设置或施画的假设故障,只记录不处理),错、漏一项扣 5 分		
	4. 按顺序要求组装,出现遗漏、装反、强行装入、未按要求操作等情况时,每次扣 5 分		
	5. 组装后检查(试验),检查(试验)数据不准确,每缺、漏、错一项扣 2 分		
工具使用 (10 分)	1. 开工前未检查工、量具及设备,收工时不整理扣 2 分		
	2. 工、卡、量具及设备使用不当,每次扣 2 分		
	3. 工、量具脱落,每次扣 2 分		
作业安全 (10 分)	1. 未按规定着装扣 2 分		
	2. 违规操作或违反安全事项扣 5 分		
	3. 发生事故失格,取消成绩		
考核时间 (10 分)	1. 作业在规定时间内完成		
	2. 每超 1 min 扣 2 分		
	3. 超过 5 min 停止考核		
合计 (100 分)			

考评员签名: 认定人: 年 月 日

S10 DF8B型机车小修时喷油泵及喷油器的检查

1. 考场准备

要求在检修库内股道上停留一台DF8B型机车，机车必须在停机状态，机车两端地沟上设有稳固整洁的渡板，考场周围整洁并有隔离措施。

2. 材料工具准备

序 号	名 称	规 格	数 量	备 注
1	开口扳手		1套	
2	检车锤		1把	
3	手电		1只	

3. 考核要求

(1)被认定人入场后，首先由裁判告知题目，其次由被认定人检查设备、机具，准备工、卡、量具，当被认定人告知裁判可以开始时，由裁判员开始计时。

(2)考核时间为15 min。

(3)考核时被认定人应按规定穿戴防护用品，考试中出现挤伤、砸伤等人身伤害情况时立即终止考试，成绩为零。

(4)考核过程中被认定人出现违规使用设备、机具或出现断裂、超压、失控等毁坏设备情况时，终止考试，成绩为零。

(5)考核过程中裁判可以根据现场情况向被认定人提问，以确认被认定人的测量数据、故障判断等是否真实有效。

(6)考核完毕后，由被认定人在评分表上签字确认。

4. 考核评分

(1)考评人员3名以上。

(2)评分程序及规则：考评员根据考生操作情况对照计分标准在评分表上给予记录评分。

(3)算分方法：采用百分制，满分100分，60分及以上为及格。

职业技能认定
内燃机车钳工(中级工)实作技能考核评分记录表

单位:________ 姓名:________ 准考证号:________ 工种:________ 级别:________

试题名称:DF8B 型机车小修时喷油泵及喷油器的检查

考核时间:15 min

操作开始时间: 时 分 操作结束时间: 时 分

项　目	考核内容及评分标准	扣分因素及扣分	得　分
操作程序(10分)	1. 考核前未检查场地安全防护设施扣2分		
	2. 检查、操作程序错误,不会口述、操作时,每次扣2分		
	3. 工序错乱,工作中出现返工、返回检查时,每次扣5分		
作业质量(60分)	1. 检查之前未确认机车状态,部件温度、稳固等状态,每次扣3分		
	2. 对部件说不出或说错名称、检查顺序混乱、检查内容缺项、漏检等,每次扣3分		
	3. 对需开盖、晃动、敲击等方法进行检查的内容不熟悉,对带压部件检查时未进行呼唤等,每次扣3分		
	4. 对不符合技术要求或有故障的部件进行记录(如果是裁判设置或施画的假设故障,需填写在记录表内),错漏一项扣5分		
	5. 检查后各开关、盖板、罩子等,需进行恢复,每漏一项扣2分		
工具使用(10分)	1. 开工前未检查工、量具及设备,收工时不整理扣2分		
	2. 工、卡、量具及设备使用不当,每次扣2分		
	3. 工、量具脱落,每次扣2分		
作业安全(10分)	1. 未按规定着装扣2分		
	2. 违规操作或违反安全事项扣5分		
	3. 发生事故失格,取消成绩		
考核时间(10分)	1. 作业在规定时间内完成		
	2. 每超1 min扣2分		
	3. 超过5 min停止考核		
合计(100分)			

考评员签名: 认定人: 年 月 日

S11　DF4DK 型机车温度控制阀检修

1. 考场准备

要求在检修台位上准备 DF4DK 型机车温度控制阀一台，清洗油槽一个，温度控制阀试验台，钳工台，考场周围整洁并有隔离措施。

2. 材料工具准备

序　号	名　称	规　格	数　量	备　注
1	开口扳手		1 套	
2	外径千分尺		1 把	
3	内卡钳	200 mm	1 把	
4	外卡钳	200 mm	1 把	
5	卡环钳		1 把	
6	螺丝刀	150 mm	1 套	
7	柴油		适量	
8	研磨剂		适量	
9	感温元件		1 个	

3. 考核要求

(1)被认定人入场后，首先由裁判告知题目，其次由被认定人检查设备、机具，准备工、卡、量具，当被认定人告知裁判可以开始时，由裁判员开始计时。

(2)考核时间为 30 min。

(3)考核时被认定人应按规定穿戴防护用品，考试中出现挤伤、砸伤等人身伤害情况时立即终止考试，成绩为零。

(4)考核过程中被认定人出现违规使用设备、机具或出现断裂、超压、失控等毁坏设备情况时，终止考试，成绩为零。

(5)考核过程中裁判可以根据现场情况向被认定人提问，以确认被认定人的测量数据、故障判断等是否真实有效。

(6)考核完毕后，由被认定人在评分表上签字确认。

4. 考核评分

(1)考评人员 3 名以上。

(2)评分程序及规则：考评员根据考生操作情况对照计分标准在评分表上给予记录评分。

(3)算分方法：采用百分制，满分 100 分，60 分及以上为及格。

职业技能认定
内燃机车钳工(中级工)实作技能考核评分记录表

单位:________ 姓名:________ 准考证号:________ 工种:________ 级别:________

试题名称:DF_{4DK} 型机车温度控制阀检修

考核时间:30 min

操作开始时间: 时 分　　　　操作结束时间: 时 分

项目	考核内容及评分标准	扣分因素及扣分	得分
操作程序(10分)	1. 考核前未检查场地安全防护设施扣2分		
	2. 检查、操作程序错误,不会口述、操作时,每次扣2分		
	3. 工序错乱,工作中出现返工时,每次扣5分		
作业质量(60分)	1. 分解过程中,出现顺序不对、违规使用工具、部件掉落等情况时,每次扣3分		
	2. 对各部件进行检查、清洗、探伤、修理、测量等工序,漏检一项扣2分		
	3. 对不符合技术要求或有故障的部件进行记录、检修或更换(如果是裁判设置或施画的假设故障,只记录不处理),错、漏一项扣5分		
	4. 按顺序要求组装,出现遗漏、装反、强行装入、未按要求操作等情况时,每次扣5分		
	5. 组装后检查(试验),检查(试验)数据不准确,每缺、漏、错一项扣2分		
工具使用(10分)	1. 开工前未检查工、量具及设备,收工时不整理扣2分		
	2. 工、卡、量具及设备使用不当,每次扣2分		
	3. 工、量具脱落,每次扣2分		
作业安全(10分)	1. 未按规定着装扣2分		
	2. 违规操作或违反安全事项扣5分		
	3. 发生事故失格,取消成绩		
考核时间(10分)	1. 作业在规定时间内完成		
	2. 每超1 min扣2分		
	3. 超过5 min停止考核		
合计(100分)			

考评员签名:　　　　　　认定人:　　　　　　年　月　日

S12 DF4DK 型机车机油滤清器检修

1. 考场准备

要求在检修台位上准备 DF4DK 型机车机油滤清器一台，清洗油槽一个，水压试验装置，吊具，考场周围整洁并有隔离措施。

2. 材料工具准备

序 号	名 称	规 格	数 量	备 注
1	开口扳手		1 套	
2	活扳手	12 寸	1 把	
3	清洗剂		适量	
4	毛刷		1 把	
5	O 形密封圈		5 个	
6	手锤		1 把	

3. 考核要求

(1)被认定人入场后，首先由裁判告知题目，其次由被认定人检查设备、机具，准备工、卡、量具，当被认定人告知裁判可以开始时，由裁判员开始计时。

(2)考核时间为 20 min。

(3)考核时被认定人应按规定穿戴防护用品，考试中出现挤伤、砸伤等人身伤害情况时立即终止考试，成绩为零。

(4)考核过程中被认定人出现违规使用设备、机具或出现断裂、超压、失控等毁坏设备情况时，终止考试，成绩为零。

(5)考核过程中裁判可以根据现场情况向被认定人提问，以确认被认定人的测量数据、故障判断等是否真实有效。

(6)考核完毕后，由被认定人在评分表上签字确认。

4. 考核评分

(1)考评人员 3 名以上。

(2)评分程序及规则：考评员根据考生操作情况对照计分标准在评分表上给予记录评分。

(3)算分方法：采用百分制，满分 100 分，60 分及以上为及格。

职业技能认定
内燃机车钳工(中级工)实作技能考核评分记录表

单位:________ 姓名:________ 准考证号:________ 工种:________ 级别:________

试题名称:DF_{4DK} 型机车机油滤清器检修

考核时间:20 min

操作开始时间: 时 分　　　　操作结束时间: 时 分

项　目	考核内容及评分标准	扣分因素及扣分	得　分
操作程序 (10分)	1. 考核前未检查场地安全防护设施扣2分		
	2. 检查、操作程序错误,不会口述、操作时,每次扣2分		
	3. 工序错乱,工作中出现返工时,每次扣5分		
作业质量 (60分)	1. 分解过程中,出现顺序不对、违规使用工具、部件掉落等情况时,每次扣3分		
	2. 对各部件进行检查、清洗、探伤、修理、测量等工序,漏检一项扣2分		
	3. 对不符合技术要求或有故障的部件进行记录、检修或更换(如果是裁判设置或施画的假设故障,只记录不处理),错、漏一项扣5分		
	4. 按顺序要求组装,出现遗漏、装反、强行装入、未按要求操作等情况时,每次扣5分		
	5. 组装后检查(试验),检查(试验)数据不准确,每缺、漏、错一项扣2分		
工具使用 (10分)	1. 开工前未检查工、量具及设备,收工时不整理扣2分		
	2. 工、卡、量具及设备使用不当,每次扣2分		
	3. 工、量具脱落,每次扣2分		
作业安全 (10分)	1. 未按规定着装扣2分		
	2. 违规操作或违反安全事项扣5分		
	3. 发生事故失格,取消成绩		
考核时间 (10分)	1. 作业在规定时间内完成		
	2. 每超1 min扣2分		
	3. 超过5 min停止考核		
合计 (100分)			

考评员签名:　　　　认定人:　　　　年　月　日

S13　DF8B 型机车排气总管检修

1. 考场准备

要求在检修库内股道上停留一台 DF8B 型机车，机车必须在停机状态，机车两端地沟上设有稳固整洁的渡板，考场周围整洁并有隔离措施。

2. 材料工具准备

序　号	名　称	规　格	数　量	备　注
1	开口扳手		1 套	
2	刮刀		1 把	
3	克丝钳		1 把	
4	铁刷		1 把	

3. 考核要求

(1)被认定人入场后，首先由裁判告知题目，其次由被认定人检查设备、机具，准备工、卡、量具，当被认定人告知裁判可以开始时，由裁判员开始计时。

(2)考核时间为 15 min。

(3)考核时被认定人应按规定穿戴防护用品，考试中出现挤伤、砸伤等人身伤害情况时立即终止考试，成绩为零。

(4)考核过程中被认定人出现违规使用设备、机具或出现断裂、超压、失控等毁坏设备情况时，终止考试，成绩为零。

(5)考核过程中裁判可以根据现场情况向被认定人提问，以确认被认定人的测量数据、故障判断等是否真实有效。

(6)考核完毕后，由被认定人在评分表上签字确认。

4. 考核评分

(1)考评人员 3 名以上。

(2)评分程序及规则：考评员根据考生操作情况对照计分标准在评分表上给予记录评分。

(3)算分方法：采用百分制，满分 100 分，60 分及以上为及格。

职业技能认定
内燃机车钳工(中级工)实作技能考核评分记录表

单位:________ 姓名:________ 准考证号:________ 工种:________ 级别:________

试题名称:DF$_{8B}$型机车排气总管检修

考核时间:15 min

操作开始时间: 时 分 操作结束时间: 时 分

项 目	考核内容及评分标准	扣分因素及扣分	得 分
操作程序(10分)	1. 考核前未检查场地安全防护设施扣2分		
	2. 检查、操作程序错误,不会口述、操作时,每次扣2分		
	3. 工序错乱,工作中出现返工时,每次扣5分		
作业质量(60分)	1. 分解过程中,出现顺序不对、违规使用工具、部件掉落等情况时,每次扣3分		
	2. 对各部件进行检查、清洗、探伤、修理、测量等工序,漏检一项扣2分		
	3. 对不符合技术要求或有故障的部件进行记录、检修或更换(如果是裁判设置或施画的假设故障,只记录不处理),错、漏一项扣5分		
	4. 按顺序要求组装,出现遗漏、装反、强行装入、未按要求操作等情况时,每次扣5分		
	5. 组装后检查(试验),检查(试验)数据不准确,每缺、漏、错一项扣2分		
工具使用(10分)	1. 开工前未检查工、量具及设备,收工时不整理扣2分		
	2. 工、卡、量具及设备使用不当,每次扣2分		
	3. 工、量具脱落,每次扣2分		
作业安全(10分)	1. 未按规定着装扣2分		
	2. 违规操作或违反安全事项扣5分		
	3. 发生事故失格,取消成绩		
考核时间(10分)	1. 作业在规定时间内完成		
	2. 每超1 min扣2分		
	3. 超过5 min停止考核		
合计(100分)			

考评员签名: 认定人: 年 月 日

S14　DF8B 型机车预热锅炉水泵检修

1. 考场准备

要求在检修台位上准备 DF8B 型机车预热锅炉水泵一台，清洗油槽一个，钳工台，考场周围整洁并有隔离措施。

2. 材料工具准备

序　号	名　称	规　格	数　量	备　注
1	开口扳手		1套	
2	叶轮专用扳手		1把	
3	螺丝刀	200 mm	1套	
4	尼龙棒		1根	

3. 考核要求

(1)被认定人入场后，首先由裁判告知题目，其次由被认定人检查设备、机具，准备工、卡、量具，当被认定人告知裁判可以开始时，由裁判员开始计时。

(2)考核时间为 30 min。

(3)考核时被认定人应按规定穿戴防护用品，考试中出现挤伤、砸伤等人身伤害情况时立即终止考试，成绩为零。

(4)考核过程中被认定人出现违规使用设备、机具或出现断裂、超压、失控等毁坏设备情况时，终止考试，成绩为零。

(5)考核过程中裁判可以根据现场情况向被认定人提问，以确认被认定人的测量数据、故障判断等是否真实有效。

(6)考核完毕后，由被认定人在评分表上签字确认。

4. 考核评分

(1)考评人员 3 名以上。

(2)评分程序及规则：考评员根据考生操作情况对照计分标准在评分表上给予记录评分。

(3)算分方法：采用百分制，满分 100 分，60 分及以上为及格。

职业技能认定
内燃机车钳工(中级工)实作技能考核评分记录表

单位:_______ 姓名:_______ 准考证号:_______ 工种:_______ 级别:_______

试题名称:DF_{8B}型机车预热锅炉水泵检修

考核时间:30 min

操作开始时间: 时 分 操作结束时间: 时 分

项 目	考核内容及评分标准	扣分因素及扣分	得 分
操作程序 (10分)	1. 考核前未检查场地安全防护设施扣2分		
	2. 检查、操作程序错误,不会口述、操作时,每次扣2分		
	3. 工序错乱,工作中出现返工时,每次扣5分		
作业质量 (60分)	1. 分解过程中,出现顺序不对、违规使用工具、部件掉落等情况时,每次扣3分		
	2. 对各部件进行检查、清洗、探伤、修理、测量等工序,漏检一项扣2分		
	3. 对不符合技术要求或有故障的部件进行记录、检修或更换(如果是裁判设置或施画的假设故障,只记录不处理),错、漏一项扣5分		
	4. 按顺序要求组装,出现遗漏、装反、强行装入、未按要求操作等情况时,每次扣5分		
	5. 组装后检查(试验),检查(试验)数据不准确,每缺、漏、错一项扣2分		
工具使用 (10分)	1. 开工前未检查工、量具及设备,收工时不整理扣2分		
	2. 工、卡、量具及设备使用不当,每次扣2分		
	3. 工、量具脱落,每次扣2分		
作业安全 (10分)	1. 未按规定着装扣2分		
	2. 违规操作或违反安全事项扣5分		
	3. 发生事故失格,取消成绩		
考核时间 (10分)	1. 作业在规定时间内完成		
	2. 每超1 min扣2分		
	3. 超过5 min停止考核		
合计 (100分)			

考评员签名: 认定人: 年 月 日

S15 分解组装 DF8B 型机车车钩(钩头内各部件)

1. 考场准备

要求在检修库内股道上停留一台 DF8B 型机车，机车必须在停机状态，机车两端地沟上设有稳固整洁的渡板，考场周围整洁并有隔离措施。

2. 材料工具准备

序 号	名 称	规 格	数 量	备 注
1	手锤		1 把	
2	撬棍		1 根	
3	克丝钳		1 把	

3. 考核要求

(1)被认定人入场后，首先由裁判告知题目，其次由被认定人检查设备、机具，准备工、卡、量具，当被认定人告知裁判可以开始时，由裁判员开始计时。

(2)考核时间为 15 min。

(3)考核时被认定人应按规定穿戴防护用品，考试中出现挤伤、砸伤等人身伤害情况时立即终止考试，成绩为零。

(4)考核过程中被认定人出现违规使用设备、机具或出现断裂、超压、失控等毁坏设备情况时，终止考试，成绩为零。

(5)考核过程中裁判可以根据现场情况向被认定人提问，以确认被认定人的测量数据、故障判断等是否真实有效。

(6)考核完毕后，由被认定人在评分表上签字确认。

4. 考核评分

(1)考评人员 3 名以上。

(2)评分程序及规则：考评员根据考生操作情况对照计分标准在评分表上给予记录评分。

(3)算分方法：采用百分制，满分 100 分，60 分及以上为及格。

职业技能认定
内燃机车钳工(中级工)实作技能考核评分记录表

单位:_______ 姓名:_______ 准考证号:_______ 工种:_______ 级别:_______

试题名称:分解组装 DF_{8B} 型机车车钩(钩头内各部件)

考核时间:15 min

操作开始时间: 时 分 操作结束时间: 时 分

项 目	考核内容及评分标准	扣分因素及扣分	得 分
操作程序(10分)	1. 考核前未检查场地安全防护设施扣2分		
	2. 检查、操作程序错误,不会口述、操作时,每次扣2分		
	3. 工序错乱,工作中出现返工时,每次扣5分		
作业质量(60分)	1. 分解过程中,出现顺序不对、违规使用工具、部件掉落等情况时,每次扣3分		
	2. 对各部件进行检查、清洗、探伤、修理、测量等工序,漏检一项扣2分		
	3. 对不符合技术要求或有故障的部件进行记录、检修或更换(如果是裁判设置或施画的假设故障,只记录不处理),错、漏一项扣5分		
	4. 按顺序要求组装,出现遗漏、装反、强行装入、未按要求操作等情况时,每次扣5分		
	5. 组装后检查(试验),检查(试验)数据不准确,每缺、漏、错一项扣2分		
工具使用(10分)	1. 开工前未检查工、量具及设备,收工时不整理扣2分		
	2. 工、卡、量具及设备使用不当,每次扣2分		
	3. 工、量具脱落,每次扣2分		
作业安全(10分)	1. 未按规定着装扣2分		
	2. 违规操作或违反安全事项扣5分		
	3. 发生事故失格,取消成绩		
考核时间(10分)	1. 作业在规定时间内完成		
	2. 每超1 min扣2分		
	3. 超过5 min停止考核		
合计(100分)			

考评员签名: 认定人: 年 月 日

S16　DF8B 型机车辅修时增压系统的检查

1. 考场准备

要求在检修库内股道上停留一台 DF8B 型机车，机车必须在停机状态，机车两端地沟上设有稳固整洁的渡板，考场周围整洁并有隔离措施。

2. 材料工具准备

序　号	名　称	规　格	数　量	备　注
1	开口扳手		1 套	
2	检车锤		1 把	
3	手电		1 只	
4	清洗盘		1 个	

3. 考核要求

(1)被认定人入场后，首先由裁判告知题目，其次由被认定人检查设备、机具，准备工、卡、量具，当被认定人告知裁判可以开始时，由裁判员开始计时。

(2)考核时间为 15 min。

(3)考核时被认定人应按规定穿戴防护用品，考试中出现挤伤、砸伤等人身伤害情况时立即终止考试，成绩为零。

(4)考核过程中被认定人出现违规使用设备、机具或出现断裂、超压、失控等毁坏设备情况时，终止考试，成绩为零。

(5)考核过程中裁判可以根据现场情况向被认定人提问，以确认被认定人的测量数据、故障判断等是否真实有效。

(6)考核完毕后，由被认定人在评分表上签字确认。

4. 考核评分

(1)考评人员 3 名以上。

(2)评分程序及规则：考评员根据考生操作情况对照计分标准在评分表上给予记录评分。

(3)算分方法：采用百分制，满分 100 分，60 分及以上为及格。

职业技能认定
内燃机车钳工(中级工)实作技能考核评分记录表

单位:________ 姓名:________ 准考证号:________ 工种:________ 级别:________

试题名称:DF$_{8B}$型机车辅修时增压系统的检查

考核时间:15 min

操作开始时间: 时 分　　操作结束时间: 时 分

项　目	考核内容及评分标准	扣分因素及扣分	得　分
操作程序(10分)	1. 考核前未检查场地安全防护设施扣2分		
	2. 检查、操作程序错误,不会口述、操作时,每次扣2分		
	3. 工序错乱,工作中出现返工、返回检查时,每次扣5分		
作业质量(60分)	1. 检查之前未确认机车状态,部件温度、稳固等状态,每次扣3分		
	2. 对部件说不出或说错名称、检查顺序混乱、检查内容缺项、漏检等,每次扣3分		
	3. 对需开盖、晃动、敲击等方法进行检查的内容不熟悉,对带压部件检查时未进行呼唤等,每次扣3分		
	4. 对不符合技术要求或有故障的部件进行记录(如果是裁判设置或施画的假设故障,需填写在记录表内),错漏一项扣5分		
	5. 检查后各开关、盖板、罩子等,需进行恢复,每漏一项扣2分		
工具使用(10分)	1. 开工前未检查工、量具及设备,收工时不整理扣2分		
	2. 工、卡、量具及设备使用不当,每次扣2分		
	3. 工、量具脱落,每次扣2分		
作业安全(10分)	1. 未按规定着装扣2分		
	2. 违规操作或违反安全事项扣5分		
	3. 发生事故失格,取消成绩		
考核时间(10分)	1. 作业在规定时间内完成		
	2. 每超1 min扣2分		
	3. 超过5 min停止考核		
合计(100分)			

考评员签名:　　　　认定人:　　　　年　月　日

S17 更换DF8B型机车横臂导杆

1. 考场准备

要求在检修库内股道上停留一台DF8B型机车，机车必须在停机状态，机车两端地沟上设有稳固整洁的渡板，考场周围整洁并有隔离措施。

2. 材料工具准备

序 号	名 称	规 格	数 量	备 注
1	气缸盖专用扳手		1把	
2	油压拔出器		1把	
3	游标卡尺	200 mm	1把	
4	开口扳手		1套	

3. 考核要求

(1)被认定人入场后，首先由裁判告知题目，其次由被认定人检查设备、机具，准备工、卡、量具，当被认定人告知裁判可以开始时，由裁判员开始计时。

(2)考核时间为20 min。

(3)考核时被认定人应按规定穿戴防护用品，考试中出现挤伤、砸伤等人身伤害情况时立即终止考试，成绩为零。

(4)考核过程中被认定人出现违规使用设备、机具或出现断裂、超压、失控等毁坏设备情况时，终止考试，成绩为零。

(5)考核过程中裁判可以根据现场情况向被认定人提问，以确认被认定人的测量数据、故障判断等是否真实有效。

(6)考核完毕后，由被认定人在评分表上签字确认。

4. 考核评分

(1)考评人员3名以上。

(2)评分程序及规则：考评员根据考生操作情况对照计分标准在评分表上给予记录评分。

(3)算分方法：采用百分制，满分100分，60分及以上为及格。

职业技能认定
内燃机车钳工(中级工)实作技能考核评分记录表

单位:________ 姓名:________ 准考证号:________ 工种:________ 级别:________

试题名称:更换 DF_{8B} 型机车横臂导杆

考核时间:20 min

操作开始时间: 时 分 操作结束时间: 时 分

项 目	考核内容及评分标准	扣分因素及扣分	得 分
操作程序 (10分)	1. 考核前未检查场地安全防护设施扣2分		
	2. 检查、操作程序错误,不会口述、操作时,每次扣2分		
	3. 工序错乱,工作中出现返工时,每次扣5分		
作业质量 (60分)	1. 分解过程中,出现顺序不对、违规使用工具、部件掉落等情况时,每次扣3分		
	2. 对各部件进行检查、清洗、探伤、修理、测量等工序,漏检一项扣2分		
	3. 对不符合技术要求或有故障的部件进行记录、检修或更换(如果是裁判设置或施画的假设故障,只记录不处理),错、漏一项扣5分		
	4. 按顺序要求组装,出现遗漏、装反、强行装入、未按要求操作等情况时,每次扣5分		
	5. 组装后检查(试验),检查(试验)数据不准确,每缺、漏、错一项扣2分		
工具使用 (10分)	1. 开工前未检查工、量具及设备,收工时不整理扣2分		
	2. 工、卡、量具及设备使用不当,每次扣2分		
	3. 工、量具脱落,每次扣2分		
作业安全 (10分)	1. 未按规定着装扣2分		
	2. 违规操作或违反安全事项扣5分		
	3. 发生事故失格,取消成绩		
考核时间 (10分)	1. 作业在规定时间内完成		
	2. 每超1 min扣2分		
	3. 超过5 min停止考核		
合计 (100分)			

考评员签名: 认定人: 年 月 日

S18 DF8B型机车轴箱弹簧的检测

1. 考场准备

要求在检修台位上准备DF8B型机车轴箱弹簧一套,清洗油槽一个,考场周围整洁并有隔离措施。

2. 材料工具准备

序 号	名 称	规 格	数 量	备 注
1	钢直尺	300 mm	1把	
2	检车锤		1把	
3	手电		1只	

3. 考核要求

(1)被认定人入场后,首先由裁判告知题目,其次由被认定人检查设备、机具,准备工、卡、量具,当被认定人告知裁判可以开始时,由裁判员开始计时。

(2)考核时间为15 min。

(3)考核时被认定人应按规定穿戴防护用品,考试中出现挤伤、砸伤等人身伤害情况时立即终止考试,成绩为零。

(4)考核过程中被认定人出现违规使用设备、机具或出现断裂、超压、失控等毁坏设备情况时,终止考试,成绩为零。

(5)考核过程中裁判可以根据现场情况向被认定人提问,以确认被认定人的测量数据、故障判断等是否真实有效。

(6)考核完毕后,由被认定人在评分表上签字确认。

4. 考核评分

(1)考评人员3名以上。

(2)评分程序及规则:考评员根据考生操作情况对照计分标准在评分表上给予记录评分。

(3)算分方法:采用百分制,满分100分,60分及以上为及格。

职业技能认定
内燃机车钳工(中级工)实作技能考核评分记录表

单位:________ 姓名:________ 准考证号:________ 工种:________ 级别:________

试题名称:DF$_{8B}$型机车轴箱弹簧的检测

考核时间:15 min

操作开始时间: 时 分 操作结束时间: 时 分

项 目	考核内容及评分标准	扣分因素及扣分	得 分
操作程序(10分)	1. 考核前未检查场地安全防护设施扣2分		
	2. 检查、操作程序错误,不会口述、操作时,每次扣2分		
	3. 工序错乱,工作中出现返工、返回检查时,每次扣5分		
作业质量(60分)	1. 检测之前未确认部件状态,部件温度、稳固等状态,每次扣3分		
	2. 对部件说不出或说错名称、检测顺序混乱、检测内容缺项、漏检等,每次扣3分		
	3. 对需开盖、晃动、敲击等方法进行检测的内容不熟悉,对带压部件检查时未进行呼唤等,每次扣3分		
	4. 对不符合技术要求或有故障的部件进行记录(如果是裁判设置或施画的假设故障,需填写在记录表内),错漏一项扣5分		
	5. 检测后各开关、盖板、罩子等,需进行恢复,每漏一项扣2分		
工具使用(10分)	1. 开工前未检查工、量具及设备,收工时不整理扣2分		
	2. 工、卡、量具及设备使用不当,每次扣2分		
	3. 工、量具脱落,每次扣2分		
作业安全(10分)	1. 未按规定着装扣2分		
	2. 违规操作或违反安全事项扣5分		
	3. 发生事故失格,取消成绩		
考核时间(10分)	1. 作业在规定时间内完成		
	2. 每超1 min扣2分		
	3. 超过5 min停止考核		
合计(100分)			

考评员签名: 认定人: 年 月 日

S19 DF8B 型机车闸瓦的更换

1. 考场准备

要求在检修库内股道上停留一台 DF8B 型机车，机车必须在停机状态，机车两端地沟上设有稳固整洁的渡板，考场周围整洁并有隔离措施。

2. 材料工具准备

序 号	名 称	规 格	数 量	备 注
1	开口扳手		1 套	
2	撬棍		1 把	
3	手电		1 只	
4	专用扳手		1 把	
5	闸瓦		1 块	

3. 考核要求

(1)被认定人入场后，首先由裁判告知题目，其次由被认定人检查设备、机具，准备工、卡、量具，当被认定人告知裁判可以开始时，由裁判员开始计时。

(2)考核时间为 15 min。

(3)考核时被认定人应按规定穿戴防护用品，考试中出现挤伤、砸伤等人身伤害情况时立即终止考试，成绩为零。

(4)考核过程中被认定人出现违规使用设备、机具或出现断裂、超压、失控等毁坏设备情况时，终止考试，成绩为零。

(5)考核过程中裁判可以根据现场情况向被认定人提问，以确认被认定人的测量数据、故障判断等是否真实有效。

(6)考核完毕后，由被认定人在评分表上签字确认。

4. 考核评分

(1)考评人员 3 名以上。

(2)评分程序及规则：考评员根据考生操作情况对照计分标准在评分表上给予记录评分。

(3)算分方法：采用百分制，满分 100 分，60 分及以上为及格。

职业技能认定
内燃机车钳工(中级工)实作技能考核评分记录表

单位:________ 姓名:________ 准考证号:________ 工种:________ 级别:________

试题名称:DF_{8B}型机车闸瓦的更换

考核时间:15 min

操作开始时间: 时 分 操作结束时间: 时 分

项 目	考核内容及评分标准	扣分因素及扣分	得 分
操作程序(10分)	1. 考核前未检查场地安全防护设施扣2分		
	2. 检查、操作程序错误,不会口述、操作时,每次扣2分		
	3. 工序错乱,工作中出现返工时,每次扣5分		
作业质量(60分)	1. 拆卸过程中,出现顺序不对、违规使用工具、部件掉落等情况时,每次扣3分		
	2. 对各部件进行检查、清洗、探伤、修理、测量等工序,漏检一项扣2分		
	3. 对不符合技术要求或有故障的部件进行记录、检修或更换(如果是裁判设置或施画的假设故障,只记录不处理),错、漏一项扣5分		
	4. 按顺序要求组装,出现遗漏、装反、强行装入、未按要求操作等情况时,每次扣5分		
	5. 更换后检查(试验),检查(试验)数据不准确或别劲,每缺、漏、错一项扣2分		
工具使用(10分)	1. 开工前未检查工、量具及设备,收工时不整理扣2分		
	2. 工、卡、量具及设备使用不当,每次扣2分		
	3. 工、量具脱落,每次扣2分		
作业安全(10分)	1. 未按规定着装扣2分		
	2. 违规操作或违反安全事项扣5分		
	3. 发生事故失格,取消成绩		
考核时间(10分)	1. 作业在规定时间内完成		
	2. 每超1 min扣2分		
	3. 超过5 min停止考核		
合计(100分)			

考评员签名: 认定人: 年 月 日

S20 DF8B型机车小修时调控装置检查

1. 考场准备

要求在检修库内股道上停留一台DF8B型机车，机车必须在停机状态，机车两端地沟上设有稳固整洁的渡板，考场周围整洁并有隔离措施。

2. 材料工具准备

序号	名称	规格	数量	备注
1	手电		1只	
2	钢直尺	150 mm	1把	
3	万用表		1部	

3. 考核要求

(1)被认定人入场后，首先由裁判告知题目，其次由被认定人检查设备、机具，准备工、卡、量具，当被认定人告知裁判可以开始时，由裁判员开始计时。

(2)考核时间为20 min。

(3)考核时被认定人应按规定穿戴防护用品，考试中出现挤伤、砸伤等人身伤害情况时立即终止考试，成绩为零。

(4)考核过程中被认定人出现违规使用设备、机具或出现断裂、超压、失控等毁坏设备情况时，终止考试，成绩为零。

(5)考核过程中裁判可以根据现场情况向被认定人提问，以确认被认定人的测量数据、故障判断等是否真实有效。

(6)考核完毕后，由被认定人在评分表上签字确认。

4. 考核评分

(1)考评人员3名以上。

(2)评分程序及规则：考评员根据考生操作情况对照计分标准在评分表上给予记录评分。

(3)算分方法：采用百分制，满分100分，60分及以上为及格。

职业技能认定
内燃机车钳工(中级工)实作技能考核评分记录表

单位:_______ 姓名:_______ 准考证号:_______ 工种:_______ 级别:_______

试题名称:DF_{8B}型机车小修时调控装置检查

考核时间:20 min

操作开始时间: 时 分 操作结束时间: 时 分

项目	考核内容及评分标准	扣分因素及扣分	得分
操作程序(10分)	1. 考核前未检查场地安全防护设施扣2分		
	2. 检查、操作程序错误,不会口述、操作时,每次扣2分		
	3. 工序错乱,工作中出现返工、返回检查时,每次扣5分		
作业质量(60分)	1. 检查之前未确认机车状态,部件温度、稳固等状态,每次扣3分		
	2. 对部件说不出或说错名称、检查顺序混乱、检查内容缺项、漏检等,每次扣3分		
	3. 对需开盖、晃动、敲击等方法进行检查的内容不熟悉,对带压部件检查时未进行呼唤等,每次扣3分		
	4. 对不符合技术要求或有故障的部件进行记录(如果是裁判设置或施画的假设故障,需填写在记录表内),错漏一项扣5分		
	5. 检查后各开关、盖板、罩子等,需进行恢复,每漏一项扣2分		
工具使用(10分)	1. 开工前未检查工、量具及设备,收工时不整理扣2分		
	2. 工、卡、量具及设备使用不当,每次扣2分		
	3. 工、量具脱落,每次扣2分		
作业安全(10分)	1. 未按规定着装扣2分		
	2. 违规操作或违反安全事项扣5分		
	3. 发生事故失格,取消成绩		
考核时间(10分)	1. 作业在规定时间内完成		
	2. 每超1 min扣2分		
	3. 超过5 min停止考核		
合计(100分)			

考评员签名: 认定人: 年 月 日

第三部分　高　级　工

1. DF8B 型机车连接箱组装后应怎样检查?

答:用塞尺检查连接箱与机体的结合面,连接箱与机体的结合面紧固后须密贴,用 0.05 mm 塞尺检查不许塞入,但允许有长度不超过两个螺栓间距的局部间隙存在。

2. 辅修时怎样对 DF8B 型机车抱轴瓦进行检查?

答:抱轴瓦油盒盖密封良好,螺栓齐全无松动。防尘罩完整严密,开关灵活。加油孔盖完整严密,油尺无丢失。放油堵无松动漏油。抱轴瓦无错口、裂纹、碾片,轴瓦与轴颈的径向间隙为 0.2～1.0 mm。

3. 辅修时怎样对 DF7G 型机车撒砂装置进行检查?

答:砂箱存砂量充足,砂质纯净、干燥。撒砂器及砂管安装牢固,无堵塞,撒砂作用良好。砂管无变形,管口无偏斜,距轨面高度 35～60 mm。

4. C3 修时怎样对 HXN3B 型机车油水管路系统进行检查?

答:管路安装良好,固定可靠;管接头、法兰不许有松动、变形、裂损及泄漏;检查截止阀、逆止阀及安全阀不许有破损、泄漏,截止阀动作灵活可靠;油水管路的连接软管及喉箍状态良好。

5. C3 修时怎样对 HXN3B 型机车空调机组进行检查?

答:空调系统通风网罩安装牢固,外观无破损。春季整修至 10 月期间清扫空调机组进、回风栅和过滤网,通电试验空调性能良好。线号清晰、齐全,接线牢固,无过热、烧损现象。

6. 小修时怎样对 DF4D 型机车旁承进行检查?

答:橡胶旁承表面龟裂深度不大于 1.5 mm,与金属板之间不得脱开。构架上的球形侧挡磨耗量不大于 2 mm,尼龙止挡磨耗量不大于 3 mm。

7. 怎样安装 DF8B 型机车中冷器?

答:放好中冷器出气道法兰与稳压箱进气法兰面之间密封垫。将中冷器的空气流道吹扫干净后,吊置在中冷器的架上,紧固好中冷器出口法兰与稳压箱进口法兰后,再紧固中冷器与支架的紧固螺栓。安装增压器出气道与中冷进气道的软接管。

8. 小修时怎样对 DF7G 型机车管路及各连接法兰进行检查?

答:管路各连接法兰无变形、翘曲、泄漏,各管卡子无松动,安装牢固,连接胶管无老化、变形、泄漏现象。各管间及管路与机体间不许碰磨;法兰间垫片厚度不大于 6 mm,总数不超过 4 片。同一油管焊修不得超过两次。

9. 怎样安装 DF8B 型机车水管道?

答:装上各缸缸头出水支管,装上出水总管,各垫及胶圈均须换新。安装中冷器的进出水管道。水管连接时,法兰面对齐,选用石棉垫的内径应稍小于管道内径,紧固时分两次对角拧紧。

10. 怎样安装 DF8B 型机车燃油系统?

答:燃油进油管和高压油管检查冲洗干净后再安装,调压阀解体清洗后调整其开启压力为 0.12 MPa,关闭压力为 0.1 MPa。安装喷油泵与高压油管时,要检查喷油器进油管丝扣状态,喷油泵进、出油软管均应换新。

11. 辅修时怎样对 DF4D 型机车中冷器进行检查?

答:外观检查中冷器体不许有裂纹、砂眼,安装螺栓齐全无松动,对缝处不许有漏水、漏气,进出水管接口处不许有泄漏。打开稳压箱排污阀,检查稳压箱内无油水和杂物,如有需进一步查找泄漏部位。

12. 车钩中心线距轨面高度怎样测量调整?

答:按规定,车钩中心线距轨面高度尺寸的中修限度为 835~885 mm,运用中的机车该限度应为 815~890 mm。机车在平道上测量车钩中心至轨面高度,并考虑中修互换轮对的轮箍厚度差,若达不到相应要求,可从车钩吊杆长度、均衡梁、钩尾框托板等处加减垫片调整,但每处垫片不得多于 1 块。

13. 怎样分解 DF8B 型机车气缸盖?

答:取下横臂,松下各栽丝和工艺销,放置于妥善之处。松下示功阀紧固螺母,取下示功阀,放置于妥善之处。用气门拆装工具,压下气门弹簧座,取出锁夹,成对放置。然后松开拆装工具,取出弹簧座、气门弹簧,再从气缸盖底面抽出气门。拆出喷油器套管,拆下锁紧螺母,取出套管,注意放好其下部的铜垫圈。

14. 怎样分解 DF8B 型机车增压器压气机壳组成?

答:用开口扳手(或套筒扳手)拆下压气机壳与支承体(或称轴承壳)组成连接的螺栓,用专用夹具夹紧并吊起压气机壳(注意:悬吊时应保持平衡以免碰坏导风轮),用 3 个顶丝顶出压气机壳(包括扩压器和叶轮罩壳)组成,并水平抽出。

15. 怎样检修 DF7G 型机车联合调节器配速伺服器装置?

答:检查活塞装配与配速伺服器体配合是否灵活无卡滞。检查浮动杠杆装配双金属片是否失效,检查各弹簧是否失效。检查销 D2×10 与活塞装配连接是否牢靠。检查调整螺栓和螺母旋合是否良好,有无滑扣现象。

16. 辅修时怎样对 DF8B 型机车油水管路进行检查?

答:外观检查油、水管路各部状态,管卡须牢固。更换老化、龟裂、鼓肚胶管。起机检查机油压力符合要求。清洗燃油系统滤清器,检查管路接头、隔离缓冲接头状态良好。

17. 小修时怎样对 DF7G 型机车启动变速箱进行检查?

答:变速箱体不得有裂纹,安装牢固无松动。变速箱各接合面及油封处无泄漏,柴油机启动和停机时油封处轻微泄漏除外。变速箱内齿轮(可见部分)不得有剥离、裂纹、烧损及过热变色,齿轮局部腐蚀不超过有效啮合面积的 15%。

18. C2 修时怎样对 HXN3B 型机车撒砂管进行检查?

答:检查撒砂管、胶管、喷嘴及支架,测量高度和距离符合技术要求;撒砂管、胶管、喷嘴及支架和卡子安装牢固良好,喷嘴,胶管无裂损及破损;撒砂管支架无裂纹、变形;砂管高度要求为砂管距轨面高度范围是 25～30 mm,距踏面 15～30 mm。

19. 小修时怎样对 DF7G 型机车电阻制动进行检查?

答:检查顶盖百叶窗叶片无裂纹、变形,动作灵活无卡滞。检查上下风道无变形、裂纹和开焊。检查下风道滤网无变形、破损,固定卡子齐全。检查上风道与电阻柜连接石棉材料完整无破损,上下卡子固定良好。连接风管状态良好,无泄漏。

20. 辅修时怎样对 DF4D 型机车排障器、扫石器进行检查?

答:排障器安装螺栓无松动。排障器无变形,距轨面高度 80～140 mm。新型扫石器安装螺栓无松动,胶管无破损,焊接处无裂纹。扫石器距轨面 60～120 mm,胶皮距轨面 20～30 mm。

21. 辅修时怎样对 DF7G 型机车空压机(NPT5 型)进行检查?

答:空压机各部零件紧固无松动,空压机体无裂纹,风扇及罩无裂损,皮带无老化、剥离,皮带拉力适当,其挠度为新皮带 14～19 mm,旧皮带 23～28 mm。空压机法兰与联轴节的不同心度不大于 0.16 mm,轴向间隙为 2～6 mm,散热器须清洗干净,低压安全阀开启压力为 0.43～0.45 MPa,关闭压力不小于 0.3 MPa。

22. 小修时怎样对 DF8B 型机车喷油泵及喷油器进行检查?

答:外观检查喷油泵各部状态无裂纹、泄漏现象,底座紧固是否良好。用手固定住调节齿杆组件，拉出拨插座，放手后，齿杆弹簧应能复位。检查齿条锁紧螺母无松动，齿条指针无松动，柱塞套齿条固定螺钉无松动，防缓铁丝封锁无折断。检查喷油泵下体滚轮无拉伤、剥离。外观检查喷油器、输油管各部状态良好。

23. 怎样组装 DF8B 型机车气缸盖？

答：在气缸盖翻转位将进、排气门用橡皮筋固定，然后将翻转工作台转至气缸盖处于水平位置，取下橡皮筋，对应装入气门弹簧及锁夹套。锁夹上部 12 mm，宽度槽朝向左、右布置。对准锁夹套，将锁夹压装胎其固定好，压下，待锁夹到位后再升起胎具压头。对号装入各缸横臂弹簧、弹簧及横臂，按长短不同要求的螺栓把摇臂轴座紧固到气缸盖体外。安装示功阀螺栓，紧固良好。

24. 怎样测量、调整 DF8B 型机车主凸轮轴的分度允差？

答：将凸轮轴端面法兰与检测平台上的工艺转盘连接牢固，转动工艺转盘带动凸轮轴转动，使第一位（左为第九位）供油凸轮凹入边上下两点靠贴直尺一边，调整转盘指针对“0”。逆时针转动（从止推端看）凸轮轴 45°，用直角尺贴靠与缸（右侧为 13 缸）供油凸轮型面用塞尺塞检查，0.03 mm 塞尺不得塞入或相对允许不大于$\pm 35'$，如不符合要求，可松开螺栓，允许将轴间的定位销孔扩大进行调整，直至符合标准，定位销孔允许不大于 ϕ14 mm。

25. 辅修时怎样对 DF8B 型机车螺杆式压缩机进行检查？

答：更换润滑油时，必须更换新滤筒。检查动作是否灵敏，压缩机满载工作 0.9 MPa 时，轻拉上方拉环安全阀，能向外排气为正常。检查油位，缺油时补油。（空压机启动状态下，油位在视油镜中间为正常）检查润滑油状态。有乳化、老化等不良状态，须更换。清扫冷却器表面灰尘。各紧固件紧固良好，管路无泄漏。

26. C2 修时怎样对 HXN3B 型机车排障器进行检查？

答：用直尺测量排障器的高度，排障器的高度要求为 140～150 mm。检查排障器无裂纹变形，排障器安装螺栓紧固，状态良好无松缓，螺栓防缓标记清晰正确。检查脚踏板无裂纹变形。

27. DF8B 型机车机体与油底壳组装时，应怎样找正？

答：在机体输出端和控制端分别装上调整用的压板，机体与油底壳前后端的不平齐度应符合技术要求。油底壳与机体须配对组装，自由端须平齐，输出端须低于机体端面，但不超过 0.1 mm，并使解体前在输出端和自由端作的划线对齐。

28. 小修时怎样对 DF8B 型机车轮对进行检查？

答：轮芯上的裂纹允许焊修，但超过该处圆周 1/3 的环形裂纹及发展到毂孔处的放射性裂纹禁止焊修。轮对组成后测量轮箍内侧距离，新轮箍为 1 353^{+1}_{-2} mm；旧轮箍为(1 353±2) mm；轮箍踏面擦伤深度不大于 0.7 mm，剥离长度不大于 40 mm，深度不大于 1 mm，垂直磨耗深度不大于 18 mm。轮缘无碾堆，踏面磨耗深度不超过 7 mm，厚度测量点与踏面基线之间距离 10 mm 处测量值为 23～34 mm。轮缘高度为 25 mm，减磨型踏面磨耗深度不大于 10 mm。

29. 辅修时怎样对 DF4D 型机车增压系统进行检查?

答:外观检查蜗壳、进气壳不许有裂纹，底座安装螺栓无松动，各油水管路无泄漏，吸风道严密无破损。手拨动转子后能自由转动 3～5 圈，轴向间隙为 0.18～0.30 mm。滑油压力符合要求 1 000 r/min 时，主机油泵出口压力不大于 0.9 MPa，430 r/min 时，不小于 0.12 MPa。检查增压器滤清器状态，安装应牢固，接口无泄漏。空气滤清器应清洁，通风良好、无损坏。

30. 怎样安装 DF8B 型机车连接箱?

答:检查连接箱钢印应与柴油机代号一致。检查连接箱与机体的接合面应清洁平整。检查机体和油底壳输出端应清洁平整。吊起连接箱，当定位销孔对准后，用铜棒轻轻打入定位销，然后在连接箱四个角上分别拧紧四个螺母再将定位销打紧，最后按规定的力矩拧紧全部螺母(紧固两遍)。

31. DF8B 机车车钩组装后怎样调整?

答:车钩组装后，按技术要求对车钩进行测量检查，应符合限度规定。测量车钩高度时，应在机车整备状态下，在平直线路上测量，高度超限需加垫调整时，应同时在均衡梁磨耗板下和钩尾框托板磨耗板下加等厚垫片调整以保证车钩及缓冲装置中心高度的水平一致性，当一块垫板不能满足车钩高度限度，需两块垫板合并调整时，两块垫板必须焊牢成一体。垫片为厚度 3 mm、5 mm、8 mm、10 mm、12 mm 的 235A 钢板。

32. 怎样安装 DF8B 型机车喷油器和喷油泵的回油管?

答:安装喷油器和喷油泵的回油管，各油管和接头体等应清洁干净，喷油泵下体的回油管及润滑油管的接头体应涂适量的密封胶，装入喷油泵下体的接头体时，应注意装入深度防止卡死滑扣，喷油泵和喷油器回油管的接头处应密封良好，防止机油稀释。喷油泵和喷油器回油管通过机体的隔板必须平整、胶圈需换新防止机油泄漏。

33. 怎样判断引起柴油机曲轴箱压力升高的原因?

答:拉缸、活塞、活塞环、气缸套等磨损过限，活塞环弹力消失、折断或开口没错开，使燃气窜入曲轴箱。曲轴箱的呼吸口堵塞。柴油机抱缸或轴承烧损。差式压力计通大气一端接通力室，柴油机运转时，若冷却风扇高速运转，而动力室的百叶窗又关闭着，此时如果动力室与冷却室之间的隔门被打开，就会造成动力室的很大负压，极易使差式压力计动作。

34. 怎样分解 DF7G 型机车通风机?

答:拆下吸风口紧固螺栓,取下吸风口。打下叶轮端轴头螺母开口销,拆下螺母,取出叶轮。打开法兰固螺母防缓垫,松下固螺母,取出叶轮。拆下法兰端的轴承压盖与轴承箱的紧固螺钉,取下压盖。拆下轴承箱与蜗壳的紧固螺钉,将轴承箱与蜗壳拆开。拆下叶轮端轴承压盖与轴承箱的紧固螺钉,取下压盖。用铜棒从叶轮端打出轴,从轴承箱中把轴与轴承一起取出。

35. 怎样分解 DF8B 型机车万向轴?

答:将万向轴吊放在检修工作台上。在万向轴的轴承套、轴承盖、法兰、花键轴(套)做好相应标记。松下各轴承盖紧固螺栓,取下轴承盖。取下法兰。将万向节总成从花键轴(套)的叉头中取下。松开叉头上的防尘罩母,拔出花键轴,取出防尘圈等。

36. 怎样进行联合调节器性能试验?

答:试验联合调节器性能的时机在联合调节器进行检修或更换后,必须进行性能试验。试验方法是将司机控制器手柄由 0 位或 1 位直接提高到柴油机最高工作转速的过程中,柴油机不得出现转速飞升的现象。将柴油机从最高工作转速直接降到最低空转转速,柴油机不应发生停机。

37. 怎样调节卡钳开度?

答:首先检查钳口的形状,钳口形状对测量精确性影响很大,应注意经常修整钳口的形状。调节卡钳的开度时,应轻轻敲击卡钳脚的两侧面。先用两手把卡钳调整到和工件尺寸相近的开口,然后轻敲卡钳的外侧来减小卡钳的开口,敲击卡钳内侧来增大卡钳的开口。但不能直接敲击钳口,这会因卡钳的钳口损伤量面而引起测量误差。更不能在机床的导轨上敲击卡钳。

38. 怎样检修 DF8B 型机车空气滤清器?

答:解体空气滤清器。检查各部件状态须良好。清洗铝板网滤清器组、惯性式空气滤清器、车体侧壁腔道、积尘箱及管道。风道帆布套换新。空气滤清器组装后,各结合面处须密封,严禁让空气未经滤清进入增压器吸气道。

39. 怎样试验 DF8B 型机车燃油泵?

答:油温加热到 10～35 ℃,在额定转速 1 500 r/min 下进行试验。流量试验在额定转速下逐渐升压至额定压力 0.5 MPa,运转 5 min 开始测量满载流量,应不低于额定流量 40 L/min,但也不得大于额定流量的 115%。超压试验是在额定转速下将压力逐渐升至额定压力的 125%,连续运转不少于 5 min,不得有异常现象。上述试验全过程不得有渗漏。试验完毕后,从试验台上拆下燃油泵电机组,封好进、出口。填写记录。

40. 怎样组装DF8B型机车温控阀?

答:清洗滑阀与阀体,用压力空气吹净。将阀体法兰四方夹紧在虎钳上,装入挡圈、弹簧座、弹簧及滑阀,然后装O形橡胶圈于阀体上,将阀盖紧固在阀体上。选配适当长度推杆将感温元件装在阀盖上,使其推杆与滑阀端相接触,并压缩滑阀移动至其外径圆柱面露出阀体0.5～1.0 mm,装上阀盖螺钉均匀紧固。将调节螺钉拧入阀体上,使其安装正确。拧紧调节螺钉时,滑阀应自由移动。

41. 小修时怎样对DF8B型机车凸轮轴箱进行检查?

答:凸轮轴不许有裂纹,凸轮及轴颈工作表面不许有剥离、拉伤及碾堆等缺陷。推杆压球、顶杆压球座不许有松缓,顶杆及导筒不许有裂纹,推杆滚轮表面不许有剥离及擦伤;导筒与导块无严重拉伤,定位销无松缓,导块移动灵活。凸轮轴瓦无窜动,润滑良好,定位螺栓无松动。喷油器、喷油泵回油管、凸轮轴润滑油管无松动、断裂。

42. 怎样检查、安装DF8B型机车气阀座?

答:外观检查气门座不得有裂纹、松动、不合格者应予更换,更换气门座须按如下操作,先用专用工具拔出气门座,注意不要拉伤气门座安装孔。检查气门座安装孔,不得有严重拉伤,轻微拉伤允许用细砂纸打磨光滑。测量气门座孔安装内孔径,测量气门座外径。按平均尺寸计算配合过盈量,标准为0.108～0.150 mm。把选配好的气门座放入液态氮中,冷却至液氮停止沸腾。此时,气门座温度为－180 ～－150 ℃,然后用尖嘴钳取出气门座快速放入气门座安装孔中,用带锥角的冲击棒快速向下冲击,安装到位。

43. 怎样对DF7G型机车联合调节器伺服电动机装置进行检修?

答:检查补偿调节针阀是否磨损,在针阀阀口处应有一圈完整的阀线。检查两个油封和两滚针轴承是否损坏。检查输出轴是否磨损或出现划痕。检查各弹簧是否失效。检查两链接板、轴、销轴、连杆是否磨损,其相互之间的配合极限间隙是否超过0.055 mm。检查伺服电动机体是否发生磨损或划痕。检查动力活塞是否发生磨损或划痕。检查动力活塞与伺服电动机体的配合极限间隙是否超过0.055 mm。

44. 辅修时怎样对DF4D型机车气缸盖及气门驱动机构进行检查?

答:气缸盖各处不许有裂纹。横臂导柱、工艺堵无松动,油堵无脱落,气门摇臂、横臂、调整螺钉、压球、压球座及气门弹簧不许有裂纹,油路畅通。示功阀及阀座安装牢固无泄漏。各气门处于关闭状态,横臂与同名气门之间的间隙≤0.03 mm。气门锁夹无严重磨损,并须成对使用,锁夹下陷量小于等于1 mm。进气门冷态间隙为$0.2^{+0.05}$ mm,排气门冷态间隙为$0.8^{+0.05}$ mm。

45. 小修时怎样对DF7G型机车轴箱进行检查?

答:轴箱体、前后盖不许有裂纹,止挡与座的间隙为6～11 mm。轴箱后盖及防尘圈不许有偏磨。轴箱橡胶圈和轴端橡胶支承须无老化和破损。轴箱拉杆的橡胶圈和橡胶垫不许有老化和裂损，拉杆芯轴与拉杆座结合处斜面须密贴，局部间隙用 0.05 mm 塞尺检查，塞入深度不大于 10 mm，芯轴与槽底部间隙不小于 0.5 mm，拉杆端盖与拉杆座槽口内侧间的局部间隙不大于 0.2 mm。轴箱温升不大于 40 ℃，轴箱通气孔无堵塞。轴承及端盖轴承保持架应作用良好，紧固螺栓、铆钉无松动，轴承内套不许有松缓现象。

46. 怎样检修 DF8B 型机车连接箱？

答：将连接箱送入清洗设备中清洗。连接箱与机体须配对使用，外观检查各部，不得有裂纹，各安装配合面不许有碰伤、毛刺等缺陷否则必须处理。连接箱与机体的结合面紧固后须密贴，用 0.05 mm 塞尺检查不许塞入，但允许有长度不超过两个螺栓间距的局部间隙。

47. C2 修时怎样对 HXN3B 型机车油气分离器及引射管装配进行检查？

答：油气分离器上下法兰接口不许有泄漏，法兰安装螺栓紧固状态良好。油气分离器至增压器排气管及波纹管不许有裂纹破损，排气管法兰安装螺栓紧固状态良好，法兰接口不许有泄漏。空气管路至油气分离器管路安装螺栓紧固状态良好，空气管路不许有破损，胶管状态良好。油气分离器引射管不许有裂纹破损，清理引射管节流口积碳。清洁油气分离器滤芯及引射管等曲轴箱排气系统的积垢。

48. DF8B 型机车凸轮轴安装前怎样检查？

答：外观检查各轴颈，凸轮的表面应状态良好，凸轮表面是否有拉伤，剥离和偏磨。凸轮轴法兰的连接螺栓，螺母、防缓垫片的状态良好。根据柴油机铭牌的单侧发火顺序，校验凸轮轴的方向应正确。凸轮轴轴颈油孔的工艺堵应全部取出，油孔应干净，内部油道无异物。

49. 小修时怎样对 DF8B 型机车万向轴进行检查？

答：万向轴不得有裂损、扭曲变形现象，各部连接状态良好，各连接螺栓无松动。万向轴连接十字头轴向移动量不大于 0.8 mm。前后通风机不得有裂纹、破损，各柱销不得有松动，表面光滑。通风机启动后工作可靠，无振动，无异声，轴承温升不大于 40 ℃。尼龙绳连接须符合规定，有断股时须更换。万向轴叉头孔轴线应和柴油机花键套叉头孔轴线在同一平面内。弹性柱销联轴节、花键套法兰与叉头法兰两端面轴向间隙为 2～3 mm。

50. 怎样组装 DF8B 型机车启动滑油泵？

答：组装前各零件必须清洁，不得用棉丝擦拭，应用麂皮擦拭。将主、从动齿轮同时装入泵体内，并涂以少量润滑油，在泵体端面上向上放好纸垫。装好泵盖，打入定位销，放上平垫及弹簧垫圈，用扳手均匀紧固螺栓，打好防缓铁丝。将油封装在油封座内(注意不要装反)装入弹簧，将油封座装在泵体上，放好平垫及弹簧垫圈，把紧螺钉。将键放入键槽内，用尼龙棒或铜棒将齿形联轴节。打入轴上，然后紧上止动螺钉。用带磁力表架的百分表校验齿轮端面与泵体和泵盖的总间隙。组装后,应转动灵活无异状。

51. 怎样判断柴油机悠车(转速波动大)的原因?

答:柴油机在低手柄位时,易发生悠车,引起悠车的原因主要是联合调节器工作不正常。联合调节器内油脏,油中有气泡或水分。联合调节器内无工作油、油太少或油位太高。补偿针阀开度太大或松动。补偿活塞上下窜动。动力活塞上下窜动。配合件有拉伤变形,产生阻尼作用。如滑阀柱塞拉伤、抗劲,上体装配端轴承不灵活,匀速盘不灵活或扭簧变形。拉杆系统的传动间隙过大或拉杆系统抗劲,但不能拉动。补偿弹簧预紧力不合适。

52. 怎样拆卸 DF8B 型机车抱轴瓦?

答:检查抱轴瓦油盒与电机瓦座的安装记号,如不清楚重打记号(抱轴油盒不许互换)。用克丝钳拆去抱轴油盒螺钉的防缓铁丝(用弹簧垫圈者,不加防缓铁丝)。用扳手卸抱轴油盒的安装螺钉。卸下抱轴油盒及下瓦。吊走轮对取出上瓦及键。将所有零件保管好,不得失落。将油盒内的毛线连同集油器一起取出,分解后换新毛线,放入双曲线油中浸泡。检查抱轴瓦与标记,不清者打记号,抱轴瓦与抱轴油盒配套。所有零件清洗干净,以备检修。

53. 怎样分解 DF8B 型机车机油离心精滤器?

答:解体前应确认上下体应有相应的安装记号标志。否则,应重新补加。拆下上下体连接螺栓,取下上体。取上体时,应避免敲击以防变形。从下体内取出转子组成。并应确认转子体与盖有相应的安装记号,否则应补打标记。将转子组放到专用拆装夹具上,取下压紧螺母,铜垫圈和石棉垫片。取出污染的清壳纸,滤油网。打开滤清器座上转子轴的防松垫,拧下转子轴。检查转子体与相应的集油管喷嘴应有安装记号,否则应补打,然后从转子体上取下集油管。

54. 怎样选用锉刀?

答:合理选用锉刀,对保证加工质量,提高工作效率和延长锉刀使用寿命有很大的影响。一般选择锉刀的原则是根据工件形状和加工面的大小选择锉刀的形状和规格,根据加工材料软硬、加工余量、精度和表面粗糙度的要求选择锉刀的粗细。粗锉刀的齿距大,不易堵塞,适宜于粗加工(即加工余量大、精度等级和表面质量要求低)及铜、铝等软金属的锉削;细锉刀适宜于钢、铸铁以及表面质量要求高的工件的锉削;油光锉只用来修光已加工表面,锉刀愈细,锉出的工件表面越光,但生产率越低。

55. 怎样检修 DF7G 型机车静液压系统安全阀?

答:检查锥阀状态,有严重磨损者(有较深凹台),应更换新品;轻微磨损可用研磨剂研磨后使用。滑阀、减振器阀与体不得有严重拉伤、裂纹,轻微拉伤打磨光滑,使各阀在体中能灵活滑动,滑动不灵活者须修复或更换新品,使其配合间隙为阀体滑阀 0.01～0.02 mm;导阀体与导阀 0.005～0.032 mm；减振器体与减振器阀 0.007～0.048 mm。更换所有的橡胶圈。检查弹簧应无断裂及永久变形。

56. C2 修时怎样对 HXN3B 型机车机油系统进行检查？

答：主机油泵、机油粗滤器安装螺栓紧固状态良好。主机油道口连接法兰及其螺栓紧固状态良好。清洁机油粗滤器滤网和壳体。柴油机静态且机油精滤器及其管路充满机油时，油尺油位应在“full”刻线上方 1～2 cm。抽取油样进行化验，超出限值的机油更新。更新机油精滤器滤芯。

57. 怎样检修 DF8B 型机车各管路？

答：各管路接头无泄漏，管卡、轧码须安装牢固，各管路及管路与机体间不许磨碰。各管路法兰垫的内径不小于管路孔径，每处法兰橡胶石棉垫片厚度不大于 4 mm，总数不超过 2 片。各连接胶管换新，可曲挠单球、双球橡胶管不许拉伸。各胶管不许错位，轴线偏移不大于 4 mm。孔径小于 ϕ15 mm 的管子发生泄漏，应换新，孔径大于等于 ϕ15 mm 管子发生裂漏，允许焊修，焊后应修整焊皮，按如下要求进行水压试验，滑油管作 1.2 MPa 的水压试验，燃油和水管做 0.6 MPa 的水压试验，均保持 5 min 无泄漏。

58. 怎样判断柴油机启动时不发火或发火困难？

答：喷油泵齿条和供油拉杆卡死，不能移动或移动困难。柴油机紧急停车装置在作用位。燃油系统不能供油或燃油管路中存有大量空气和水分。联合调节器故障。电磁联锁 DLS 阀芯短或阀芯过紧，使 DLS 不能吸合。启动前未甩车，气缸内存有大量机油，造成背压过大。机油及冷却水温度太低或气缸内压缩压力不足。供油提前角调错。

59. 怎样进行 DF8B 型机车轴箱到轮对的组装？

答：清洗轮对轴颈、防尘座颈和轴箱零件。复测防尘圈尺寸(抱轴瓦结构为 $\phi 195^{+0.046\,0}$ mm，滚动抱轴结构为 $\phi 190^{+0.046\,0}$ mm)、车轴防尘座尺寸抱轴瓦结构为 $\phi 195^{+0.106}_{+0.077}$ mm，滚动抱轴结构为 $\phi 190^{+0.106}_{+0.077}$ mm，复测轴颈尺寸 $\phi 160^{+0.052}_{+0.027}$ mm，轴承外圈直径尺寸 $\phi 2\,900^{-0.035}$ mm。将防尘圈均匀加热至 160～180 ℃。然后将之热套至轴颈上(防尘圈必须靠轴肩)。将轴承内圈均匀加热，加热最高温度为 125 ℃，将之热套到轴颈上，然后让其冷却至环境温度。将已经组装好的轴箱体及后盖、轴承外圈和滚柱、隔圈一并涂好油脂沿其组装所用的导向套组装到轴承内圈上去。在轴端装上压盖，拧紧压盖的 3 个螺栓，力矩为 290 N·m，用钢丝锁紧。

60. 怎样组装 DF8B 型机车燃油泵？

答：所有零件均须检查合格方可组装。按拆卸时所作的标记原位组装。轴承座和复合轴承先装配成整体，再装入泵体。装入泵体的零件必须用煤油清洗干净，并涂以润滑油，组装中不得带入任何杂物。上、下轴承座和主、从动齿轮组装时，每对轴承座和每对齿轮的厚度差不得大于 0.01 mm。齿轮两侧的间隙应用纸垫调整，并达到限度要求。用专用套筒组装柔性石墨圈，柔性石墨圈必须轻拿轻放，以防碎裂或变形。组装完成后，应用手转动主动齿轮轴，不得有轻重不均或急跳现象。

61. 辅修时怎样对 DF7G 型机车调控装置进行检查？

答：外观检查调速器无裂纹、泄漏，缓冲油杯无缺油，注油口滤网无破损，防尘堵良好。拉杆无抖动，柴油机无游车现象。油位符合要求(刻线上下 5 mm)。测量升降速时间。检查调速器步进电机接线良好。最高转速止挡、最低转速止挡无松动，步进电机的主从动伞形齿轮啮合状态良好。外观检查供油拉杆无裂纹、变形、弯曲，各拐臂、连接销、开口销完整，各滚轮转动灵活。检查横轴轴向间隙、整个杠杆系统总间隙不超过 0.6 mm，总阻力不超过 120 N。外观检查超速停车装置各部无裂纹，紧固状态是否良好。检查调控传动箱各部无裂纹、泄漏，用手按动紧急停车按钮须作用灵活可靠，各泵齿条须立即回零刻线或略低零刻线。检查极限调速器飞块无异状，弹簧、穿销无折损，锁母紧固状态良好。

62. 小修时怎样对 DF4D 型机车曲轴箱进行检查？

答：曲轴各部无裂纹，曲柄销及其过渡圆角表面上不许有剥离、损伤；油堵无松脱。主轴承盖及紧固螺栓作用良好无松动，开口销无折断。主轴瓦、连杆瓦无剥离、烧损，主轴瓦端面错口不大于 0.5 mm。活塞、连杆无破损、变形，油堵无松脱；连杆盖及紧固螺栓作用良好无松动。连杆大端横动量符合 0.25～0.5 mm。气缸套进出水管无松动泄漏；气缸套密封圈作用良好无泄漏。油气分离器连接良好无泄漏。清洗油气分离器各部连接良好，无泄漏。防爆阀垫、开口销良好，无漏油，弹簧良好，胶圈良好。滤网无异物、无破损。

63. 怎样分解 DF8B 型机车 D 型联合调节器中体？

答：用改锥松开停车装置与伺服电动机四条螺栓，取下停车装置，并松下伺服电动机上的空气补偿器。用扳子松开伺服电动机体与中体四个紧固螺母，取下伺服电动机体和石棉垫。用板子松开功率油电动机与中体固定螺母，取下油电动机及衬垫、石棉垫。用扳子将补偿针阀堵松开，用改锥拧下补偿针阀。用板子松开中体与下体连接的 16 个螺母，取出下体，然后拿出油泵从动齿轮。用专用工具分解蓄压室活塞和弹簧。将中间体放在拆装台上，用夹紧装置夹紧中间体，棘轮插入蓄压室上盖两小孔内转动压紧杆压住棘轮，在用棘轮松上盖的同时，松动压紧杆直至松开上盖，取出活塞、弹簧，并且在卡环钳取出弹簧下座的卡环，而后取出弹簧下座。

64. 怎样分解 DF8B 型机车冷却水泵？

答：松下泵体前盖压紧螺母。取下泵体前盖。松下叶轮防松螺母。松下叶轮压紧螺母。取下叶轮、叶轮水封垫片、水封。松开水泵齿轮端压盖防缓铁丝，松下压盖紧固螺钉。用铜棒轻击水泵轴，将轴从水泵齿轮端取出。松下水泵齿轮防松压母。松下水泵齿轮压紧螺母。接上细管,加压扩张,压力应为 4.0～4.5 MPa,压出齿轮。取下垫片、轴套。用压力机将滚动轴承从水泵轴齿轮端压出。取出油封。

65. 怎样安装 DF8B 型机车气缸套?

答:将机体的气缸套安装孔用清洁的棉布擦干净。消除飞边和毛刺后涂以适量的蓖麻油(或机油)。将 1～8 缸的机体安装孔转至垂直位,依次吊入 1～8 缸缸套。吊装前应在缸套的上、下配合面涂以适量的机油,落座时要缓慢,严禁强行打下,并使缸套与机体的刻线对正,涂上薄而均匀的 703 密封胶,其偏差不大于 0.5 mm。将 9～16 缸安装孔转至垂直位,依次吊入 9～16 缸缸套。

66. 怎样测量 DF7G 型机车气缸套的孔径?

答:测量缸套与水套上、下部接合处配合尺寸,每个截面分别沿气缸套进水口方向及与之相垂直的方向测量,缸套与水套原设计为过盈配合,上定位圆配合为 0.03～0.06 mm,下定位圆配合为 0.04～0.07 mm,允许选配组装。新水套密封槽深度测量。由于一些新水套密封槽太浅,致使装 O 形胶圈后,气缸套装不进机体,故应检查密封槽深度,不小于 4 mm。气缸套进水口直径检查为内孔有凸台时,应用锉刀修去并去除毛刺,检修后,孔口最大直径不超过 ϕ43 mm。分别在Ⅰ、Ⅱ、Ⅲ截面,沿缸套进水口方向及与之相垂直的方向,用量表测量缸套内径。有不贯通的拉痕线(最大深度不超过 0.5 mm),总数不超过 5 根,较深的拉痕用砂布消,不超过 ϕ240.30 mm,圆柱度不超过 0.2 mm,圆度不超过 0.1 mm。

67. C2 修时怎样对 HXN3B 型机车齿轮箱进行检查?

答:齿轮箱安装座螺栓不许有松缓。齿轮箱合口安装螺栓紧固良好不许有松缓。防缓标记清晰正确。合口螺栓开口销良好齐全。齿轮箱放油堵不许有松动,防缓线良好,加油口安全链作用良好。加油口不许有异物,通气口安装良好,通气孔、通气器清洁,不许积有油污。齿轮箱泄油孔及注油孔畅通,磁性排油堵清洗。齿轮箱箱体不许有裂纹,齿轮箱合口、抱轴油封不破损及泄漏,齿轮箱安全卡不许有损坏和变形。更新润滑油,清理磁性螺堵。泄油孔及注油孔畅通。齿轮箱油位观察窗须干净透明,通过油位观察窗观察齿轮箱油位是否在油窗刻度线范围内。观察齿轮箱油无变色、变质,否则更换齿轮箱油。

68. 怎样安装 DF8B 型机车喷油器及进油管?

答:检查喷油器体的密封胶圈和喷嘴头部的密封铜垫状态应良好,喷油器体的进口安装油管安装孔座须平整干净,在喷油器的铜垫上涂适量黄油后粘于喷油器头部。取下气缸盖喷油器安装孔的工艺堵,并检查内部安装面清洁无异物后,将喷油器轻轻装入,注意喷油器体上的进油管孔应与缸盖上的进油管孔对正。安装喷油器进油管,装入前应检查其密封铜垫,密封橡胶圈状态良好。放正压块,拧紧喷油器压紧螺母。

69. 怎样从 DF8B 机车轮对、牵引电动机组件上拆卸电机?

答:将要分解的轮对、牵引电动机组件吊至电机轮对组装台。拆开牵引电动机与其他零部件的连接。抱轴瓦电机悬挂装置要依次拆开齿轮罩装置上、下罩之间的螺栓连接。拆开齿轮罩与牵引电动机之间的螺栓连接,拆下齿轮罩装配。拆抱轴盖时,注意应对抱轴盖进行编号,拆去毛线架,拆开抱轴盖,并对垫片厚度做好记录。对于滚动抱轴电机悬挂装置要拆开齿轮罩装配上、下罩之间的连接。拆开齿轮罩与牵引电动动机和抱轴箱之间的连接。拆开抱轴箱与牵引电动机之间的螺栓连接。吊起带有主动齿轮的电机并送至专门检查修理场所。

70. 怎样分解 DF8B 型机车单元制动器?

答:用手锤、撬棍拆下瓦签、插销,取下闸瓦。松开调瓦装配上的蝶形螺母和相配的 M8 薄螺母。拆下闸瓦撑两端的开口销,松开 M20 开槽螺母和垫圈,取下螺杆销,卸下闸瓦撑和闸瓦托。拆除箱体上各处盖板。拆下制动缸与箱体间的 8 个 M10×15 螺栓。从箱体两边的开口处拆除活塞推杆接头体与杠杆的连接销,取下活塞推杆和缓解弹簧。拆下制动缸皮碗。打开箱体侧面上部两块盖板和顶部防尘套(QB-2 型为两块盖板)。拆除防尘罩与箱体的 M6×12 螺钉和压环。从侧面孔中拆除杠杆销轴,取出杠杆。拆除端盖与箱体的 M10×25 安装螺栓。旋动螺杆,依次退出螺杆复位机构和闸瓦间隙自动调整机构,分别进行分解。

71. 怎样检测 DF7G 型机车燃油输送泵?

答:检查轴套应无松动、拉伤、腐蚀,不良者应予更换。检查齿轮轴应无裂纹、剥离、断齿。检查泵体、前后泵盖应符合技术要求,泵体内壁、齿轮端面、前后泵盖内侧面如有轻微拉伤,可用油石或刮刀清除。各密封平面应在研磨平台上研磨,消除轻微拉伤。更换油封。用 0～25 mm 外径千分尺测量主、从动齿轮轴,用 18～35 mm 内径量表测量轴套内径。两者的配合间隙原形为 0.030～0.074 mm(报废为 0.1 mm)用塞尺测量主、从动齿轮顶圆直径与泵体孔的间隙,原形为 0.075～0.142 mm(报废为 0.2 mm)。分别测量主、从动齿轮宽度和泵体宽度,两者的配合间隙为 0.028～0.070 mm(报废为 0.15 mm)。更换轴套时,用 0～25 mm 外径千分尺测量轴套外径,用 18～35 mm 内径的百分表测量泵盖轴套孔,两者配合间隙为 0.015～0.023 mm。用 0～25 mm 的外径千分尺测量主动齿轮轴与联轴器配合部位的轴颈,用 10～18 mm 的内径百分表测量联轴器内孔,两者之间的配合间隙为 0.020～0.034 mm。用 25～50 mm 的外径千分尺测量油封座外径,用 35～50 mm 内径量表测量泵盖上油封座的内径,两者间的配合间隙为 0～0.1 mm,报废限度为 0.15 mm。

72. 怎样检修 DF7G 型机车车钩缓冲器?

答:当前从板和缓冲器动板端头的距离(在机车上测量时先用钢楔置于前丛板和缓冲器动板端头之间,将动板向箱体内压实后再测量)小于 3 mm 时,缓冲器应换下修理。对于长度小于 482 mm 或口部对应于中心楔块安装部位最薄处厚度小于 15.8 mm 或口部出现裂纹的缓冲器箱体应报废,不宜再修理。当缓冲器安装空间超过 628.5 mm 时,需用垫片焊到钩尾框的后凸缘处，以将缓冲器安装空间的尺寸恢复到624～625.5 mm。

73. 怎样使用游标卡尺测量零件内尺寸？

答：当测量零件的内尺寸时要使量爪分开的距离小于所测内尺寸，进入零件内孔后，再慢慢张开并轻轻接触零件内表面，用固定螺钉固定尺框后，轻轻取出卡尺来读数。取出量爪时，用力要均匀，并使卡尺沿着孔的中心线方向滑出，不可歪斜，以免使量爪扭伤，变形和受到不必要的磨损，同时歪斜会使尺框走动，影响测量精度。测量内孔时卡尺两测量刃应在孔的直径上，不能偏歪。当量爪在错误位置时，其测量结果将比实际孔径 D 要小。用下量爪的外测量面测量内尺寸时，在读取测量结果时，一定要把量爪的厚度加上去。即游标卡尺上的读数，加上量爪的厚度，才是被测零件的内尺寸。测量范围在500 mm以下的游标卡尺，量爪厚度一般为10 mm。但当量爪磨损和修理后，量爪厚度就要小于10 mm，读数时这个修正值也要考虑进去。

74. 怎样检修 DF7G 型机车各管路？

答：各管路接头无泄漏，管卡、轧码须安装牢固，各管路及管路与机体间不许磨碰。各管路法兰垫的内径不小于管路孔径，每处法兰橡胶石棉垫片厚度不大于4 mm，总数不超过2片。各连接胶管换新，可曲挠单球、双球橡胶管不许拉伸。各胶管不许错位，轴线偏移不大于4 mm。孔径小于 ϕ15 mm的管子发生泄漏，应换新，孔径大于等于 ϕ15 mm管子发生裂漏，允许焊修，焊后应修整焊皮，按如下要求进行水压试验，滑油管做1.2 MPa的水压试验，燃油和水管做0.6 MPa的水压试验，均保持5 min无泄漏。

75. 怎样检修 DF8B 型机车机油离心精滤器？

答：检修前将全部零件用柴油清洗干净后，再用压缩空气吹扫干净，并保证转子轴、转子体和喷嘴的孔道吹扫通畅。检查下体进油管根部，不得有裂纹，如有裂纹可以焊修。检查上下轴承与上体和下体的安装应牢固。检查上下轴承内表面及止推面，应无严重拉伤、偏磨，否则应更换轴承。测量上下轴承内径，以保证与相应轴颈之间间隙为0.03～0.15 mm。检查上下体应保证有不大于0.30 mm的安装间隙，局部抗劲允许钳工修复。检查试装转子盖与转子体应保证有不大于0.10 mm的安装间隙，局部抗劲允许修正。外观检查转子轴上下轴颈轴肩不得有严重拉伤、剥离，测量轴颈尺寸以保证轴承的间隙为0.03～0.15 mm。外观检查集油管不得弯曲或碰伤，喷嘴应良好，否则应更换。

76. 怎样进行 DF7G 机车轴箱拉杆压装？

答：用专用工具将橡胶圈和芯轴分别压入拉杆孔内，方法是先用手将胶圈压入引导器，借助引导器、胶圈拉杆体定位器用压力机将胶圈压入拉杆体孔内，然后在胶圈内和芯轴引导器外表面涂一层蓖麻油，将芯轴套在引导器上，压入拉杆孔胶圈内。检查橡胶圈距拉杆两端面距离不小于1.5 mm，同时检查芯轴两端面距拉杆孔端面距离应相同，两拉杆芯轴中心距离应为

(260±2)mm,压装时注意两芯轴斜面中心垂直于轴箱拉杆两中心线所在平面,斜面分同向和反向两种,一台转向架两种装配各一半。压装后检查各橡胶圈有无挤破,位置是否正确。检查完毕后,按分解的反顺序组装金属橡胶垫、端盖、卡环。

77. 怎样组装 DF7G 型机车静液压系统安全阀?

答:将阀体直立工作台上,用铜棒轻轻将锥阀体装入阀体内,再顺序装入锥阀、弹簧座、弹簧,然后将带有锁紧母的导阀体拧入阀体,紧固到位。松开导阀体上的锁紧母,装下体于导阀体上,再紧好导阀体锁紧母。装导阀于导阀体内,再装入减振器弹簧。将减振器阀与阀体一起装在下体上,紧固好螺钉。用螺母将油管连接在阀体、减振器体上。把阀体倒置于工作台上,顺序装入滑阀弹簧、滑阀,在螺堵上装好橡胶密封圈,并用专用工具紧固好。

78. C2 修时怎样对 HXN3B 型机车变流装置、相模块进行检查?

答:电缆、光纤连接应牢固。连接不许有松动或过热现象。导线不许有烧损。牵引整流装置端子排清洁,且连接牢固。紧固件安装牢固,表面不许有烧损。电流互感器、相电流传感器表面清洁,不许有损伤,安装、接线牢固功能正常。吹扫牵引整流装置,状态不许有异常,熔断器红色指示器不许有跳出现象。整流器观察窗清洁。接口模块插头安装牢固。清扫相模块进风道滤网。

79. 怎样攻螺纹?

答:根据工件上螺纹孔的规格,正确选择丝锥,先头锥后二锥,不可颠倒使用。工件装夹时,要使孔中心垂直于钳口,防止螺纹攻歪。用头锥攻螺纹时,先旋入 1～2 圈后,要检查丝锥是否与孔端面垂直(可目测或直角尺在互相垂直的两个方向检查)。当切削部分已切入工件后,每转 1～2 圈应反转 1/4 圈,以便切屑断落;攻钢件上的内螺纹,要加机油润滑,可使螺纹光洁、省力和延长丝锥使用寿命;攻铸铁上的内螺纹可不加润滑剂,或者加煤油;攻铝及铝合金、紫铜上的内螺纹,可加乳化液。不要用嘴直接吹切屑,以防切屑飞入眼内。

80. C2 修时怎样对 HXN3B 型机车悬挂装置进行检查?

答:外观检查牵引电动机吊挂无裂纹,上、下安装螺栓无松缓无裂纹。防缓标记清晰无错位。橡胶关节无龟裂、老化、破损。安全托铁安装螺栓牢固无松缓,防缓标记清晰正确无错位。外观检查,一系弹簧不许有裂损、状态良好。外观检查,油压减振器不许有裂损、漏油。油压减振器橡胶关节状态良好,不许有龟裂、老化。牵引电动机抱轴安装螺栓无松缓。防缓标记清晰正确无错位。二系橡胶板复合旁承橡胶件不许有老化、开裂、缺损,安装座牢固。二系侧挡不许变形、磕碰,球形侧挡磨耗量不大于 2 mm,二系横向止挡间隙 72～80 mm。

81. 怎样分解 DF7G 型机车凸轮轴?

答:拆下输出端齿轮轴端盖。测量左、右凸轮轴的横动量,并记录。分解止推轴承,做好标记,左、右分别存放。取出凸轮轴瓦的卡环。拆下凸轮轴瓦。取下凸轮轴瓦。卸凸轮轴齿轮。用带胶皮的撬棍将凸轮轴从自由端撬出,用吊具将凸轮轴轻轻吊起,取出第 1 和第 5 位的轴瓦,然后不断地撬动凸轮轴和移动天车,此时应注意不要碰伤凸轮轴孔或凸轮轴,凸轮轴抽出后,放在专用支架上。

82. 怎样分解 DF7G 型机车联合调节器滑阀装配?

答:取下塔形弹簧,用改锥松开菱形法兰上两条螺钉,注意法兰下调整片不得丢失,从中间体上抽出滑阀装配,再把螺钉连同调整片拧在中间体上。从滑阀装配中抽出柱塞,弹簧托盘,止推轴承,检查止推轴承是否良好,否则,用尖嘴钳取下柱塞上开口销,拧下螺母,取下塔簧托盘,止推轴承调整垫圈与衬套,注意调整垫圈不要丢失。将从动盘从主动盘中拔出或用改锥轻轻撬出。注意不要把扭簧折断。用改锥松开带扭簧的压盖上螺钉,取下扭簧和压盖。用改锥松开旋转套与主动齿轮连接的埋头螺钉,拆下油泵主动齿轮,将锥形螺钉按顺序摆放好,不要丢失。按顺序拆下补偿弹簧的下弹簧座、下弹簧、滑阀及上弹簧。拆下的各部件按顺序分别放于油盘中待清洗、检测,各部件不得相碰。

83. 怎样使用锯弓?

答:起锯的方式有远边起锯和近边起锯两种,一般情况采用远边起锯。因为此时锯齿是逐步切入材料,不易卡住,起锯比较方便。起锯角 α 以 15°左右为宜。为了起锯的位置正确和平稳,可用左手大拇指挡住锯条来定位。起锯时压力要小,往返行程要短,速度要慢,这样可使起锯平稳。锯割时,手握锯弓要舒展自然,右手握住手柄向前施加压力,左手轻扶在弓架前端,稍加压力。人体重量均布在两腿上。锯割时速度不宜过快,以每分钟 30～60 次为宜,并应用锯条全长的三分之二工作,以免锯条中间部分迅速磨钝。推锯时锯弓运动方式有两种,一种是直线运动,适用于锯缝底面要求平直的槽和薄壁工件的锯割;另一种锯弓上下摆动,这样操作自然,两手不易疲劳。锯割到材料快断时,用力要轻,以防碰伤手臂或折断锯条。锯割圆钢时,为了得到整齐的锯缝,应从起锯开始以一个方向锯以结束。如果对断面要求不高,可逐渐变更起锯方向,以减少抗力,便于切入。

84. 怎样使用外卡钳?

答:外卡钳在钢直尺上取下尺寸时,一个钳脚的测量面靠在钢直尺的端面上,另一个钳脚的测量面对准所需尺寸刻线的中间,且两个测量面的连线应与钢直尺平行,视线要垂直于钢直尺。用已在钢直尺上取好尺寸的外卡钳去测量外径时,要使两个测量面的连线垂直零件的轴线,靠外卡钳的自重滑过零件外圆时,我们手中的感觉应该是外卡钳与零件外圆正好是点接触,此时外卡钳两个测量面之间的距离,就是被测零件的外径。所以,用外卡钳测量外径,就是比较外卡钳与零件外圆接触的松紧程度,以卡钳的自重能刚好滑下为合适。如当卡钳滑过外圆时,我们手中没有接触感觉,就说明外卡钳比零件外径尺寸大,如靠外卡钳的自重不能滑过零件外圆,就说明外卡钳比零件外径尺寸小。切不可将卡钳歪斜地放上工件测量,这样有误差。由于卡钳有弹性，把外卡钳用力压过外圆是错误的，更不能把卡钳横着卡上去。对于大尺寸的外卡钳，靠它自重滑过零件外圆的测量压力已经太大了，此时应托住卡钳进行测量。

85. 怎样组装 DF7G 型机车调控传动装置中的主动轴装配？

答：放入飞锤座平键，将飞锤座装入，检查飞锤座与轴肩状态。将飞锤装入飞锤座孔，装上限速弹簧，拧上调节螺母。初步测量调整飞锤行程。测量方法为用力推动调节螺母把限速弹簧全压缩后测量飞锤升出量符合要求后，装入限位螺钉，行程为(5±0.05)mm。放入伞形齿轮平键，将伞形齿轮装入，伞齿轮与轴肩应紧密贴靠。安装轴承座及 206 轴承，轴承内圈与伞齿轮端面应紧密贴靠。放入防缓垫片，拧紧轴承压紧螺母。放入隔圈，装上 306 轴承。放入圆柱齿轮平键，安装调控传动装置传动齿轮。紧固轴端压紧螺母，并装上开口销。检查传动轴组装静平衡要将传动轴组装置于平台 V 形台上，支承两端轴承，用手连续转动三次传动轴，每次自行转动时停止的位置应不同。

86. 怎样使用内卡钳？

答：用内卡钳测量内径时，应使两个钳脚的测量面的连线正好垂直相交于内孔的轴线，即钳脚的两个测量面应是内孔直径的两端点。因此，测量时应将下面的钳脚的测量面停在孔壁上作为支点，上面的钳脚由孔口略往里面一些逐渐向外试探，并沿孔壁圆周方向摆动，当沿孔壁圆周方向能摆动的距离为最小时，则表示内卡钳脚的两个测量面已处于内孔直径的两端点了。再将卡钳由外至里慢慢移动，可检验孔的圆度公差。用已在钢直尺上或在外卡钳上取好尺寸的内卡钳去测量内径。就是比较内卡钳在零件孔内的松紧程度。如内卡钳在孔内有较大的自由摆动时，就表示卡钳尺寸比孔径小了；如内卡钳放不进，或放进孔内后紧得不能自由摆动，就表示内卡钳尺寸比孔径大了，如内卡钳放入孔内，按照上述的测量方法能有 1～2 mm 的自由摆动距离，这时孔径与内卡钳尺寸正好相等。测量时不要用手抓住卡钳测量，这样手感就没有了，难以比较内卡钳在零件孔内的松紧程度，并使卡钳变形而产生测量误差。

87. C2 修时怎样对 HXN3B 型机车车钩及缓冲器进行检查？

答：钩舌、钩舌销、锁铁、钩舌推铁磁粉探伤不许有裂纹。检查测量车钩三态作用良好，车钩的开度为锁闭状态 110～127 mm，全开状态 220～245 mm。闭锁状态钩锁铁向上活动量 3～18 mm，钩锁与钩舌的接触面须平直，其高度不少于 40 mm，钩体防跳凸台和钩锁销的作用面平直，钩舌与钩体上、下承力面接触良好，钩舌与钩锁铁侧面间隙不大于 7 mm。车钩中心线距轨面高度为 820～890 mm。目视检查金属件外表面不许有裂纹，缓冲器板不许有裂损。缓冲器下托板安装螺栓不许有松动，缓冲器座和牵引杆不许有裂纹及破损。车钩侧向自由位移量单侧不大于 102 mm。钩锁铁往上活动量为 3～10 mm。开口销安装良好齐全。缓冲器丛板与前后座不许有贯通间隙。

88. 怎样安装 DF7G 型机车盘车机构?

答:检查齿轮、蜗杆状态应良好,各销钉无裂纹。安装滚动轴承,检查伞齿轮侧面间隙应为 0.2～0.5 mm,它可分别通过轴承座与滑动支架之间的调整垫片和调整环进行调整。蜗杆腔内注满 3 号锂基脂,安装注油嘴及行程开关。装入弹簧和定位销。在滑动支架工作面和滑动轴表面涂上二硫化钼,将滑动轴承和滑动支架装上支座。紧固好支座与垫片间的螺栓。将蜗杆与齿轮盘的啮合间隙调整为 0.1～0.6 mm,再打入垫片与机体之间的定位销,并紧固好螺栓。全部定位销凸出高度为(5±2) mm,伞齿轮与弹性联轴节齿轮盘间隙不小于 0.5 mm。

89. 怎样校正百分尺的零位?

答:所谓"校对百分尺的零位",就是把百分尺的两个测砧面擦拭干净,转动测微螺杆使它们贴合在一起(这是指 0～25 mm 的百分尺而言,若测量范围大于 0～25 mm 时,应该在两测砧面间放上校对样棒),检查微分筒圆周上的"0"刻线,是否对准固定套筒的中线,微分筒的端面是否正好使固定套筒上的"0"刻线露出来。如果两者位置都是正确的,就认为百分尺的零位是对的,否则就要进行校正,使之对准零位。如果零位是由于微分筒的轴向位置不对,如微分筒的端部盖住固定套筒上的"0"刻线,或"0"刻线露出太多、0.5 的刻线搞错,必须进行校正。此时,可用制动器把测微螺杆锁住,再用百分尺的专用扳手,插入测力装置轮轴的小孔内,把测力装置松开(逆时针旋转),微分筒就能进行调整,即轴向移动一点。使固定套筒上的"0"线正好露出来,同时使微分筒的零线对准固定套筒的中线,然后把测力装置旋紧。如果零位是由于微分筒的零线没有对准固定套筒的中线,也必须进行校正。此时,可用百分尺的专用扳手,插入固定套筒的小孔内,把固定套筒转过一点,使之对准零线。但当微分筒的零线相差较大时,不应当采用此法调整,而应该采用松开测力装置转动微分筒的方法来校正。

90. 怎样对 DF8B 型机车喷油泵上体进行分解?

答:分解前用罩盖将喷油泵进出油口罩住,用柴油或清洗液将泵体外表面擦洗干净,防止脏物进入泵内。将喷油泵倒置在拆装台上,用拆装工具将柱塞弹簧座压下,用卡环钳取出卡环,松开拆装工具。取出弹簧座、柱塞弹簧、柱塞,并将柱塞放置在干净油盘中或专用支架上(注意不要碰伤配合面)。用专用扳手松开锁紧母、供油限制螺母,用梅花扳手松开齿杆定位螺钉,将齿条置停油位,用尖嘴钳取出齿圈及弹簧座,然后取出齿杆组件。把喷油泵正置于拆装台上,拆除柱塞套定位螺钉、防缓铁丝,松下压紧螺母,取下出油阀接头,取出油阀升程限制器、弹簧、出油阀偶件(偶件成对放置,不得互换)。用 14 mm 梅花扳手松开柱塞套定位螺钉,取出柱塞套,放置于原对应的柱塞一起。泵、柱塞副、出油阀成组摆放。

91. DF8B 型机车启动变速箱组装后应怎样测试?

答:变速箱组装后需转动灵活,并做空转磨合试验。变速箱装车后运转平稳无异声,分箱面无渗漏。箱体温度小于等于 80 ℃,油封在起、停机时允许有微量渗油。各齿轮啮合间隙 0.25～0.70 mm,齿轮轴轴向间隙为 0.3～0.6 mm。各齿轮与轴配合过盈量为主动齿轮

0.124～0.168 mm；启动电机齿轮 0.083～0.121 mm；中间齿轮 0.083～0.121 mm；励磁机齿轮 0.083～0.121 mm。法兰锥度配合面接触面积小于等于 70%，且均布，压入行程为主动轴法兰 6～8.5 mm；启动电机轴法兰 5～6.5 mm；其余各轴法兰 2.5～4 mm；迷宫圈、挡圈与轴配合过盈量为 0.01～0.02 mm。更换迷宫圈挡圈时应测量迷宫圈、挡圈与轴承盖的径向间隙(注意挡圈螺纹旋向)为迷宫圈与轴承盖 0.50～0.66 mm，轴向间隙 2.0 mm，挡圈与轴承盖 0.170～0.257 mm。

92. DF7G 型机车转向架总组装后怎样检查？

答：每次转向架落车后，均应检查同一转向架和各个轴箱弹簧工作高度允差 4 mm。当超过时，允许加垫调整，但加垫厚度不得大于 2 mm。同一机车各个轴箱弹簧工作允差 6 mm。橡胶堆旁承工作高度差同一转向架内不大于 1 mm，同一机车内不大于 2 mm，如超过，允许用调整垫片调整。安全托与电机托座间距离应为(50±10) mm。牵引杆、连接杆与电机吊座端面间距离不小于 6 mm。检查各连接螺栓，应无松动。砂箱装配应密贴，用 0.15 mm 塞尺检查，应塞不到螺栓根部。各制动装置动作应灵活，不得有卡滞现象。制动缸内通入压缩空气时，闸瓦应作用良好的压紧在车轮踏面，制动缸不得有泄漏。油压减振器应具有阻力系数试验单。如果是带箍车轮，轮对轮箍弛缓标记应完整、清晰、正确。

93. 怎样对 DF7G 型机车进行转向架与车体的分离？

答：架车前的准备工作各轴箱弹簧用专用卡具卡好，并按轴位顺序做好标记。各撒砂管、齿轮箱用红漆按顺序做好标记。测量各抱轴瓦径向间隙，并做好记录，以便确定抱轴瓦的修程。测量左右侧挡的总横动量，并做好记录。拆下牵引杆与车体的连接螺栓，并使牵引销与车体的销座分离。拆下横向各减振器与车体处的连接螺栓。拆下电机风道与车体的连接。分离电机大线及各传感器与车体的连接。各撒砂管分离前、后转向架制动管、撒砂管、轮轨润滑装置风管与车体的连接。分离手制动装置钢丝绳。在确认转向架与车体无连接件后，闭合电源按钮，架起车体至适当高度，推出转向架。转向架推出后，将车体落下。

94. 怎样组装和调整 DF8B 型机车静液压变速箱？

答：将各轴组件再次用柴油(汽油)清洗、吹干、擦净。将各轴装配装于下箱体上。向各齿轮、轴承注以干净的润滑油，用丙酮擦拭上、下箱体分箱面及各结合面，均匀涂上密封胶，盖好上箱体，紧固靠近轴承两侧螺栓，用压铅法测量各齿轮啮合间隙，各齿轮啮合间隙≤0.7 mm。松开轴承两侧螺栓，打入定位销，均匀紧固各结合面螺栓。检查各轴应转动灵活。调整主从动轴轴向间隙，应符合技术条件要求正确装入各轴承盖(注意回油槽的位置)及石棉纸垫，用螺栓均匀紧固在相应的箱体上。热装或用液压拆装工具装上主传动轴法兰(过盈量或压入行程应符合要求)，装上防缓垫片，紧固防缓螺母，防缓片翻边止动。将通风机传动法兰套装到花键上，装上防缓片，紧固防缓螺母，防缓片翻边止动。校验各轴轴向间隙，手动主轴应转动灵活无卡滞。

95. 怎样检测 DF7G 型机车通风机?

答:检查轴承内、外圈及滚动体,应无裂纹、剥离、过热变色;保持架应无裂纹、折损、卷边,铆钉无折断松动;游隙应符合规定,否则应更换。轻微拉伤、腐蚀转动灵活无异声,可继续使用。检查轴的轴承配合面不能有严重磨损及拉伤,轻微磨损和拉伤可用油石打磨光滑。外观检查叶轮、法兰、蜗壳及轴承箱不得有裂纹。检查叶片无变形、破损,叶片铆钉无松动。更换叶片时,须做静平衡试验,不平衡度不大于 25 g·cm。用塞尺检查法兰、叶轮与轴的花键侧隙≤0.5 mm,超限时应焊修或更换。更换轴承时应测量轴承内、外圈尺寸,与轴、轴承箱配合尺寸,其配合尺寸应符合要求,轴承与轴配合(过盈)为 0.003～0.038 mm,轴承与轴承箱(间隙)为 0～0.06 mm。检查轴承箱及轴承盖的油路应畅通,更换不良的油杯。更换毛毡油封及其他不良的零件。

96. 怎样检测 DF8B 型机车轴箱?

答:测量轴箱体内孔尺寸并记录其圆度、圆柱度应符合技术要求,且与轴承外圈配合间隙应为 0.056～0.250 mm。检查轴箱后端盖与防尘圈不应有接磨痕迹,否则须查明原因。更换前后端盖止口上的橡胶油封圈。用专用小车、轴承支架从轴承检测站领回新轴承和轴承履历表(注意轴承不应与铁支架碰磨),搬动轴承不能直接接触轴承。检查轴承各部位应符合技术要求。轴承按组进行三分离外观检查,轴承内外圈工作表面,配合面及滚子工作面,保持架等必须光洁、无磕碰、磨伤、压坑、锈蚀等缺陷,符合轴承技术要求,不同组的轴承配件不得混装。测量轴承游隙,选配同轴箱两轴承游隙差应小于等于 0.02 mm。严格检查轴颈表面及轴肩端面,不许有毛刺锈斑和轻微碰伤,否则用细砂布清除打磨,然后用脂溜汽油,不脱毛绸布或麂皮擦净,表面粗糙度为 1.6 μm。清洗轴承内圈和轴颈,清洁度达到 2 级标准。复测轴承内圈内孔尺寸。复测轴承外圈外径尺寸,并记录。测量轴颈尺寸(原形为 $\phi 160^{+0.052}_{+0.027}$ mm),并记录。根据上述尺寸按轴承内圈与车轴轴颈的过盈配合公差为 0.027～0.077 mm 的技术要求选配轴承,并记录轴承内圈与轴颈过盈量和外圈与箱体间隙值。

97. 怎样解体 DF7G 型机车转向架附属装置?

答:将转向架推至转向架总组装台位。放掉抱轴油盒、齿轮箱、旁承体内润滑油。打止轮器。拆出牵引电机悬挂,用专用顶镐对准牵引电机吊挂,略向上顶起。卸下砂管。抽出水平杆,拆下闸瓦吊杆水平拉杆两端开口销及螺母。调大闸瓦间隙。用调整闸瓦调节器。卸下油压减震器。卸下轴箱拉杆。拆除轴箱拉杆螺栓防缓铁丝,卸下螺栓,用扁楔将拉杆芯轴由槽内楔出,用同样方法拆下轴箱端芯轴,卸下轴箱拉杆,拉杆须分解检查。轴箱弹簧应连同其调整垫片按转向架和轴位前后左右顺序编号。将转向架吊至检修台位。卸下轴箱弹簧。卸下轮对及牵引电机。所有拆下的零部件送到检查修理场所。

98. 怎样组装 DF7G 型机车单元制动器?

答:组装前应确保所有零部件均已做好清洁处理。组装时,所有相对运动的零部件及各销的连接处均应涂 89D 润滑脂。如间隙调整机构已经分解检修,先组装好闸瓦间隙自动调整装置和螺杆复位机构。将组装好的调整螺母套装入箱体上的孔中，将杠杆装入力推挡圈和复位挡圈之间，穿入杠杆销。装入端盖密封垫，将导向螺母套上平键对准调整螺母套内孔键槽装入，紧固好端盖与箱体的螺栓，拉动拉环使锁紧机构的销轴与挡套上的槽脱离。螺杆装好防尘罩后，旋入间隙调整装置和螺杆复位机构，装上防尘罩压环，拧紧螺钉。活塞推杆装好接头体。将缓解弹簧预压缩并捆扎紧后，装入活塞推杆，将推杆杆身插入箱体。穿入推杆与杠杆的连接销，放好挡圈，穿好开口销。装上制动缸皮碗，解开捆扎物，复原缓解弹簧，装上制动缸体，紧固好带弹簧垫圈的连接螺栓 M10×25。装好箱体上所有盖板。装上闸瓦托、闸瓦撑，装好上下螺杆销、垫圈，拧紧开槽螺母 M20，穿好开口销。装好调瓦装配。

99. 怎样组装 DF8B 型机车抱轴瓦?

答:抱轴瓦组装时，应测量轴颈直径并做好记录。将检修好的牵引电机放在支架上，用布将电机的瓦座擦净，套上小齿轮的密封胶圈。将上瓦及键放在电机瓦座上，并在瓦合金表面上浇抱轴瓦油。吊轮对放在抱轴瓦上，扣好下瓦，检查瓦合口面应无间隙、错位，如有间隙应检查键是否合适，键与上瓦是否贴靠。将防尘罩放在两抱轴瓦中间的槽内，分别扣上抱轴油盒，再装上螺钉。紧固抱轴油盒螺钉时，先向一端撬动下瓦，使该侧抱轴瓦口对齐，均匀紧固螺钉后再向另一端撬动上瓦，使该侧抱轴瓦口对齐，均匀紧固螺钉。组装完毕检查抱轴横动量 1～4 mm。抱轴瓦瓦背与抱轴瓦盖、瓦座接触状态良好，局部间隙用 0.25 mm 塞尺检查，塞入深度不得大于 15 mm。用塞尺检查油润间隙应在 0.2～0.6 mm 范围内，左右瓦间隙差不得大于 0.2 mm。检查防尘罩是否灵活。

100. 怎样检查 DF8B 型机车单元制动器?

答:更新所有耐油石棉橡胶板密封垫。螺杆与箱体间的橡胶防尘罩、连接手制动装置的杠杆端部的橡胶防尘套均不得破损、老化，不良者更新。皮碗不得老化、磨损、破裂，不良者更新。检查制动缸体内径面不允许有拉伤(轻微拉伤允许用细砂皮打除)，制动缸体内壁的局部锈蚀应予消除，锈蚀严重影响与皮碗接触的则更换。检查缓解弹簧应作用良好，无塑性变形。检查其在 677 N 和 1 160 N 的压力下的工作高度应符合限度表的规定。检查螺杆销、杠杆销等与对应衬套应无严重磨耗。探伤检查各销，应无裂纹。检查各销与对应衬套的间隙，应符合限度表的要求。检查闸瓦托、闸瓦撑状态良好、无裂纹。探伤检查瓦托与箱体间的焊缝处应无裂纹。杠杆无磨损，探伤检查无裂纹。螺杆无磨损和变形，牙形完好，探伤检查焊缝和杆身无裂纹。对于已经解体的闸瓦间隙调整机构，应检查各部状态良好。对于已经解体的螺杆复位机构，应检查轴承保持架完好，滚珠无严重磨耗，滚道无锈蚀。压圈、挡套、调隙挡状态良好。

S1 HXN3B 型机车 C2 修时机体及油底壳的检查

1. 考场准备

要求在检修库内股道上停留一台 HXN3B 型机车，机车必须在停机状态，机车两端地沟上设有稳固整洁的渡板，考场周围整洁并有隔离措施。

2. 材料工具准备

序 号	名 称	规 格	数 量	备 注
1	开口扳手		1 套	
2	检车锤		1 把	
3	手电		1 只	

3. 考核要求

(1)被认定人入场后，首先由裁判告知题目，其次由被认定人检查设备、机具，准备工、卡、量具，当被认定人告知裁判可以开始时，由裁判员开始计时。

(2)考核时间为 15 min。

(3)考核时被认定人应按规定穿戴防护用品，考试中出现挤伤、砸伤等人身伤害情况时立即终止考试，成绩为零。

(4)考核过程中被认定人出现违规使用设备、机具或出现断裂、超压、失控等毁坏设备情况时，终止考试，成绩为零。

(5)考核过程中裁判可以根据现场情况向被认定人提问，以确认被认定人的测量数据、故障判断等是否真实有效。

(6)考核完毕后，由被认定人在评分表上签字确认。

4. 考核评分

(1)考评人员 3 名以上。

(2)评分程序及规则：考评员根据考生操作情况对照计分标准在评分表上给予记录评分。

(3)算分方法：采用百分制，满分 100 分，60 分及以上为及格。

职业技能认定
内燃机车钳工(高级工)实作技能考核评分记录表

单位:________　姓名:________　准考证号:________　工种:________　级别:________

试题名称:HXN_{3B} 型机车 C2 修时机体及油底壳的检查

考核时间:15 min

操作开始时间:　　时　　分　　　　　　　　　　操作结束时间:　　时　　分

项　目	考核内容及评分标准	扣分因素及扣分	得　分
操作程序 (10 分)	1. 考核前未检查场地安全防护设施扣 2 分		
	2. 检查、操作程序错误,不会口述、操作时,每次扣 2 分		
	3. 工序错乱,工作中出现返工、返回检查时,每次扣 5 分		
作业质量 (60 分)	1. 检查之前未确认机车状态,部件温度、稳固等状态,每次扣 3 分		
	2. 对部件说不出或说错名称、检查顺序混乱、检查内容缺项、漏检等,每次扣 3 分		
	3. 对需开盖、晃动、敲击等方法进行检查的内容不熟悉,对带压部件检查时未进行呼唤等,每次扣 3 分		
	4. 对不符合技术要求或有故障的部件进行记录(如果是裁判设置或施画的假设故障,需填写在记录表内),错漏一项扣 5 分		
	5. 检查后各开关、盖板、罩子等,需进行恢复,每漏一项扣 2 分		
工具使用 (10 分)	1. 开工前未检查工、量具及设备,收工时不整理扣 2 分		
	2. 工、卡、量具及设备使用不当,每次扣 2 分		
	3. 工、量具脱落,每次扣 2 分		
作业安全 (10 分)	1. 未按规定着装扣 2 分		
	2. 违规操作或违反安全事项扣 5 分		
	3. 发生事故失格,取消成绩		
考核时间 (10 分)	1. 作业在规定时间内完成		
	2. 每超 1 min 扣 2 分		
	3. 超过 5 min 停止考核		
合计 (100 分)			

考评员签名:　　　　　　　　　　认定人:　　　　　　　　　　年　　月　　日

S2　HXN3B 型机车 C3 修时齿轮箱的检查

1. 考场准备

要求在检修库内股道上停留一台 HXN3B 型机车，机车必须在停机状态，机车两端地沟上设有稳固整洁的渡板，考场周围整洁并有隔离措施。

2. 材料工具准备

序　号	名　称	规　格	数　量	备　注
1	开口扳手		1 套	
2	检车锤		1 把	
3	手电		1 只	
4	清洗油槽		1 个	
5	毛刷		1 把	
6	备用齿轮箱油		适量	

3. 考核要求

(1)被认定人入场后，首先由裁判告知题目，其次由被认定人检查设备、机具，准备工、卡、量具，当被认定人告知裁判可以开始时，由裁判员开始计时。

(2)考核时间为 15 min。

(3)考核时被认定人应按规定穿戴防护用品，考试中出现挤伤、砸伤等人身伤害情况时立即终止考试，成绩为零。

(4)考核过程中被认定人出现违规使用设备、机具或出现断裂、超压、失控等毁坏设备情况时，终止考试，成绩为零。

(5)考核过程中裁判可以根据现场情况向被认定人提问，以确认被认定人的测量数据、故障判断等是否真实有效。

(6)考核完毕后，由被认定人在评分表上签字确认。

4. 考核评分

(1)考评人员 3 名以上。

(2)评分程序及规则：考评员根据考生操作情况对照计分标准在评分表上给予记录评分。

(3)算分方法：采用百分制，满分 100 分，60 分及以上为及格。

职业技能认定
内燃机车钳工(高级工)实作技能考核评分记录表

单位:________　姓名:________　准考证号:________　工种:________　级别:________

试题名称:HXN_{3B} 型机车 C3 修时齿轮箱的检查

考核时间:15 min

操作开始时间:　　时　　分　　　　　　　　　　操作结束时间:　　时　　分

项　目	考核内容及评分标准	扣分因素及扣分	得　分
操作程序 (10 分)	1. 考核前未检查场地安全防护设施扣 2 分		
	2. 检查、操作程序错误,不会口述、操作时,每次扣 2 分		
	3. 工序错乱,工作中出现返工、返回检查时,每次扣 5 分		
作业质量 (60 分)	1. 检查之前未确认机车状态,部件温度、稳固等状态,每次扣 3 分		
	2. 对部件说不出或说错名称、检查顺序混乱、检查内容缺项、漏检等,每次扣 3 分		
	3. 对需开盖、晃动、敲击等方法进行检查的内容不熟悉,对带压部件检查时未进行呼唤等,每次扣 3 分		
	4. 对不符合技术要求或有故障的部件进行记录(如果是裁判设置或施画的假设故障,需填写在记录表内),错漏一项扣 5 分		
	5. 检查后各开关、盖板、罩子等,需进行恢复,每漏一项扣 2 分		
工具使用 (10 分)	1. 开工前未检查工、量具及设备,收工时不整理扣 2 分		
	2. 工、卡、量具及设备使用不当,每次扣 2 分		
	3. 工、量具脱落,每次扣 2 分		
作业安全 (10 分)	1. 未按规定着装扣 2 分		
	2. 违规操作或违反安全事项扣 5 分		
	3. 发生事故失格,取消成绩		
考核时间 (10 分)	1. 作业在规定时间内完成		
	2. 每超 1 min 扣 2 分		
	3. 超过 5 min 停止考核		
合计 (100 分)			

考评员签名:　　　　　　　　　　　　认定人:　　　　　　　　　　　　年　　月　　日

S3 HXN3B 型机车主压缩机检查

1. 考场准备

要求在场地内停留一台 HXN3B 型机车，机车必须在停机状态，考场周围整洁并有隔离措施。

2. 材料工具准备

序 号	名 称	规 格	数 量	备 注
1	手电		1只	
2	检车锤		1把	
3	开口扳手		1套	
4	油滤器		1个	
5	安全滤芯		1个	

3. 考核要求

(1)被认定人入场后，首先由裁判告知题目，其次由被认定人检查设备、机具，准备工、卡、量具，当被认定人告知裁判可以开始时，由裁判员开始计时。

(2)考核时间为 10 min。

(3)考核时被认定人应按规定穿戴防护用品，考试中出现挤伤、砸伤等人身伤害情况时立即终止考试，成绩为零。

(4)考核过程中被认定人出现违规使用设备、机具或出现断裂、超压、失控等毁坏设备情况时，终止考试，成绩为零。

(5)考核过程中裁判可以根据现场情况向被认定人提问，以确认被认定人的测量数据、故障判断等是否真实有效。

(6)考核完毕后，由被认定人在评分表上签字确认。

4. 考核评分

(1)考评人员 3 名以上。

(2)评分程序及规则：考评员根据考生操作情况对照计分标准在评分表上给予记录评分。

(3)算分方法：采用百分制，满分 100 分，60 分及以上为及格。

职业技能认定
内燃机车钳工(高级工)实作技能考核评分记录表

单位:_______ 姓名:_______ 准考证号:_______ 工种:_______ 级别:_______

试题名称:HXN_{3B}型机车主压缩机检查

考核时间:10 min

操作开始时间: 时 分 操作结束时间: 时 分

项 目	考核内容及评分标准	扣分因素及扣分	得 分
操作程序 (10分)	1. 考核前未检查场地安全防护设施扣2分		
	2. 检查、操作程序错误,不会口述、操作时,每次扣2分		
	3. 工序错乱,工作中出现返工、返回检查时,每次扣5分		
作业质量 (60分)	1. 检查之前未确认机车状态,部件温度、稳固等状态,每次扣3分		
	2. 对部件说不出或说错名称、检查顺序混乱、检查内容缺项、漏检等,每次扣3分		
	3. 对需开盖、晃动、敲击等方法进行检查的内容不熟悉,对带压部件检查时未进行呼唤等,每次扣3分		
	4. 对不符合技术要求或有故障的部件进行记录(如果是裁判设置或施画的假设故障,需填写在记录表内),错漏一项扣5分		
	5. 检查后各开关、盖板、罩子等,需进行恢复,每漏一项扣2分		
工具使用 (10分)	1. 开工前未检查工、量具及设备,收工时不整理扣2分		
	2. 工、卡、量具及设备使用不当,每次扣2分		
	3. 工、量具脱落,每次扣2分		
作业安全 (10分)	1. 未按规定着装扣2分		
	2. 违规操作或违反安全事项扣5分		
	3. 发生事故失格,取消成绩		
考核时间 (10分)	1. 作业在规定时间内完成		
	2. 每超1 min扣2分		
	3. 超过5 min停止考核		
合计 (100分)			

考评员签名: 认定人: 年 月 日

S4　DF8B 型机车单元制动器的检查

1. 考场准备

要求在检修库内股道上停留一台 DF8B 型机车，机车必须在停机状态，机车两端地沟上设有稳固整洁的渡板，考场周围整洁并有隔离措施。

2. 材料工具准备

序　号	名　称	规　格	数　量	备　注
1	开口扳手		1 套	
2	检车锤		1 把	
3	手电		1 只	
4	耐油石棉橡胶板密封垫		6 个	

3. 考核要求

(1)被认定人入场后，首先由裁判告知题目，其次由被认定人检查设备、机具，准备工、卡、量具，当被认定人告知裁判可以开始时，由裁判员开始计时。

(2)考核时间为 25 min。

(3)考核时被认定人应按规定穿戴防护用品，考试中出现挤伤、砸伤等人身伤害情况时立即终止考试，成绩为零。

(4)考核过程中被认定人出现违规使用设备、机具或出现断裂、超压、失控等毁坏设备情况时，终止考试，成绩为零。

(5)考核过程中裁判可以根据现场情况向被认定人提问，以确认被认定人的测量数据、故障判断等是否真实有效。

(6)考核完毕后，由被认定人在评分表上签字确认。

4. 考核评分

(1)考评人员 3 名以上。

(2)评分程序及规则：考评员根据考生操作情况对照计分标准在评分表上给予记录评分。

(3)算分方法：采用百分制，满分 100 分，60 分及以上为及格。

职业技能认定
内燃机车钳工(高级工)实作技能考核评分记录表

单位:________ 姓名:________ 准考证号:________ 工种:________ 级别:________

试题名称:DF_{8B}型机车单元制动器的检查

考核时间:25 min

操作开始时间: 时 分 操作结束时间: 时 分

项 目	考核内容及评分标准	扣分因素及扣分	得 分
操作程序(10分)	1. 考核前未检查场地安全防护设施扣2分		
	2. 检查、操作程序错误,不会口述、操作时,每次扣2分		
	3. 工序错乱,工作中出现返工、返回检查时,每次扣5分		
作业质量(60分)	1. 检查之前未确认机车状态,部件温度、稳固等状态,每次扣3分		
	2. 对部件说不出或说错名称、检查顺序混乱、检查内容缺项、漏检等,每次扣3分		
	3. 对需开盖、晃动、敲击等方法进行检查的内容不熟悉,对带压部件检查时未进行呼唤等,每次扣3分		
	4. 对不符合技术要求或有故障的部件进行记录(如果是裁判设置或施画的假设故障,需填写在记录表内),错漏一项扣5分		
	5. 检查后各开关、盖板、罩子等,需进行恢复,每漏一项扣2分		
工具使用(10分)	1. 开工前未检查工、量具及设备,收工时不整理扣2分		
	2. 工、卡、量具及设备使用不当,每次扣2分		
	3. 工、量具脱落,每次扣2分		
作业安全(10分)	1. 未按规定着装扣2分		
	2. 违规操作或违反安全事项扣5分		
	3. 发生事故失格,取消成绩		
考核时间(10分)	1. 作业在规定时间内完成		
	2. 每超1 min扣2分		
	3. 超过5 min停止考核		
合计(100分)			

考评员签名: 认定人: 年 月 日

S5　DF8B 型机车小修时曲轴箱的检查

1. 考场准备

要求在检修库内股道上停留一台 DF8B 型机车，机车必须在停机状态，清洗油槽，机车两端地沟上设有稳固整洁的渡板，考场周围整洁并有隔离措施。

2. 材料工具准备

序　号	名　称	规　格	数　量	备　注
1	开口扳手		1套	
2	检车锤		1把	
3	手电		1只	
4	塞尺	150 mm	1把	
5	钢直尺	200 mm	1把	

3. 考核要求

(1)被认定人入场后，首先由裁判告知题目，其次由被认定人检查设备、机具，准备工、卡、量具，当被认定人告知裁判可以开始时，由裁判员开始计时。

(2)考核时间为 15 min。

(3)考核时被认定人应按规定穿戴防护用品，考试中出现挤伤、砸伤等人身伤害情况时立即终止考试，成绩为零。

(4)考核过程中被认定人出现违规使用设备、机具或出现断裂、超压、失控等毁坏设备情况时，终止考试，成绩为零。

(5)考核过程中裁判可以根据现场情况向被认定人提问，以确认被认定人的测量数据、故障判断等是否真实有效。

(6)考核完毕后，由被认定人在评分表上签字确认。

4. 考核评分

(1)考评人员 3 名以上。

(2)评分程序及规则：考评员根据考生操作情况对照计分标准在评分表上给予记录评分。

(3)算分方法：采用百分制，满分 100 分，60 分及以上为及格。

职业技能认定
内燃机车钳工(高级工)实作技能考核评分记录表

单位：________　姓名：________　准考证号：________　工种：________　级别：________

试题名称：DF_{8B}型机车小修时曲轴箱的检查

考核时间：15 min

操作开始时间：　　时　　分　　　　　　　　操作结束时间：　　时　　分

项　目	考核内容及评分标准	扣分因素及扣分	得　分
操作程序 (10分)	1. 考核前未检查场地安全防护设施扣2分		
	2. 检查、操作程序错误，不会口述、操作时，每次扣2分		
	3. 工序错乱，工作中出现返工、返回检查时，每次扣5分		
作业质量 (60分)	1. 检查之前未确认机车状态，部件温度、稳固等状态，每次扣3分		
	2. 对部件说不出或说错名称、检查顺序混乱、检查内容缺项、漏检等，每次扣3分		
	3. 对需开盖、晃动、敲击等方法进行检查的内容不熟悉，对带压部件检查时未进行呼唤等，每次扣3分		
	4. 对不符合技术要求或有故障的部件进行记录(如果是裁判设置或施画的假设故障，需填写在记录表内)，错漏一项扣5分		
	5. 检查后各开关、盖板、罩子等，需进行恢复，每漏一项扣2分		
工具使用 (10分)	1. 开工前未检查工、量具及设备，收工时不整理扣2分		
	2. 工、卡、量具及设备使用不当，每次扣2分		
	3. 工、量具脱落，每次扣2分		
作业安全 (10分)	1. 未按规定着装扣2分		
	2. 违规操作或违反安全事项扣5分		
	3. 发生事故失格，取消成绩		
考核时间 (10分)	1. 作业在规定时间内完成		
	2. 每超1 min扣2分		
	3. 超过5 min停止考核		
合计 (100分)			

考评员签名：　　　　　　　　　　认定人：　　　　　　　　　　年　　月　　日

S6 DF8B 型机车小修时气缸盖及气门驱动机构的检查

1. 考场准备

要求在检修库内股道上停留一台 DF8B 型机车，机车必须在停机状态，机车两端地沟上设有稳固整洁的渡板，考场周围整洁并有隔离措施。

2. 材料工具准备

序 号	名 称	规 格	数 量	备 注
1	开口扳手		1 套	
2	检车锤		1 把	
3	手电		1 只	
4	游标卡尺	200 mm	1 把	
5	塞尺	150 mm	1 把	
6	钢直尺	200 mm	1 把	

3. 考核要求

(1)被认定人入场后，首先由裁判告知题目，其次由被认定人检查设备、机具，准备工、卡、量具，当被认定人告知裁判可以开始时，由裁判员开始计时。

(2)考核时间为 15 min。

(3)考核时被认定人应按规定穿戴防护用品，考试中出现挤伤、砸伤等人身伤害情况时立即终止考试，成绩为零。

(4)考核过程中被认定人出现违规使用设备、机具或出现断裂、超压、失控等毁坏设备情况时，终止考试，成绩为零。

(5)考核过程中裁判可以根据现场情况向被认定人提问，以确认被认定人的测量数据、故障判断等是否真实有效。

(6)考核完毕后，由被认定人在评分表上签字确认。

4. 考核评分

(1)考评人员 3 名以上。

(2)评分程序及规则：考评员根据考生操作情况对照计分标准在评分表上给予记录评分。

(3)算分方法：采用百分制，满分 100 分，60 分及以上为及格。

职业技能认定
内燃机车钳工(高级工)实作技能考核评分记录表

单位：________　姓名：________　准考证号：________　工种：________　级别：________

试题名称：DF8B 型机车小修时气缸盖及气门驱动机构的检查

考核时间：15 min

操作开始时间：　　时　　分　　　　　　　　操作结束时间：　　时　　分

项　目	考核内容及评分标准	扣分因素及扣分	得　分
操作程序 (10分)	1. 考核前未检查场地安全防护设施扣2分		
	2. 检查、操作程序错误，不会口述、操作时，每次扣2分		
	3. 工序错乱，工作中出现返工、返回检查时，每次扣5分		
作业质量 (60分)	1. 检查之前未确认机车状态，部件温度、稳固等状态，每次扣3分		
	2. 对部件说不出或说错名称、检查顺序混乱、检查内容缺项、漏检等，每次扣3分		
	3. 对需开盖、晃动、敲击等方法进行检查的内容不熟悉，对带压部件检查时未进行呼唤等，每次扣3分		
	4. 对不符合技术要求或有故障的部件进行记录(如果是裁判设置或施画的假设故障，需填写在记录表内)，错漏一项扣5分		
	5. 检查后各开关、盖板、罩子等，需进行恢复，每漏一项扣2分		
工具使用 (10分)	1. 开工前未检查工、量具及设备，收工时不整理扣2分		
	2. 工、卡、量具及设备使用不当，每次扣2分		
	3. 工、量具脱落，每次扣2分		
作业安全 (10分)	1. 未按规定着装扣2分		
	2. 违规操作或违反安全事项扣5分		
	3. 发生事故失格，取消成绩		
考核时间 (10分)	1. 作业在规定时间内完成		
	2. 每超1 min扣2分		
	3. 超过5 min停止考核		
合计 (100分)			

考评员签名：　　　　　　　　　　认定人：　　　　　　　　　　年　　月　　日

S7 DF4DK 型机车启动变速箱检修

1. 考场准备

要求在检修台位上准备 DF4DK 型机车启动变速箱一台，清洗油槽一个，空转磨合试验台，轴承游隙测定器，考场周围整洁并有隔离措施。

2. 材料工具准备

序 号	名 称	规 格	数 量	备 注
1	开口扳手		1 套	
2	外径千分尺		1 把	
3	内径千分尺		1 把	
4	百分表		1 块	
5	深度尺	200 mm	1 把	
6	钢直尺	200 mm	1 把	
7	塞尺	150 mm	1 把	
8	清洗剂		适量	
9	柴油、汽油		适量	
10	密封胶		1 管	

3. 考核要求

(1)被认定人入场后，首先由裁判告知题目，其次由被认定人检查设备、机具，准备工、卡、量具，当被认定人告知裁判可以开始时，由裁判员开始计时。

(2)考核时间为 30 min。

(3)考核时被认定人应按规定穿戴防护用品，考试中出现挤伤、砸伤等人身伤害情况时立即终止考试，成绩为零。

(4)考核过程中被认定人出现违规使用设备、机具或出现断裂、超压、失控等毁坏设备情况时，终止考试，成绩为零。

(5)考核过程中裁判可以根据现场情况向被认定人提问，以确认被认定人的测量数据、故障判断等是否真实有效。

(6)考核完毕后，由被认定人在评分表上签字确认。

4. 考核评分

(1)考评人员 3 名以上。

(2)评分程序及规则：考评员根据考生操作情况对照计分标准在评分表上给予记录评分。

(3)算分方法：采用百分制，满分 100 分，60 分及以上为及格。

职业技能认定
内燃机车钳工(高级工)实作技能考核评分记录表

单位：________　姓名：________　准考证号：________　工种：________　级别：________

试题名称：DF_{4DK}型机车启动变速箱检修

考核时间：30 min

操作开始时间：　时　分　　　　　　　　操作结束时间：　时　分

项　目	考核内容及评分标准	扣分因素及扣分	得　分
操作程序 (10分)	1. 考核前未检查场地安全防护设施扣2分		
	2. 检查、操作程序错误，不会口述、操作时，每次扣2分		
	3. 工序错乱，工作中出现返工时，每次扣5分		
作业质量 (60分)	1. 分解过程中，出现顺序不对、违规使用工具、部件掉落等情况时，每次扣3分		
	2. 对各部件进行检查、清洗、探伤、修理、测量等工序，漏检一项扣2分		
	3. 对不符合技术要求或有故障的部件进行记录、检修或更换(如果是裁判设置或施画的假设故障，只记录不处理)，错、漏一项扣5分		
	4. 按顺序要求组装，出现遗漏、装反、强行装入、未按要求操作等情况时，每次扣5分		
	5. 组装后检查(试验)，检查(试验)数据不准确，每缺、漏、错一项扣2分		
工具使用 (10分)	1. 开工前未检查工、量具及设备，收工时不整理扣2分		
	2. 工、卡、量具及设备使用不当，每次扣2分		
	3. 工、量具脱落，每次扣2分		
作业安全 (10分)	1. 未按规定着装扣2分		
	2. 违规操作或违反安全事项扣5分		
	3. 发生事故失格，取消成绩		
考核时间 (10分)	1. 作业在规定时间内完成		
	2. 每超1 min扣2分		
	3. 超过5 min停止考核		
合计 (100分)			

考评员签名：　　　　　　　　认定人：　　　　　　　　年　　月　　日

S8 DF4DK 型机车燃油精滤器检修

1. 考场准备

要求在检修台位上准备 DF4DK 型机车燃油精滤器一台，清洗槽一个，试压设备一台，考场周围整洁并有隔离措施。

2. 材料工具准备

序 号	名 称	规 格	数 量	备 注
1	开口扳手		1套	
2	活扳手	12寸	1把	
3	清洗剂		适量	

3. 考核要求

(1)被认定人入场后，首先由裁判告知题目，其次由被认定人检查设备、机具，准备工、卡、量具，当被认定人告知裁判可以开始时，由裁判员开始计时。

(2)考核时间为 25 min。

(3)考核时被认定人应按规定穿戴防护用品，考试中出现挤伤、砸伤等人身伤害情况时立即终止考试，成绩为零。

(4)考核过程中被认定人出现违规使用设备、机具或出现断裂、超压、失控等毁坏设备情况时，终止考试，成绩为零。

(5)考核过程中裁判可以根据现场情况向被认定人提问，以确认被认定人的测量数据、故障判断等是否真实有效。

(6)考核完毕后，由被认定人在评分表上签字确认。

4. 考核评分

(1)考评人员 3 名以上。

(2)评分程序及规则：考评员根据考生操作情况对照计分标准在评分表上给予记录评分。

(3)算分方法：采用百分制，满分 100 分，60 分及以上为及格。

职业技能认定
内燃机车钳工(高级工)实作技能考核评分记录表

单位:________ 姓名:________ 准考证号:________ 工种:________ 级别:________

试题名称:DF_{4DK}型机车燃油精滤器检修

考核时间:25 min

操作开始时间: 时 分　　　　操作结束时间: 时 分

项目	考核内容及评分标准	扣分因素及扣分	得分
操作程序(10分)	1. 考核前未检查场地安全防护设施扣2分		
	2. 检查、操作程序错误,不会口述、操作时,每次扣2分		
	3. 工序错乱,工作中出现返工时,每次扣5分		
作业质量(60分)	1. 分解过程中,出现顺序不对、违规使用工具、部件掉落等情况时,每次扣3分		
	2. 对各部件进行检查、清洗、探伤、修理、测量等工序,漏检一项扣2分		
	3. 对不符合技术要求或有故障的部件进行记录、检修或更换(如果是裁判设置或施画的假设故障,只记录不处理),错、漏一项扣5分		
	4. 按顺序要求组装,出现遗漏、装反、强行装入、未按要求操作等情况时,每次扣5分		
	5. 组装后检查(试验),检查(试验)数据不准确,每缺、漏、错一项扣2分		
工具使用(10分)	1. 开工前未检查工、量具及设备,收工时不整理扣2分		
	2. 工、卡、量具及设备使用不当,每次扣2分		
	3. 工、量具脱落,每次扣2分		
作业安全(10分)	1. 未按规定着装扣2分		
	2. 违规操作或违反安全事项扣5分		
	3. 发生事故失格,取消成绩		
考核时间(10分)	1. 作业在规定时间内完成		
	2. 每超1 min扣2分		
	3. 超过5 min停止考核		
合计(100分)			

考评员签名:　　　　认定人:　　　　年 月 日

S9　DF8B 型机车燃油输送泵检修

1. 考场准备

要求在检修台位上准备 DF8B 型机车燃油输送泵一台，清洗油槽一个，试验台，考场周围整洁并有隔离措施。

2. 材料工具准备

序　号	名　称	规　格	数　量	备　注
1	开口扳手		1套	
2	外径千分尺	0～25 mm	1把	
3	内径量表	18～35 mm	1把	
4	内六方扳手		1套	
5	密封胶		1管	
6	柴油		适量	

3. 考核要求

(1)被认定人入场后，首先由裁判告知题目，其次由被认定人检查设备、机具，准备工、卡、量具，当被认定人告知裁判可以开始时，由裁判员开始计时。

(2)考核时间为 50 min。

(3)考核时被认定人应按规定穿戴防护用品，考试中出现挤伤、砸伤等人身伤害情况时立即终止考试，成绩为零。

(4)考核过程中被认定人出现违规使用设备、机具或出现断裂、超压、失控等毁坏设备情况时，终止考试，成绩为零。

(5)考核过程中裁判可以根据现场情况向被认定人提问，以确认被认定人的测量数据、故障判断等是否真实有效。

(6)考核完毕后，由被认定人在评分表上签字确认。

4. 考核评分

(1)考评人员 3 名以上。

(2)评分程序及规则：考评员根据考生操作情况对照计分标准在评分表上给予记录评分。

(3)算分方法：采用百分制，满分 100 分，60 分及以上为及格。

职业技能认定
内燃机车钳工(高级工)实作技能考核评分记录表

单位:________　姓名:________　准考证号:________　工种:________　级别:________

试题名称:DF_{8B} 型机车燃油输送泵检修

考核时间:50 min

操作开始时间:　　时　　分　　　　　　操作结束时间:　　时　　分

项　目	考核内容及评分标准	扣分因素及扣分	得　分
操作程序 10 分	1. 考核前未检查场地安全防护设施扣 2 分		
	2. 检查、操作程序错误,不会口述、操作时,每次扣 2 分		
	3. 工序错乱,工作中出现返工时,每次扣 5 分		
作业质量 (60 分)	1. 分解过程中,出现顺序不对、违规使用工具、部件掉落等情况时,每次扣 3 分		
	2. 对各部件进行检查、清洗、探伤、修理、测量等工序,漏检一项扣 2 分		
	3. 对不符合技术要求或有故障的部件进行记录、检修或更换(如果是裁判设置或施画的假设故障,只记录不处理),错、漏一项扣 5 分		
	4. 按顺序要求组装,出现遗漏、装反、强行装入、未按要求操作等情况时,每次扣 5 分		
	5. 组装后检查(试验),检查(试验)数据不准确,每缺、漏、错一项扣 2 分		
工具使用 (10 分)	1. 开工前未检查工、量具及设备,收工时不整理扣 2 分		
	2. 工、卡、量具及设备使用不当,每次扣 2 分		
	3. 工、量具脱落,每次扣 2 分		
作业安全 (10 分)	1. 未按规定着装扣 2 分		
	2. 违规操作或违反安全事项扣 5 分		
	3. 发生事故失格,取消成绩		
考核时间 (10 分)	1. 作业在规定时间内完成		
	2. 每超 1 min 扣 2 分		
	3. 超过 5 min 停止考核		
合计 (100 分)			

考评员签名:　　　　　　　　　　认定人:　　　　　　　　　　年　　月　　日

S10 DF4DK 型机车燃油粗滤器检修

1. 考场准备

要求在检修台位上准备 DF4DK 型机车燃油粗滤器一台，清洗油槽一个，压力试验台，考场周围整洁并有隔离措施。

2. 材料工具准备

序　号	名　称	规　格	数　量	备　注
1	开口扳手		1套	
2	毛刷		1把	
3	柴油		适量	
4	O形密封圈		6个	

3. 考核要求

(1)被认定人入场后，首先由裁判告知题目，其次由被认定人检查设备、机具，准备工、卡、量具，当被认定人告知裁判可以开始时，由裁判员开始计时。

(2)考核时间为 25 min。

(3)考核时被认定人应按规定穿戴防护用品，考试中出现挤伤、砸伤等人身伤害情况时立即终止考试，成绩为零。

(4)考核过程中被认定人出现违规使用设备、机具或出现断裂、超压、失控等毁坏设备情况时，终止考试，成绩为零。

(5)考核过程中裁判可以根据现场情况向被认定人提问，以确认被认定人的测量数据、故障判断等是否真实有效。

(6)考核完毕后，由被认定人在评分表上签字确认。

4. 考核评分

(1)考评人员 3 名以上。

(2)评分程序及规则：考评员根据考生操作情况对照计分标准在评分表上给予记录评分。

(3)算分方法：采用百分制，满分 100 分，60 分及以上为及格。

职业技能认定

内燃机车钳工(高级工)实作技能考核评分记录表

单位:________ 姓名:________ 准考证号:________ 工种:________ 级别:________

试题名称:DF_{4DK}型机车燃油粗滤器检修

考核时间:25 min

操作开始时间: 时 分 操作结束时间: 时 分

项 目	考核内容及评分标准	扣分因素及扣分	得 分
操作程序 (10分)	1. 考核前未检查场地安全防护设施扣2分		
	2. 检查、操作程序错误,不会口述、操作时,每次扣2分		
	3. 工序错乱,工作中出现返工时,每次扣5分		
作业质量 (60分)	1. 分解过程中,出现顺序不对、违规使用工具、部件掉落等情况时,每次扣3分		
	2. 对各部件进行检查、清洗、探伤、修理、测量等工序,漏检一项扣2分		
	3. 对不符合技术要求或有故障的部件进行记录、检修或更换(如果是裁判设置或施画的假设故障,只记录不处理),错、漏一项扣5分		
	4. 按顺序要求组装,出现遗漏、装反、强行装入、未按要求操作等情况时,每次扣5分		
	5. 组装后检查(试验),检查(试验)数据不准确,每缺、漏、错一项扣2分		
工具使用 (10分)	1. 开工前未检查工、量具及设备,收工时不整理扣2分		
	2. 工、卡、量具及设备使用不当,每次扣2分		
	3. 工、量具脱落,每次扣2分		
作业安全 (10分)	1. 未按规定着装扣2分		
	2. 违规操作或违反安全事项扣5分		
	3. 发生事故失格,取消成绩		
考核时间 (10分)	1. 作业在规定时间内完成		
	2. 每超1 min扣2分		
	3. 超过5 min停止考核		
合计 (100分)			

考评员签名: 认定人: 年 月 日

S11 DF8B 型机车预热锅炉燃油泵检修

1. 考场准备

要求在检修台位上准备 DF8B 型机车预热锅炉燃油泵一台，清洗油槽一个，考场周围整洁并有隔离措施。

2. 材料工具准备

序 号	名 称	规 格	数 量	备 注
1	开口扳手		1套	
2	内六方扳手		1套	
3	手锤		1把	
4	螺丝刀	200 mm	1套	
5	柴油		适量	
6	毛刷		1个	

3. 考核要求

(1)被认定人入场后，首先由裁判告知题目，其次由被认定人检查设备、机具，准备工、卡、量具，当被认定人告知裁判可以开始时，由裁判员开始计时。

(2)考核时间为 25 min。

(3)考核时被认定人应按规定穿戴防护用品，考试中出现挤伤、砸伤等人身伤害情况时立即终止考试，成绩为零。

(4)考核过程中被认定人出现违规使用设备、机具或出现断裂、超压、失控等毁坏设备情况时，终止考试，成绩为零。

(5)考核过程中裁判可以根据现场情况向被认定人提问，以确认被认定人的测量数据、故障判断等是否真实有效。

(6)考核完毕后，由被认定人在评分表上签字确认。

4. 考核评分

(1)考评人员 3 名以上。

(2)评分程序及规则：考评员根据考生操作情况对照计分标准在评分表上给予记录评分。

(3)算分方法：采用百分制，满分 100 分，60 分及以上为及格。

职业技能认定
内燃机车钳工(高级工)实作技能考核评分记录表

单位:________　姓名:________　准考证号:________　工种:________　级别:________

试题名称:DF_{8B}型机车预热锅炉燃油泵检修

考核时间:25 min

操作开始时间:　　时　　分　　　　　　　　　　操作结束时间:　　时　　分

项　目	考核内容及评分标准	扣分因素及扣分	得　分
操作程序 (10 分)	1. 考核前未检查场地安全防护设施扣 2 分		
	2. 检查、操作程序错误,不会口述、操作时,每次扣 2 分		
	3. 工序错乱,工作中出现返工时,每次扣 5 分		
作业质量 (60 分)	1. 分解过程中,出现顺序不对、违规使用工具、部件掉落等情况时,每次扣 3 分		
	2. 对各部件进行检查、清洗、探伤、修理、测量等工序,漏检一项扣 2 分		
	3. 对不符合技术要求或有故障的部件进行记录、检修或更换(如果是裁判设置或施画的假设故障,只记录不处理),错、漏一项扣 5 分		
	4. 按顺序要求组装,出现遗漏、装反、强行装入、未按要求操作等情况时,每次扣 5 分		
	5. 组装后检查(试验),检查(试验)数据不准确,每缺、漏、错一项扣 2 分		
工具使用 (10 分)	1. 开工前未检查工、量具及设备,收工时不整理扣 2 分		
	2. 工、卡、量具及设备使用不当,每次扣 2 分		
	3. 工、量具脱落,每次扣 2 分		
作业安全 (10 分)	1. 未按规定着装扣 2 分		
	2. 违规操作或违反安全事项扣 5 分		
	3. 发生事故失格,取消成绩		
考核时间 (10 分)	1. 作业在规定时间内完成		
	2. 每超 1 min 扣 2 分		
	3. 超过 5 min 停止考核		
合计 (100 分)			

考评员签名:　　　　　　　　　　　　认定人:　　　　　　　　　　　　年　　月　　日

S12　DF4DK 型机车冷却风扇检修

1. 考场准备

要求在检修台位上准备 DF4DK 型机车冷却风扇一套，清洗油槽一个，冷却风扇静平衡试验装置，考场周围整洁并有隔离措施。

2. 材料工具准备

序　号	名　称	规　格	数　量	备　注
1	开口扳手		1 套	
2	螺丝刀		1 套	
3	克丝钳		1 把	
4	活扳手		1 把	
5	钢直尺	200 mm	1 把	
6	红丹油		适量	
7	ϕ0.5 mm 钢丝		2 m	
8	柴油		适量	

3. 考核要求

(1)被认定人入场后，首先由裁判告知题目，其次由被认定人检查设备、机具，准备工、卡、量具，当被认定人告知裁判可以开始时，由裁判员开始计时。

(2)考核时间为 30 min。

(3)考核时被认定人应按规定穿戴防护用品，考试中出现挤伤、砸伤等人身伤害情况时立即终止考试，成绩为零。

(4)考核过程中被认定人出现违规使用设备、机具或出现断裂、超压、失控等毁坏设备情况时，终止考试，成绩为零。

(5)考核过程中裁判可以根据现场情况向被认定人提问，以确认被认定人的测量数据、故障判断等是否真实有效。

(6)考核完毕后，由被认定人在评分表上签字确认。

4. 考核评分

(1)考评人员 3 名以上。

(2)评分程序及规则：考评员根据考生操作情况对照计分标准在评分表上给予记录评分。

(3)算分方法：采用百分制，满分 100 分，60 分及以上为及格。

职业技能认定
内燃机车钳工(高级工)实作技能考核评分记录表

单位:________ 姓名:________ 准考证号:________ 工种:________ 级别:________

试题名称:DF_{4DK}型机车冷却风扇检修

考核时间:30 min

操作开始时间: 时 分 操作结束时间: 时 分

项 目	考核内容及评分标准	扣分因素及扣分	得 分
操作程序(10分)	1. 考核前未检查场地安全防护设施扣2分		
	2. 检查、操作程序错误,不会口述、操作时,每次扣2分		
	3. 工序错乱,工作中出现返工时,每次扣5分		
作业质量(60分)	1. 分解过程中,出现顺序不对、违规使用工具、部件掉落等情况时,每次扣3分		
	2. 对各部件进行检查、清洗、探伤、修理、测量等工序,漏检一项扣2分		
	3. 对不符合技术要求或有故障的部件进行记录、检修或更换(如果是裁判设置或施画的假设故障,只记录不处理),错、漏一项扣5分		
	4. 按顺序要求组装,出现遗漏、装反、强行装入、未按要求操作等情况时,每次扣5分		
	5. 组装后检查(试验),检查(试验)数据不准确,每缺、漏、错一项扣2分		
工具使用(10分)	1. 开工前未检查工、量具及设备,收工时不整理扣2分		
	2. 工、卡、量具及设备使用不当,每次扣2分		
	3. 工、量具脱落,每次扣2分		
作业安全(10分)	1. 未按规定着装扣2分		
	2. 违规操作或违反安全事项扣5分		
	3. 发生事故失格,取消成绩		
考核时间(10分)	1. 作业在规定时间内完成		
	2. 每超1 min扣2分		
	3. 超过5 min停止考核		
合计(100分)			

考评员签名: 认定人: 年 月 日

S13　DF4DK 型机车静液压系统油箱检修

1. 考场准备

要求在检修台位上准备 DF4DK 型机车静液压系统油箱一个，清洗油槽一个，电焊机，考场周围整洁并有隔离措施。

2. 材料工具准备

序　号	名　称	规　格	数　量	备　注
1	开口扳手		1套	
2	螺丝刀		1套	
3	毛刷		1把	
4	石棉垫		8片	
5	磁铁片		8片	

3. 考核要求

(1)被认定人入场后，首先由裁判告知题目，其次由被认定人检查设备、机具，准备工、卡、量具，当被认定人告知裁判可以开始时，由裁判员开始计时。

(2)考核时间为 30 min。

(3)考核时被认定人应按规定穿戴防护用品，考试中出现挤伤、砸伤等人身伤害情况时立即终止考试，成绩为零。

(4)考核过程中被认定人出现违规使用设备、机具或出现断裂、超压、失控等毁坏设备情况时，终止考试，成绩为零。

(5)考核过程中裁判可以根据现场情况向被认定人提问，以确认被认定人的测量数据、故障判断等是否真实有效。

(6)考核完毕后，由被认定人在评分表上签字确认。

4. 考核评分

(1)考评人员 3 名以上。

(2)评分程序及规则：考评员根据考生操作情况对照计分标准在评分表上给予记录评分。

(3)算分方法：采用百分制，满分 100 分，60 分及以上为及格。

职业技能认定
内燃机车钳工(高级工)实作技能考核评分记录表

单位:________ 姓名:________ 准考证号:________ 工种:________ 级别:________

试题名称:DF_{4DK}型机车静液压系统油箱检修

考核时间:30 min

操作开始时间: 时 分　　　　操作结束时间: 时 分

项 目	考核内容及评分标准	扣分因素及扣分	得 分
操作程序(10分)	1. 考核前未检查场地安全防护设施扣2分		
	2. 检查、操作程序错误,不会口述、操作时,每次扣2分		
	3. 工序错乱,工作中出现返工时,每次扣5分		
作业质量(60分)	1. 分解过程中,出现顺序不对、违规使用工具、部件掉落等情况时,每次扣3分		
	2. 对各部件进行检查、清洗、探伤、修理、测量等工序,漏检一项扣2分		
	3. 对不符合技术要求或有故障的部件进行记录、检修或更换(如果是裁判设置或施画的假设故障,只记录不处理),错、漏一项扣5分		
	4. 按顺序要求组装,出现遗漏、装反、强行装入、未按要求操作等情况时,每次扣5分		
	5. 组装后检查(试验),检查(试验)数据不准确,每缺、漏、错一项扣2分		
工具使用(10分)	1. 开工前未检查工、量具及设备,收工时不整理扣2分		
	2. 工、卡、量具及设备使用不当,每次扣2分		
	3. 工、量具脱落,每次扣2分		
作业安全(10分)	1. 未按规定着装扣2分		
	2. 违规操作或违反安全事项扣5分		
	3. 发生事故失格,取消成绩		
考核时间(10分)	1. 作业在规定时间内完成		
	2. 每超1 min扣2分		
	3. 超过5 min停止考核		
合计(100分)			

考评员签名:　　　　认定人:　　　　年 月 日

S14 DF8B 型机车静液压系统百叶窗控制油缸检修

1. 考场准备

要求在检修台位上准备 DF8B 型机车静液压系统百叶窗控制油缸一个，清洗油槽一个，考场周围整洁并有隔离措施。

2. 材料工具准备

序 号	名 称	规 格	数 量	备 注
1	开口扳手		1套	
2	深度千分尺	0～300 mm	1把	
3	活扳手		1把	
4	毛刷		1把	

3. 考核要求

(1)被认定人入场后，首先由裁判告知题目，其次由被认定人检查设备、机具，准备工、卡、量具，当被认定人告知裁判可以开始时，由裁判员开始计时。

(2)考核时间为 25 min。

(3)考核时被认定人应按规定穿戴防护用品，考试中出现挤伤、砸伤等人身伤害情况时立即终止考试，成绩为零。

(4)考核过程中被认定人出现违规使用设备、机具或出现断裂、超压、失控等毁坏设备情况时，终止考试，成绩为零。

(5)考核过程中裁判可以根据现场情况向被认定人提问，以确认被认定人的测量数据、故障判断等是否真实有效。

(6)考核完毕后，由被认定人在评分表上签字确认。

4. 考核评分

(1)考评人员 3 名以上。

(2)评分程序及规则：考评员根据考生操作情况对照计分标准在评分表上给予记录评分。

(3)算分方法：采用百分制，满分 100 分，60 分及以上为及格。

职业技能认定
内燃机车钳工(高级工)实作技能考核评分记录表

单位:________ 姓名:________ 准考证号:________ 工种:________ 级别:________

试题名称:DF$_{8B}$型机车静液压系统百叶窗控制油缸检修

考核时间:25 min

操作开始时间: 时 分 操作结束时间: 时 分

项 目	考核内容及评分标准	扣分因素及扣分	得 分
操作程序 (10分)	1. 考核前未检查场地安全防护设施扣2分		
	2. 检查、操作程序错误,不会口述、操作时,每次扣2分		
	3. 工序错乱,工作中出现返工时,每次扣5分		
作业质量 (60分)	1. 分解过程中,出现顺序不对、违规使用工具、部件掉落等情况时,每次扣3分		
	2. 对各部件进行检查、清洗、探伤、修理、测量等工序,漏检一项扣2分		
	3. 对不符合技术要求或有故障的部件进行记录、检修或更换(如果是裁判设置或施画的假设故障,只记录不处理),错、漏一项扣5分		
	4. 按顺序要求组装,出现遗漏、装反、强行装入、未按要求操作等情况时,每次扣5分		
	5. 组装后检查(试验),检查(试验)数据不准确,每缺、漏、错一项扣2分		
工具使用 (10分)	1. 开工前未检查工、量具及设备,收工时不整理扣2分		
	2. 工、卡、量具及设备使用不当,每次扣2分		
	3. 工、量具脱落,每次扣2分		
作业安全 (10分)	1. 未按规定着装扣2分		
	2. 违规操作或违反安全事项扣5分		
	3. 发生事故失格,取消成绩		
考核时间 (10分)	1. 作业在规定时间内完成		
	2. 每超1 min扣2分		
	3. 超过5 min停止考核		
合计 (100分)			

考评员签名: 认定人: 年 月 日

S15 DF4DK 型机车轴箱拉杆的检修

1. 考场准备

要求在检修台位上准备 DF4DK 型机车轴箱拉杆一个，清洗油槽一个，轴箱拉杆压力机，考场周围整洁并有隔离措施。

2. 材料工具准备

序号	名称	规格	数量	备注
1	撬棍		1根	
2	塞尺	150 mm	1把	
3	引导器		1个	
4	橡胶圈		4个	
5	金属橡胶垫		4个	
6	卡环		2个	

3. 考核要求

(1)被认定人入场后，首先由裁判告知题目，其次由被认定人检查设备、机具，准备工、卡、量具，当被认定人告知裁判可以开始时，由裁判员开始计时。

(2)考核时间为 40 min。

(3)考核时被认定人应按规定穿戴防护用品，考试中出现挤伤、砸伤等人身伤害情况时立即终止考试，成绩为零。

(4)考核过程中被认定人出现违规使用设备、机具或出现断裂、超压、失控等毁坏设备情况时，终止考试，成绩为零。

(5)考核过程中裁判可以根据现场情况向被认定人提问，以确认被认定人的测量数据、故障判断等是否真实有效。

(6)考核完毕后，由被认定人在评分表上签字确认。

4. 考核评分

(1)考评人员 3 名以上。

(2)评分程序及规则：考评员根据考生操作情况对照计分标准在评分表上给予记录评分。

(3)算分方法：采用百分制，满分 100 分，60 分及以上为及格。

职业技能认定
内燃机车钳工(高级工)实作技能考核评分记录表

单位:________ 姓名:________ 准考证号:________ 工种:________ 级别:________

试题名称:DF_{4DK} 型机车轴箱拉杆的检修

考核时间:40 min

操作开始时间: 时 分 操作结束时间: 时 分

项 目	考核内容及评分标准	扣分因素及扣分	得 分
操作程序(10分)	1. 考核前未检查场地安全防护设施扣2分		
	2. 检查、操作程序错误,不会口述、操作时,每次扣2分		
	3. 工序错乱,工作中出现返工时,每次扣5分		
作业质量(60分)	1. 分解过程中,出现顺序不对、违规使用工具、部件掉落等情况时,每次扣3分		
	2. 对各部件进行检查、清洗、探伤、修理、测量等工序,漏检一项扣2分		
	3. 对不符合技术要求或有故障的部件进行记录、检修或更换(如果是裁判设置或施画的假设故障,只记录不处理),错、漏一项扣5分		
	4. 按顺序要求组装,出现遗漏、装反、强行装入、未按要求操作等情况时,每次扣5分		
	5. 组装后检查(试验),检查(试验)数据不准确,每缺、漏、错一项扣2分		
工具使用(10分)	1. 开工前未检查工、量具及设备,收工时不整理扣2分		
	2. 工、卡、量具及设备使用不当,每次扣2分		
	3. 工、量具脱落,每次扣2分		
作业安全(10分)	1. 未按规定着装扣2分		
	2. 违规操作或违反安全事项扣5分		
	3. 发生事故失格,取消成绩		
考核时间(10分)	1. 作业在规定时间内完成		
	2. 每超1 min扣2分		
	3. 超过5 min停止考核		
合计(100分)			

考评员签名: 认定人: 年 月 日

S16 DF8B型机车活塞与活塞顶的检查和组装

1. 考场准备

要求在检修台位上准备 DF8B 型机车活塞一台，清洗油槽一个，考场周围整洁并有隔离措施。

2. 材料工具准备

序 号	名 称	规 格	数 量	备 注
1	开口扳手		1套	
2	内六方扳手		1套	
3	游标卡尺	150 mm	1把	
4	砂纸		1张	
5	扭力扳手	40～200 N·m	1把	

3. 考核要求

(1)被认定人入场后，首先由裁判告知题目，其次由被认定人检查设备、机具，准备工、卡、量具，当被认定人告知裁判可以开始时，由裁判员开始计时。

(2)考核时间为 30 min。

(3)考核时被认定人应按规定穿戴防护用品，考试中出现挤伤、砸伤等人身伤害情况时立即终止考试，成绩为零。

(4)考核过程中被认定人出现违规使用设备、机具或出现断裂、超压、失控等毁坏设备情况时，终止考试，成绩为零。

(5)考核过程中裁判可以根据现场情况向被认定人提问，以确认被认定人的测量数据、故障判断等是否真实有效。

(6)考核完毕后，由被认定人在评分表上签字确认。

4. 考核评分

(1)考评人员 3 名以上。

(2)评分程序及规则：考评员根据考生操作情况对照计分标准在评分表上给予记录评分。

(3)算分方法：采用百分制，满分 100 分，60 分及以上为及格。

职业技能认定
内燃机车钳工(高级工)实作技能考核评分记录表

单位:________　姓名:________　准考证号:________　工种:________　级别:________

试题名称:DF_{8B}型机车活塞与活塞顶的检查和组装

考核时间:30 min

操作开始时间:　　时　　分　　　　　　　　操作结束时间:　　时　　分

项　目	考核内容及评分标准	扣分因素及扣分	得　分
操作程序(10分)	1. 考核前未检查场地安全防护设施扣2分		
	2. 检查、操作程序错误,不会口述、操作时,每次扣2分		
	3. 工序错乱,工作中出现返工时,每次扣5分		
作业质量(60分)	1. 分解过程中,出现顺序不对、违规使用工具、部件掉落等情况时,每次扣3分		
	2. 对各部件进行检查、清洗、探伤、修理、测量等工序,漏检一项扣2分		
	3. 对不符合技术要求或有故障的部件进行记录、检修或更换(如果是裁判设置或施画的假设故障,只记录不处理),错、漏一项扣5分		
	4. 按顺序要求组装,出现遗漏、装反、强行装入、未按要求操作等情况时,每次扣5分		
	5. 组装后检查(试验),检查(试验)数据不准确,每缺、漏、错一项扣2分		
工具使用(10分)	1. 开工前未检查工、量具及设备,收工时不整理扣2分		
	2. 工、卡、量具及设备使用不当,每次扣2分		
	3. 工、量具脱落,每次扣2分		
作业安全(10分)	1. 未按规定着装扣2分		
	2. 违规操作或违反安全事项扣5分		
	3. 发生事故失格,取消成绩		
考核时间(10分)	1. 作业在规定时间内完成		
	2. 每超1 min扣2分		
	3. 超过5 min停止考核		
合计(100分)			

考评员签名:　　　　　　　　　　认定人:　　　　　　　　　　年　　月　　日

S17 DF8B型机车中冷器检修

1. 考场准备

要求在检修台位上准备DF8B型机车中冷器一台，试压设备、清洗设备、焊修设备、氧气、乙炔，考场周围整洁并有隔离措施。

2. 材料工具准备

序　号	名　称	规　格	数　量	备　注
1	开口扳手		1套	
2	工艺端板		1套	
3	清洗剂		适量	

3. 考核要求

(1)被认定人入场后，首先由裁判告知题目，其次由被认定人检查设备、机具，准备工、卡、量具，当被认定人告知裁判可以开始时，由裁判员开始计时。

(2)考核时间为30 min。

(3)考核时被认定人应按规定穿戴防护用品，考试中出现挤伤、砸伤等人身伤害情况时立即终止考试，成绩为零。

(4)考核过程中被认定人出现违规使用设备、机具或出现断裂、超压、失控等毁坏设备情况时，终止考试，成绩为零。

(5)考核过程中裁判可以根据现场情况向被认定人提问，以确认被认定人的测量数据、故障判断等是否真实有效。

(6)考核完毕后，由被认定人在评分表上签字确认。

4. 考核评分

(1)考评人员3名以上。

(2)评分程序及规则：考评员根据考生操作情况对照计分标准在评分表上给予记录评分。

(3)算分方法：采用百分制，满分100分，60分及以上为及格。

职业技能认定
内燃机车钳工(高级工)实作技能考核评分记录表

单位:________ 姓名:________ 准考证号:________ 工种:________ 级别:________

试题名称:DF$_{8B}$型机车中冷器检修

考核时间:30 min

操作开始时间: 时 分 操作结束时间: 时 分

项 目	考核内容及评分标准	扣分因素及扣分	得 分
操作程序 (10分)	1. 考核前未检查场地安全防护设施扣2分		
	2. 检查、操作程序错误,不会口述、操作时,每次扣2分		
	3. 工序错乱,工作中出现返工时,每次扣5分		
作业质量 (60分)	1. 分解过程中,出现顺序不对、违规使用工具、部件掉落等情况时,每次扣3分		
	2. 对各部件进行检查、清洗、探伤、修理、测量等工序,漏检一项扣2分		
	3. 对不符合技术要求或有故障的部件进行记录、检修或更换(如果是裁判设置或施画的假设故障,只记录不处理),错、漏一项扣5分		
	4. 按顺序要求组装,出现遗漏、装反、强行装入、未按要求操作等情况时,每次扣5分		
	5. 组装后检查(试验),检查(试验)数据不准确,每缺、漏、错一项扣2分		
工具使用 (10分)	1. 开工前未检查工、量具及设备,收工时不整理扣2分		
	2. 工、卡、量具及设备使用不当,每次扣2分		
	3. 工、量具脱落,每次扣2分		
作业安全 (10分)	1. 未按规定着装扣2分		
	2. 违规操作或违反安全事项扣5分		
	3. 发生事故失格,取消成绩		
考核时间 (10分)	1. 作业在规定时间内完成		
	2. 每超1 min扣2分		
	3. 超过5 min停止考核		
合计 (100分)			

考评员签名: 认定人: 年 月 日

S18　DF8B 型机车温度控制阀检修

1. 考场准备

要求在检修台位上准备 DF8B 型机车温度控制阀一个，清洗油槽一个，温度控制阀试验台，钳工台，考场周围整洁并有隔离措施。

2. 材料工具准备

序　号	名　称	规　格	数　量	备　注
1	开口扳手		1套	
2	外径千分尺		1把	
3	内卡钳	200 mm	1把	
4	外卡钳	200 mm	1把	
5	卡环钳		1把	
6	螺丝刀	150 mm	1套	
7	柴油		适量	
8	研磨剂		适量	
9	感温元件		1个	

3. 考核要求

(1)被认定人入场后，首先由裁判告知题目，其次由被认定人检查设备、机具，准备工、卡、量具，当被认定人告知裁判可以开始时，由裁判员开始计时。

(2)考核时间为 30 min。

(3)考核时被认定人应按规定穿戴防护用品，考试中出现挤伤、砸伤等人身伤害情况时立即终止考试，成绩为零。

(4)考核过程中被认定人出现违规使用设备、机具或出现断裂、超压、失控等毁坏设备情况时，终止考试，成绩为零。

(5)考核过程中裁判可以根据现场情况向被认定人提问，以确认被认定人的测量数据、故障判断等是否真实有效。

(6)考核完毕后，由被认定人在评分表上签字确认。

4. 考核评分

(1)考评人员 3 名以上。

(2)评分程序及规则：考评员根据考生操作情况对照计分标准在评分表上给予记录评分。

(3)算分方法：采用百分制，满分 100 分，60 分及以上为及格。

职业技能认定
内燃机车钳工(高级工)实作技能考核评分记录表

单位:________　姓名:________　准考证号:________　工种:________　级别:________

试题名称:DF_{8B}型机车温度控制阀检修

考核时间:30 min

操作开始时间:　　时　　分　　　　　　　　操作结束时间:　　时　　分

项　目	考核内容及评分标准	扣分因素及扣分	得　分
操作程序 (10分)	1. 考核前未检查场地安全防护设施扣2分		
	2. 检查、操作程序错误,不会口述、操作时,每次扣2分		
	3. 工序错乱,工作中出现返工时,每次扣5分		
作业质量 (60分)	1. 分解过程中,出现顺序不对、违规使用工具、部件掉落等情况时,每次扣3分		
	2. 对各部件进行检查、清洗、探伤、修理、测量等工序,漏检一项扣2分		
	3. 对不符合技术要求或有故障的部件进行记录、检修或更换(如果是裁判设置或施画的假设故障,只记录不处理),错、漏一项扣5分		
	4. 按顺序要求组装,出现遗漏、装反、强行装入、未按要求操作等情况时,每次扣5分		
	5. 组装后检查(试验),检查(试验)数据不准确,每缺、漏、错一项扣2分		
工具使用 (10分)	1. 开工前未检查工、量具及设备,收工时不整理扣2分		
	2. 工、卡、量具及设备使用不当,每次扣2分		
	3. 工、量具脱落,每次扣2分		
作业安全 (10分)	1. 未按规定着装扣2分		
	2. 违规操作或违反安全事项扣5分		
	3. 发生事故失格,取消成绩		
考核时间 (10分)	1. 作业在规定时间内完成		
	2. 每超1 min扣2分		
	3. 超过5 min停止考核		
合计 (100分)			

考评员签名:　　　　　　　　　　认定人:　　　　　　　　　　年　　月　　日

S19　DF8B 型机车活塞各部尺寸的测量

1. 考场准备

要求在检修台位上准备 DF8B 型机车活塞一台，清洗油槽一个，考场周围整洁并有隔离措施。

2. 材料工具准备

序　号	名　称	规　格	数　量	备　注
1	内六方扳手		1 套	
2	外径千分尺	275～300 mm	1 把	
3	外径千分尺	100～125 mm	1 把	
4	内径量表	100～150 mm	1 把	
5	塞尺	200 mm	1 把	
6	游标卡尺	200 mm	1 把	
7	环规		1 把	
8	天平		1 台	

3. 考核要求

(1)被认定人入场后，首先由裁判告知题目，其次由被认定人检查设备、机具，准备工、卡、量具，当被认定人告知裁判可以开始时，由裁判员开始计时。

(2)考核时间为 50 min。

(3)考核时被认定人应按规定穿戴防护用品，考试中出现挤伤、砸伤等人身伤害情况时立即终止考试，成绩为零。

(4)考核过程中被认定人出现违规使用设备、机具或出现断裂、超压、失控等毁坏设备情况时，终止考试，成绩为零。

(5)考核过程中裁判可以根据现场情况向被认定人提问，以确认被认定人的测量数据、故障判断等是否真实有效。

(6)考核完毕后，由被认定人在评分表上签字确认。

4. 考核评分

(1)考评人员 3 名以上。

(2)评分程序及规则：考评员根据考生操作情况对照计分标准在评分表上给予记录评分。

(3)算分方法：采用百分制，满分 100 分，60 分及以上为及格。

职业技能认定
内燃机车钳工(高级工)实作技能考核评分记录表

单位:________ 姓名:________ 准考证号:________ 工种:________ 级别:________

试题名称:DF_{8B}型机车活塞各部尺寸的测量

考核时间:50 min

操作开始时间:　　时　　分　　　　　　　　操作结束时间:　　时　　分

项　目	考核内容及评分标准	扣分因素及扣分	得　分
操作程序(10分)	1. 考核前未检查场地安全防护设施扣2分		
	2. 检查、操作程序错误,不会口述、操作时,每次扣2分		
	3. 工序错乱,工作中出现返工时,每次扣5分		
作业质量(60分)	1. 测量过程中,出现顺序不对、违规使用工具、部件掉落等情况时,每次扣3分		
	2. 对各部件分别进行检查、清洗、探伤、修理、测量等工序,漏检一项扣2分		
	3. 对不符合技术要求或有故障的部件进行记录、检修或更换(如果是裁判设置或施画的假设故障,只记录不处理),错、漏一项扣5分		
	4. 按顺序要求组装,出现遗漏、装反、强行装入、未按要求操作等情况时,每次扣5分		
	5. 测量数据不准确,每缺、漏、错一项扣5分		
工具使用(10分)	1. 开工前未检查工、量具及设备,收工时不整理扣2分		
	2. 工、卡、量具及设备使用不当,每次扣2分		
	3. 工、量具脱落,每次扣2分		
作业安全(10分)	1. 未按规定着装扣2分		
	2. 违规操作或违反安全事项扣5分		
	3. 发生事故失格,取消成绩		
考核时间(10分)	1. 作业在规定时间内完成		
	2. 每超1 min扣2分		
	3. 超过5 min停止考核		
合计(100分)			

考评员签名:　　　　　　　　　　　　认定人:　　　　　　　　　　　　年　　月　　日

S20 HXN3B 型机车 C3 修时轮对的检查

1. 考场准备

要求在检修库内股道上停留一台 HXN3B 型机车，机车必须在停机状态，机车两端地沟上设有稳固整洁的渡板，考场周围整洁并有隔离措施。

2. 材料工具准备

序 号	名 称	规 格	数 量	备 注
1	开口扳手		1 套	
2	检车锤		1 把	
3	手电		1 只	
4	外卡钳		1 把	
5	钢直尺	200 mm	1 把	
6	轮对检测专用样板		1 套	

3. 考核要求

(1)被认定人入场后，首先由裁判告知题目，其次由被认定人检查设备、机具，准备工、卡、量具，当被认定人告知裁判可以开始时，由裁判员开始计时。

(2)考核时间为 25 min。

(3)考核时被认定人应按规定穿戴防护用品，考试中出现挤伤、砸伤等人身伤害情况时立即终止考试，成绩为零。

(4)考核过程中被认定人出现违规使用设备、机具或出现断裂、超压、失控等毁坏设备情况时，终止考试，成绩为零。

(5)考核过程中裁判可以根据现场情况向被认定人提问，以确认被认定人的测量数据、故障判断等是否真实有效。

(6)考核完毕后，由被认定人在评分表上签字确认。

4. 考核评分

(1)考评人员 3 名以上。

(2)评分程序及规则：考评员根据考生操作情况对照计分标准在评分表上给予记录评分。

(3)算分方法：采用百分制，满分 100 分，60 分及以上为及格。

职业技能认定
内燃机车钳工(高级工)实作技能考核评分记录表

单位:________　姓名:________　准考证号:________　工种:________　级别:________

试题名称:HXN3B 型机车 C3 修时轮对的检查

考核时间:25 min

操作开始时间:　　时　　分　　　　操作结束时间:　　时　　分

项　目	考核内容及评分标准	扣分因素及扣分	得　分
操作程序(10 分)	1. 考核前未检查场地安全防护设施扣 2 分		
	2. 检查、操作程序错误,不会口述、操作时,每次扣 2 分		
	3. 工序错乱,工作中出现返工、返回检查时,每次扣 5 分		
作业质量(60 分)	1. 检查之前未确认机车状态,部件温度、稳固等状态,每次扣 3 分		
	2. 对部件说不出或说错名称、检查顺序混乱、检查内容缺项、漏检等,每次扣 3 分		
	3. 对需开盖、晃动、敲击等方法进行检查的内容不熟悉,对带压部件检查时未进行呼唤等,每次扣 3 分		
	4. 对不符合技术要求或有故障的部件进行记录(如果是裁判设置或施画的假设故障,需填写在记录表内),错漏一项扣 5 分		
	5. 检查后各开关、盖板、罩子等,需进行恢复,每漏一项扣 2 分		
工具使用(10 分)	1. 开工前未检查工、量具及设备,收工时不整理扣 2 分		
	2. 工、卡、量具及设备使用不当,每次扣 2 分		
	3. 工、量具脱落,每次扣 2 分		
作业安全(10 分)	1. 未按规定着装扣 2 分		
	2. 违规操作或违反安全事项扣 5 分		
	3. 发生事故失格,取消成绩		
考核时间(10 分)	1. 作业在规定时间内完成		
	2. 每超 1 min 扣 2 分		
	3. 超过 5 min 停止考核		
合计(100 分)			

考评员签名:　　　　　　　　认定人:　　　　　　　　年　　月　　日

第四部分　技　　师

1. 小修时怎样对 DF7G 型机车抱轴瓦进行检查?

答:抱轴瓦油盒盖密封良好,螺栓齐全无松动。防尘罩完整严密,开关灵活。加油孔盖完整严密,油尺无丢失。放油堵无松动漏油。抱轴瓦无错口、裂纹、碾片,轴瓦与轴颈的径向间隙0.2～1.0 mm。

2. 辅修时怎样对 DF4D 型机车管路及各连接法兰进行检查?

答:管路各连接法兰无变形、翘曲、泄漏,各管卡子无松动,安装牢固,连接胶管无老化、变形、泄漏现象。各管间及管路与机体间不许碰磨;法兰间垫片厚度不大于 6 mm,总数不超过4 片。同一油管焊修不得超过两次。

3. C2 修时怎样对 HXN3B 型机车撒砂管进行检查?

答:检查撒砂管、胶管、喷嘴及支架,测量高度和距离符合技术要求。撒砂管、胶管、喷嘴及支架和卡子安装牢固良好,喷嘴,胶管无裂损及破损。撒砂管支架无裂纹变形。砂管高度要求为砂管距轨面高度范围是 25～30 mm,距踏面 15～30 mm。

4. 辅修时怎样对 DF8B 型机车基础装置进行检查?

答:制动装置各销与套的径向间隙不大于 2 mm。制动缸活塞行程(120±20) mm。闸瓦安装正确不偏磨,无裂纹,各穿销、开口销完好。闸瓦与轮箍踏面缓解间隙 4～8 mm,闸瓦厚度不少于 20 mm。电机悬挂装置及各橡胶元件状态良好无裂纹、老化。

5. 怎样检查锉削质量?

答:检查平面的直线度和平面度,用钢尺和直角尺以透光法来检查,要多检查几个部位并进行对角线检查。检查垂直度,用直角尺采用透光法检查,应选择基准面,然后对其他面进行检查。检查尺寸,根据尺寸精度用钢直尺或游标卡尺在不同尺寸位置上多测量几次。检查表面粗糙度,一般用眼睛观察即可,也可用表面粗糙度样板进行对照检查。

6. 怎样安装 DF8B 型机车柴油机支承?

答:检查和消除柴油机座支承的安装面的毛刺和脏物。安装柴油机支承,螺栓的螺纹处应涂以适量的二硫化钼,紧固力矩 450 N·m,并装好防缓铁丝。用 0.05 mm 塞尺检查支承与机体的安装面,不得塞入。

7. 怎样检查 DF8B 型机车活塞环周向密封质量？

答：将环保持在同一平面内放入 $\phi280^{+0.032}$ 环规内，用塞尺检查切口两端 55 mm 以外的范围，局部间隙不超过 0.03 mm，且局部间隙不许超过两处，每处的长度不能超过 70 mm，两处总长不能超过 100 mm。锥面环的接触带宽度应均匀。

8. 辅修时怎样对 DF8B 型机车中冷器进行检查？

答：外观检查中冷器体不许有裂纹、砂眼，安装螺栓齐全无松动，对缝处不许有漏水、漏气，进出水管接口处不许有泄漏。打开稳压箱排污阀，检查稳压箱内无油水和杂物，如有需进一步查找泄漏部位。

9. 怎样分解 DF7G 型机车气缸盖？

答：取下横臂，松下各栽丝和工艺销，放置于妥善之处。松下示功阀紧固螺母，取下示功阀，放置妥善之处。用气门拆装工具，压下气门弹簧座，取出锁夹，成对放置。然后松开拆装工具，取出弹簧座、气门弹簧，再从气缸盖底面抽出气门。拆出喷油器套管，拆下锁紧螺母，取出套管，注意放好其下部的铜垫圈。

10. 车钩中心线距轨面高度怎样测量调整？

答：按规定，此尺寸的中修限度为 835～885 mm，运用中的机车该限度应介于 815～890 mm。机车在平道上测量车钩中心至轨面高度，并考虑中修互换轮对的轮箍厚度差，若达不到相应要求，可从车钩吊杆长度、均衡梁、钩尾框托板等处所加减垫片调整，但每处垫片不得多于 1 块。

11. 怎样对 DF8B 型机车喷油器进行密封性试验？

答：用黏度为(10.2～10.7)×10^{-6} m^2/s，油温为(20±2)℃的机油与轻柴油的混合油作降压试验，将喷油器的喷油压力调到 34.3 MPa，油压从 32.4 MPa 降到 24.4 MPa 的时间应在 20～50 s 范围内。试验应该连续进行 2 次，每次试验前应喷油一次。试验时针阀体密封面和喷油孔处不得有滴油。

12. 辅修时怎样对 DF8B 型机车泵及传动齿轮进行检查？

答：各传动齿轮不许有裂纹、剥离，各齿端面不平齐度小于 2 mm。高低温水泵吸水壳、蜗壳、泵座不许有裂纹、泄漏现象。高低温水泵水封泄漏量小于 10 滴/min。

13. C2 修时怎样对 HXN3B 型机车抱轴箱进行检查？

答：抱轴箱状态良好，抱轴箱体不许有裂损、变形。机车车载安全防护系统(6A 系统)地面专家诊断分析中，不许有异常。抱轴箱轴承补脂，非驱动端抱轴承补脂量为(227±10)g，驱动端抱轴承补脂量为(312±10)g。

14. 怎样组装 DF8B 型机车超速停车按钮?

答:将复原手柄套在顶杆上,一起装入推杆体。将推杆穿过推杆座,拧上停车按钮,推杆座上拧上螺母。将推杆座与推杆体组装起来,装上防松垫片,带紧螺母及推杆座。将停车锁钮装置组装到箱体上,装上垫片和螺栓。转动推杆座,调整顶针与摇臂的间隙,即 b 尺寸为 (2+0.50) mm,拧紧螺母,垫片。

15. 小修时怎样对 DF7G 型机车油水管路进行检查?

答:外观检查油、水管路各部状态,管卡须牢固。更换老化、龟裂、鼓肚胶管。启机检查机油压力符合要求。清洗燃油系统滤清器,检查管路接头、隔离缓冲接头状态良好。

16. 辅修时怎样对 DF4D 型机车启动变速箱进行检查?

答:变速箱体不得有裂纹,安装牢固无松动。变速箱各接合面及油封处无泄漏,柴油机启动和停机时油封处轻微泄漏除外。变速箱内齿轮(可见部分)不得有剥离、裂纹、烧损及过热变色,齿轮局部腐蚀不超过有效啮合面积的 15%。

17. C1 修时怎样对 HXN3B 型机车扫石器进行检查?

答:扫石器外观检查不得有开焊、裂纹。各紧固件无松动,防缓片作用良好。橡胶板完好,橡胶板底面距轨面高度为 25~30 mm。

18. 辅修时怎样对 DF4D 型机车电阻制动进行检查?

答:检查顶盖百叶窗叶片无裂纹、变形,动作灵活无卡滞。检查上下风道无变形、裂纹和开焊。检查下风道滤网无变形、破损,固定卡子齐全。检查上风道与电阻柜连接石棉材料完整无破损,上下卡子固定良好。连接风管状态良好,无泄漏。

19. 辅修时怎样对 DF8B 型机车排障器、扫石器进行检查?

答:排障器安装螺栓无松动。排障器无变形,距轨面高度 80~140 mm。新型扫石器安装螺栓无松动,胶管无破损,焊接处无裂纹。扫石器距轨面 100~120 mm,胶皮距轨面 20~30 mm。

20. 怎样调整 DF7G 型机车凸轮轴的横动量?

答:更换止推轴承、凸轮轴和止推法兰时,应预测凸轮轴的横动量为 0.10~0.45 mm,当横动量偏小时,可用调整垫片调整,但须检查该面与凸轮轴止推面的接触面积不少于 60%。

21. 辅修时怎样对 DF8B 型机车喷油泵和喷油器进行检查?

答:外观检查喷油泵各部状态无裂纹、泄漏现象,底座紧固是否良好。用手固定住调节齿杆组件,拉出拨插座,放手后,齿杆弹簧应能复位。检查齿条锁紧螺母无松动,齿条指针无松动,柱塞套齿条固定螺钉无松动,防缓铁丝封锁无折断。检查喷油泵下体滚轮无拉伤、剥离。

外观检查喷油器、输油管各部状态良好。

22. 怎样对 DF8B 型机车活塞头与活塞体进行组装?

答:组装时螺纹部分应涂以二硫化钼与机油混合剂,再更换橡胶密封圈。螺栓以扭矩 39.2 N· m拧入活塞头,活塞头与活塞体分两次对称拧紧,第一次以扭矩 39.2 N· m拧紧一遍;第二次以扭矩 58.9~78.4 N· m拧紧一遍,同时使螺母的一条槽与螺栓上的任一条槽对齐。螺母拧紧后,将弹簧卡销的直销插入螺母螺栓对齐的槽中,将弹簧卡销拧入螺母外圆的 ϕ19 mm 槽中。

23. 怎样对 DF8B 型机车喷油泵出油阀偶件进行检测?

答:出油阀偶件进行严密度试验,应符合技术条件要求。将泄漏的出油阀和阀座用干净的皱纹纸擦净后,均匀涂上一层 400 号~507 号碳化硅研磨剂,用手轻轻旋转,敲击研磨,当阀口形成一圈均匀的阀带时,进行严密度试验,直至符合技术条件要求。当出油阀座与柱塞套接触不好时,在平台上用 1000 号氧化铝研磨剂,研磨出油阀平面,使其达到“Ra0.2”的表面粗糙度,研磨时要注意端面和轴线应保持垂直。

24. 怎样组装 DF8B 型机车推杆装配?

答:各零部件须清洁,并按配合尺寸需求选配后,配套组装。将衬套外径和滚轮孔涂适量机油后,用铜棒打入,并检查衬套宽裕,不得突出滚轮。将涂了机油的衬套和滚轮组,放在推杆的开槽内,用铜棒打入滚轮轴。将推杆、推杆体涂以清洁机油,将推杆插入推杆体内,并对正导向槽与定位销孔后,轻轻打入导向销,同时检查导向销不得顶住推杆,也不得露出推杆体外面,然后在孔口打洋冲眼定位。

25. 怎样取下 DF8B 型机车凸轮轴瓦?

答:当拆瓦有困难时,应用带胶皮的撬棍撬动凸轮轴,并用铜棍轻轻将瓦打出。轴瓦取出后,注意检查轴承上标注的序号是否与装配位置一致,如有不同,按装配位在轴承上重新标注,然后成对存放并将原标注消除。

26. 小修时怎样对 DF8B 型机车螺杆式压缩机进行检查?

答:更换润滑油时,必须更换新滤筒。检查动作是否灵敏,压缩机满载工作 0.9 MPa 时,轻拉上方拉环安全阀能向外排气为正常。检查油位,缺油时补油。(空压机启动状态下,油位在视油镜中间为正常)检查润滑油状态。有乳化、老化等不良状态,须更换。清扫冷却器表面灰尘。各紧固件紧固良好,管路无泄漏。

27. 小修时怎样对 DF4D 型机车空压机(NPT5 型)进行检查?

答:空压机各部零件紧固无松动,体无裂纹,风扇及罩无裂损,皮带无老化、无剥离,皮带拉力适当，其挠度为新皮带 14～19 mm；旧皮带 23～28 mm。空压机法兰与联轴节的不同心度不大于 0.16 mm，轴向间隙为 2～6 mm，散热器须清洗干净，低压安全阀开启压力为 0.43～0.45 MPa，关闭压力不小于 0.3 MPa。

28. 辅修时怎样对 DF7G 型机车增压系统进行检查？

答：外观检查蜗壳、进气壳不许有裂纹，底座安装螺栓无松动，各油水管路无泄漏，吸风道严密无破损。手拨动转子后能自由转动 3～5 圈，轴向间隙为 0.09～0.28 mm。滑油压力在 1 000 r/min 时，主机油泵出口压力不大于 0.9 MPa，430 r/min 时，不小于 0.12 MPa。检查增压器滤清器状态，安装应牢固，接口无泄漏。空气滤清器滤芯应清洁，箱体内部清洁通风良好、箱体无缝隙、无损坏。

29. DF8B 型机车大油封组装后应怎样检查？

答：前后油封与曲轴轴颈的径向间隙，下部为 0.2～0.28 mm，左右间隙允差为 0.05 mm，油封盖孔与甩油盘斜面轴向间隙为 1.5～3.5 mm，当间隙差不符合要求时应重新调整，允许取消密封盖与机体间的定位销。

30. 怎样使用游标卡尺测量沟槽？

答：测量沟槽时，应当用量爪的平面测量刃进行测量，尽量避免用端部测量刃和刀口形量爪去测量外尺寸。而对于圆弧形沟槽尺寸，则应当用刃口形量爪进行测量，不应当用平面形测量刃进行测量。测量沟槽宽度时，也要放正游标卡尺的位置，应使卡尺两测量刃的连线垂直于沟槽，不能歪斜，否则量爪若在错误的位置上，也将使测量结果不准确（可能大也可能小）。

31. 小修时怎样对 DF7G 型机车辅助传动装置进行检查？

答：变速箱体不得有裂纹，安装牢固无松动。变速箱各接合面及油封处无泄漏。传动轴不得有裂损、扭曲变形现象。各部连接状态良好，各连接螺栓无松动。万向轴连接十字头轴向移动量不大于 1.0 mm。前后通风机不得有裂纹、破损，各柱销不得有松动，表面光滑。通风机启动后工作可靠，无振动，无异声，轴承温度不大于 80 ℃。尼龙绳连接须符合规定，有断股时须更换。

32. 怎样从 DF8B 型机车轮对或轮对、抱轴箱组件上拆卸轴箱？

答：从轴箱体的梯形槽口拆下轴箱拉杆。拆下轴箱端盖和压盖。轻轻吊起轴箱体，起吊力应大约等于余下轴箱装配重量，用铜锤敲打轴箱体，使它连同轴承外圈和滚柱从轴承内圈上移出。需要时用加热的方法将轴承内圈及防尘圈从轴颈上拆下。将轮对或带有抱轴箱组件的轮对送至专门检查场所，经检查后确定修理范围。

33. 怎样对 DF8B 型机车活塞进行清洗、探伤？

答：将活塞顶部朝下置于专用清洗槽内浸泡 8 h 以上，或用 761 清洗液煮洗数小时，清洗液没过环槽区。清除残余积碳，用刮刀或积碳去除剂清除残余积碳。用清水冲洗活塞，不得有残余积碳，用压缩空气吹扫活塞油路，油路应畅通。着色探伤检查活塞组，各部不许有裂纹，重点是活塞销座孔。

34. 怎样分解 DF8B 型机车轴箱拉杆？

答：将轴箱拉杆置于专用压装座上，用专用工艺套筒放在芯轴端盖上，操纵压力机，压缩端盖下方的金属橡胶垫，使用撬棍取下端盖卡环，松下后再取下端盖及下方金属橡胶垫。压出轴箱拉杆芯轴及芯轴橡胶圈。

35. C2 修时怎样对 HXN3B 型机车基础制动装置进行检查？

答：各制动单元螺栓，不许有迟缓松动，不良者更新。闸瓦厚度不小于 14 mm，闸瓦间隙为 6～9 mm。检查闸瓦钎及定位锁安装状态良好。检查单元制动器不许有破损、卡滞、漏风。检查单元制动器各制动软管不良者更新。

36. 怎样检修 DF8B 型机车齿轮箱？

答：外观检查箱体不得有裂纹、砂眼、开焊、破损、变形等缺陷，裂纹可焊修，但在一处有两条长度超过 50 mm 时应挖补焊修。气孔应完好，检查油封槽内孔有否磨耗失圆现象，磨耗严重者可镗孔处理，其直径的扩大量不超过 8 mm。更换所有密封毡条，毡条的厚度应与槽宽一致，其高度应较槽高出 3 mm。

37. 怎样检修 DF8B 型机车静液压系统油箱？

答：用柴油清洗及毛刷刷净磁铁片上的吸附的金属，再用压缩空气吹扫干净。铜套与盖连接处不得渗油，发现套内与磁铁芯有油应清除干净或更换磁铁。更换破损的石棉垫与磁铁片。油箱外观检查不得有裂纹、开焊或泄漏处所，油表玻璃应良好清洁。焊修上喷嘴固定架开焊处所。

38. 怎样判断引起柴油机曲轴箱压力升高的原因？

答：拉缸，活塞、活塞环、气缸套等磨损过限，活塞环弹力消失、折断或开口没错开，使燃气窜入曲轴箱。曲轴箱的呼吸口堵塞。柴油机抱缸或轴承烧损。差式压力计通大气一端接通动力室，柴油机运转时，若冷却风扇高速运转，而动力室的百叶窗又关闭着，此时如果动力室与冷却室之间的隔门被打开，就会造成动力室的很大负压，极易使差式压力计动作。

39. 怎样解体 DF8B 型机车燃油泵？

答：燃油泵解体之前应做好标记，以便零件检修后原位组装。拆开支架筒与燃油泵的连接螺栓，取下支架筒。拆掉装在油泵轴上的联轴节，如配合过紧可用铜棒轻轻敲出，或用拆卸器，但不得用锤猛击。拆下油泵轴端压盖，然后卸掉柔性石墨圈。拆掉前盖、后盖，然后取下垫片。

拆卸轴承座，取出主、从动齿轮轴。拆卸主、从动齿轮轴上的止退螺母和波形垫片，取出左旋和右旋齿轮。

40. 怎样组装 DF8B 型机车燃油箱？

答：更换全部橡胶密封件。组装上底部排油螺堵、清洗口。组装时应涂密封胶并紧固好，确保严密，不得有渗漏现象。组装上表尺装置，安装处理要牢固，表尺位置正确，刻度清晰，各部不得泄漏。组装上全部吸油筒、加油口、清洗口。组装时应从机车另一侧清洗口孔检查吸油筒安装位置应正确。机车加油启机，检查燃油箱各部无渗漏。

41. 怎样检修 DF8B 型机车中冷器？

答：检查上、下端板，隔板有无裂纹或开焊，开焊须焊修。检查散热片是否平直，有歪扭应予整修。散热水管应畅通，如有堵塞须用通条清除。散热水管泄漏而无法焊修时，允许将其水管堵焊，但堵焊根数不得大于 10 根。散热管端板若有水垢及腐蚀应自行修理。水腔端装上工艺端板打入 0.5 MPa 水压，保持 5 min 以上，判断有无泄漏。当泄漏处所不易判断清楚时，允许从空气腔打入 0.5 MPa 水压，以判断破漏处所，堵焊后须重做。更换密封胶圈及不良螺栓。

42. 怎样对 DF8B 型机车 D 型联合调节器伺服电动机装置进行检修？

答：检查补偿调节针阀是否磨损，在针阀阀口处应有一圈完整的阀线。检查两个油封和两滚针轴承是否损坏。检查输出轴是否磨损或出现划痕。检查各弹簧是否失效。检查两链接板、轴、销轴、连杆是否磨损，其相互之间的配合极限间隙是否超过 0.055 mm。检查伺服电动机体是否发生磨损或划痕。检查动力活塞是否发生磨损或划痕。检查动力活塞与伺服电动机体的配合极限间隙是否超过 0.055 mm。

43. 怎样拆卸 DF8B 型机车凸轮轴齿轮？

答：拆卸左侧凸轮轴上联合调节器传动法兰，拔出凸轮轴传动齿轮与轮轴法兰的定位销，拔出六个安装螺栓，并做好标记存放（装配时严禁错装），卸下凸轮轴传动齿轮。拆卸右侧凸轮轴上电测转速表传动法兰，拔出凸轮轴传动齿轮与齿轮轴法兰的定位销，拆下六个安装螺栓，并做好标记存放（装配时严禁错装），卸下凸轮轴传动齿轮。

44. 小修时怎样对 DF4D 型机车万向轴进行检查？

答：万向轴不得有裂损、扭曲变形现象，各部连接状态良好，各连接螺栓无松动。万向轴连接十字头轴向移动量不大于 0.8 mm。前后通风机不得有裂纹、破损，各柱销不得有松动，表面光滑。通风机启动后工作可靠，无振动，无异声，轴承温升不大于 80 ℃。尼龙绳连接须符合规定，有断股时须更换。万向轴叉头孔轴线应和柴油机花键套叉头孔轴线在同一平面内。弹性柱销联轴节、花键套法兰与叉头法兰两端面轴向间隙 2～3 mm。

45. 辅修时怎样对 DF4D 型机车轴箱进行检查?

答:轴箱体、前后盖不许有裂纹,止挡与座的间隙为 6~11 mm。轴箱后盖及防尘圈不许有偏磨。轴箱橡胶圈和轴端橡胶支承须无老化和破损。轴箱拉杆的橡胶圈和橡胶垫不许有老化和裂损,拉杆芯轴与拉杆座结合处斜面须密贴,局部间隙用 0.08 mm 塞尺检查,塞入深度不大于 10 mm,芯轴与槽底部间隙不小于 0.5 mm,拉杆端盖与拉杆座槽口内侧间的局部间隙不大于 0.2 mm。轴箱温升不大于 40 ℃,轴箱通气孔无堵塞。轴承端盖及应紧固良好,无松动。

46. 辅修时怎样对 DF8B 型机车车钩进行检查?

答:车钩“三态”(闭锁状态、开锁状态、全开状态)作用良好。车钩在闭锁状态时,钩锁往上的活动量为 3 号和改进型 3 号下作用式车钩 5~15 mm,13 号下作用式车钩 5~22 mm。钩锁与钩舌的接触面须平直,其高度不少于 40 mm,钩体防跳凸台和钩锁销的作用面平直,钩舌与钩体上、下承力面接触良好。车钩在闭锁状态时,钩锁尾部与钩体间隙不大于 4 mm,钩舌与钩锁铁侧面间隙为 3 号下作用车钩 3 mm,改进型 3 号下作用式车钩不大于 5 mm,13 号下作用式车钩 6.5 mm。测量车钩中心线距轨面高度为 825~885 mm。

47. 怎样安装 DF8B 型机车稳压箱?

答:更换顶部水盖板密封垫。将机体储气道及稳压箱的安装座面的残留石棉垫刮干净,并将储气道及稳压箱的内腔及安装平面吹扫干净。放好石棉垫。吊起稳压箱,除去底面的碰伤毛刺和脏物。将稳压箱缓慢地座落在机体上,注意不要碰伤栽丝。戴好垫圈和螺母,待稳压箱底面与石棉垫贴靠后,从中间开始左右对称的向前后两端紧固好全部螺母。

48. 怎样分解 DF7G 型机车机油离心精滤器?

答:解体前应确认上下体应有相应的安装记号标志,否则,应重新补加。拆下上下体连接螺栓,取下上体,取上体时,应避免敲击以防变形。从下体内取出转子组成,并应确认转子体与盖有相应的安装记号,否则应补打标记。将转子组成放到专用拆装夹具上,取下压紧螺母,铜垫圈和石棉垫片。取出污染的滤壳纸、滤油网。打开滤清器座上转子轴的防松垫,拧下转子轴。检查转子体与相应的集油管喷嘴应有安装记号,否则应补打,然后从转子体上取下集油管。

49. C2 修时怎样对 HXN3B 型机车机体及油底壳进行检查?

答:柴油机机体不许有裂漏。曲轴箱检查孔盖不许有漏油,安装螺栓紧固状态良好不许有松缓。柴油机横拉螺栓紧固状态良好不许有松缓。机体安装座螺栓紧固状态良好不许有松缓,安装座支架良好。柴油机加油口、油尺和加油口盖状态良好。泵支承箱不许有裂纹、漏油,安装螺栓不许有松缓。凸轮轴箱盖紧固状态良好。换油后清除油底壳杂质,油底壳不许有泄漏。检查曲轴轴颈无过热,曲轴轴颈和主轴瓦可见部分不许有碾片。

50. 怎样检测 DF8B 型机车静液压变速箱?

答:箱体无裂纹,轴承孔无磨耗,磨耗后允许修复,修复后同轴度小于等于 ϕ0.10 mm。各轴、法兰不许有裂纹。齿轮与轴为过盈配合时,外观检查良好者,允许不分解探伤。齿轮检修要求为齿轮不许有裂纹(不包括端面热处理的毛细裂纹)、剥离。齿轮不许有轻微腐蚀、点蚀及局部硬伤。但腐蚀、点蚀面积不超过该齿齿面的 15%,硬伤面积不超过该齿面的 5%。齿轮破损属于如下情况者,允许打磨后使用齿顶破损掉角,沿齿高方向不大于 1/4,沿齿宽方向不大于 1/8。齿轮破损掉角,每个齿轮不许超过 3 个齿,每个齿不许超过一处,破损齿不许相邻。轴承检修要求为轴承滚动体及内、外圈滚道无剥离、裂纹、过热变色,转动无异声。轴承保持架无裂纹、折损、飞边、变形,铆钉无折损、松动。轴承拆装时严禁直接锤击,内圈热装时,加热温度不允许超过 100 ℃。

51. 怎样检修 DF8B 型机车静液压系统安全阀?

答:检查锥阀状态,有严重磨损者(有较深凹台),应更换新品,轻微磨损可用研磨剂研磨后使用。滑阀、减振器阀与体不得有严重拉伤、裂纹,轻微拉伤打磨光滑,使各阀在体中能灵活滑动,滑动不灵活者须修复或更换新品,使其配合间隙为阀体滑阀 0.01～0.02 mm,导阀体与导阀 0.005～0.032 mm,减振器体与减振器阀 0.007～0.048 mm。更换所有的橡胶圈。检查弹簧应无断裂及永久变形。

52. 小修时怎样对 DF7G 型机车凸轮轴箱进行检查?

答:凸轮轴不许有裂纹,凸轮及轴颈工作表面不许有剥离、拉伤及碾堆等缺陷。推杆压球、顶杆压球座不许有松缓。顶杆及导筒不许有裂纹,推杆滚轮表面不许有剥离及擦伤,导筒与导块无严重拉伤,定位销无松缓,导块移动灵活。凸轮轴瓦无窜动,润滑良好,定位螺栓无松动。喷油器、喷油泵回油管、凸轮轴润滑油管无松动、断裂。

53. 怎样组装 DF7G 型机车车钩?

答:组装前检查各零部件是否已检修合格,确认合格后,各零部件的摩擦面上涂上润滑脂。组装时,将钩体平放,有钩耳孔的一侧靠下部,将钩舌推铁放入钩体内腔,其圆柱销插入钩体内部相应孔中。将下锁销装配中下锁销钩套在钩体下部的相应轴上,下锁销从钩体下部伸入钩体内腔。再将锁铁放进钩体内腔,使锁铁上椭圆孔套在下锁销的圆柱上,将锁铁位置放正,恰好成开锁位。最后把钩舌放到钩体恰当位置,插入钩舌销,待检查合格后装好开口销。

54. 怎样组装 DF8B 型机车静液压系统安全阀?

答:将阀体直立工作台上,用铜棒轻轻将锥阀体敲入阀体内,再顺序装入锥阀、弹簧座、弹簧,然后将带有锁紧母的导阀体拧入阀体,紧固到位。松开导阀体上的锁紧母,装下体于导阀体上,再紧好导阀体锁紧母。装导阀于导阀体内,再装入减振器弹簧。将减振器阀与阀体一起装在下体上,紧固好螺钉。用螺母将油管连接在阀体、减振器体上。把阀体倒置于工作台上,顺序装入滑阀弹簧、滑阀,在螺堵上装好橡胶密封圈,并用专用工具紧固好。

55. 怎样判断柴油机悠车(转速波动大)的原因?

答:柴油机在低手柄位时,易发生悠车,引起悠车的原因主要是联合调节器工作不正常,联合调节器内油脏,油中有气泡或水分;联合调节器内无工作油、油太少或油位太高;补偿针阀开度太大或松动;补偿活塞上下窜动;动力活塞上下窜动;配合件有拉伤变形,产生阻尼作用,如滑阀柱塞拉伤、抗劲,上体装配端轴承不灵活,匀速盘不灵活或扭簧变形;拉杆系统的传动间隙过大或拉杆系统抗劲,但不能拉动;补偿弹簧预紧力不合适。

56. 怎样使用量块?

答:使用前,先在汽油中洗去防锈油,再用清洁的麂皮或软绸擦干净。不要用棉纱头去擦量块的工作面,以免损伤量块的测量面。清洗后的量块,不要直接用手去拿,应当用软绸衬起来拿。若必须用手拿量块时,应当把手洗干净,并且要拿在量块的非工作面上。把量块放在工作台上时,应使量块的非工作面与台面接触。不要把量块放在蓝图上,因为蓝图表面有残留化学物,会使量块生锈。不要使量块的工作面与非工作面进行推合,以免擦伤测量面。量块使用后,应及时在汽油中清洗干净,用软绸揩干后,涂上防锈油,放在专用的盒子里。若经常需要使用,可在洗净后不涂防锈油,放在干燥缸内保存。绝对不允许将量块长时间的黏合在一起,以免由于金属黏结而引起不必要损伤。

57. 怎样使用千分尺?

答:防止千分尺受到撞击或脏物侵入到测微螺杆内。若千分尺转动不灵活,则不可强行转动,也不可自行拆卸。千分尺使用时应轻拿轻放、正确操作,以防损坏或使螺杆过快磨损。不准在千分尺的微分筒和固定套管之间加酒精、柴油和普通机油。千分尺使用完毕应擦干净并涂防锈油,装入盒内并放在干燥的地方保管。按规定定期检查鉴定。不准测量运动中的工件,不准用来测量毛坯。不准与工件和其他工具混放。不准放在温度较高的地方,以防止受热变形。

58. 怎样判断柴油机冒白烟?

答:柴油机冒白烟的主要原因是水分进入气缸内参与燃烧,成因为进入气缸内的空气含有大量的水分;燃油中含有水分;由于气缸水套密封不良或其他原因,使水进入气缸。柴油机冒白烟说明有水进入燃烧室。冷却水进入燃烧室,会破坏活塞环与缸壁的润滑油膜,加速他们的磨损。当冷却水进入燃烧室的数量达到一定程度时,还会发生水锤,造成柴油机重大机破事故。因此对运用中长期存在冒白烟现象的柴油机应及时进行检查,并排除故障。

59. 怎样钻孔?

答:钻孔前一般先划线,确定孔的中心,在孔中心先用冲头打出较大中心眼。钻孔时应先钻一个浅坑，以判断是否对中。在钻削过程中，特别钻深孔时，要经常退出钻头以排出切屑和进行冷却，否则可能使切屑堵塞或钻头过热磨损甚至折断，并影响加工质量。钻通孔时，当孔将被钻透时，进刀量要减小，避免钻头在钻穿时的瞬间抖动，出现“啃刀”现象，影响加工质量，损伤钻头，甚至发生事故。钻削大于 ϕ30 mm 的孔应分两次钻，第一次先钻第一个直径较小的孔(为加工孔径的 50%～70%)；第二次用钻头将孔扩大到所要求的直径。钻削时的冷却润滑为钻削钢件时常用机油或乳化液；钻削铝件时常用乳化液或煤油；钻削铸铁时则用煤油。

60. 怎样判断引起排气温度过高、排气支管及总管发红的原因?

答:燃油雾化不良或喷油过多。机油窜入气缸参与燃烧。进气阀横臂移动错位，使进气阀不能开放。气缸压缩压力太小。喷油提前角太小。增压器不良，如喷嘴环和涡轮叶片变形或损坏，转子转动不灵活，造成向气缸供给空气不足。增压空气泄漏。泄漏处所多发生于增压器与中冷器的连接处或进气支管两端。中冷器太脏。各喷油泵齿条实际拉出刻线差别太大。喷油器针阀弹簧折断，造成喷油压力不足及喷油器针阀体裂，造成喷油压力不足。

61. 怎样组装 DF8B 机车抱轴瓦电机悬挂?

答:抱轴瓦经过组装、镗瓦、刮修后，在汽油中清洗。将按规定浸过油的毛毡条嵌入抱轴瓦的密封槽内，注意不得将毛毡条人为拉长，尽量嵌紧。在擦拭干净电动机瓦座的同时，装上上瓦，并在瓦的工作面毛毡条上抹上牵引电机悬挂轴承油。将经检查合格并清洗干净的轮对吊装入电机上的抱轴瓦，注意吊装时不得碰伤上瓦。检查电机轮对横动量，应保证在 1～2.6 mm 范围内。检查牵引齿轮副的侧向间隙，中修齿轮副侧向间隙范围为 0.3～3.5 mm。组装下瓦，盖上防尘罩。清除抱轴油箱内的杂物后，把抱轴油箱装上电机，并在两端平面装上原有垫片。拧紧螺栓。

62. 小修时怎样对 DF8B 型机车曲轴箱进行检查?

答:曲轴箱各部无裂纹，曲柄销及其过渡圆角表面上不许有剥离、损伤，油堵无松脱。主轴承盖及紧固螺栓作用良好无松动，开口销无折断。主轴瓦、连杆瓦无剥离、烧损，主轴瓦端面错口不大于 0.5 mm。活塞、连杆无破损、变形，油堵无松脱，连杆盖及紧固螺栓作用良好无松动。连杆大端横动量符合 0.25～0.50 mm。气缸套进出水管无松动泄漏，气缸套密封圈作用良好无泄漏。清洗油气分离器外芯，更换内滤芯。

63. 怎样维护保养量具?

答:在机床上测量零件时，要等零件完全停稳后进行，否则不但使量具的测量面过早磨损而失去精度，且会造成事故。测量前应把量具的测量面和零件的被测量表面都要擦拭干净，以免因有脏物存在而影响测量精度。量具在使用过程中，不要和工具、刀具等堆放在一起，免碰伤量具。量具是测量工具，绝对不能作为其他工具的代用品。温度对测量结果影响很大，零件的精密测量一定要使零件和量具都在 20 ℃的情况下进行测量。温度对量具精度的影响亦很大，避免使量具受热变形而失去精度。不要把精密量具放在磁场附近，以免使量具感磁。发现精密量具有不正常现象时，使用者应当主动送计量站检修，并经检定量具精度后再继续使用。量具使用后，应及时擦拭干净，表面应涂防锈油，放在专用的盒子里，保存在干燥的地方。长期使用的精密量具，要定期送计量站进行保养和检定精度，以免因量具的示值误差超差而造成产品质量事故。

64. 怎样分解 DF7G 型机车联合调节器中体？

答：取出调速弹簧，注意压板下面的调整垫片勿丢失或乱放。取出滑阀组件，注意拆下滑阀组件后，把螺钉连同调整垫片拧在中体上。拆下油位指示器，储气筒装配。拆下动力缸体。将补偿针阀堵松开，用螺栓刀拧下补偿针阀。拆下中体与下体连接螺母，在中体与下体分解拆下针阀前，应在结合处打好组装标记。取出油泵从动齿轮。分解恒压室为用专用工具拆下恒室上盖，取出恒压储油室活塞及内外弹簧，切忌拉伤、碰伤活塞。拆下的零件分两组分别存放，并做好左右记录。

65. C2 修时怎样对 HXN3B 型机车燃油系统进行检查？

答：燃油泵安装螺栓紧固状态良好不许有松缓，燃油泵与机油泵之间的联轴器安装良好。柴油机各缸气缸摇臂箱上的进回油软管及接头不许有泄漏，软管状态良好，各防火罩或防火板安装状态良好。燃油分配器安装螺栓紧固状态良好。燃油总管端部及各气缸进回油安装座焊接处不许有泄漏迹象。燃油分配器和柴油机两侧燃油总管分配器连接软管处不许有松动或泄漏迹象。对柴油机各缸气缸摇臂箱上的进回油软管接头螺母力矩校验，不许有泄漏。软管不许有老化、龟裂。进回油管紧固力矩为 71 N·m。检查燃油分配器(燃油分配块)状态良好。

66. 怎样对 DF7G 型机车联合调节器中体装置进行检修？

答：检查中体中孔、储油室各配合面是否拉伤或出现划痕。检查两定位销是否松动。检查齿轮轴是否松动，齿轮轴端面比中体下端面低 0.2～0.4 mm。检查储油室内外弹簧是否失效。检查各堵是否松动或损坏。检查油位指示器装配是否损坏，玻璃管刻线是否清晰。检查滑阀装置与中体中孔的配合极限间隙是否超过 0.055 mm。检查缓冲活塞与中体缓冲腔孔的配合极限间隙是否超过 0.55 mm。检查储油室活塞与中体活塞腔的配合极限间隙是否超过 0.055 mm。

67. 怎样测量 DF8B 型机车气缸套的孔径？

答：用三个工艺套管压紧气缸套。气缸套装入机体后，检查水套法兰下面与机体结合面应密贴，允许有不大于 0.03 mm 的局部间隙存在，但沿圆周方向的总长度应不超过 1/6 圆周。用内径百分表测量缸套内径不大于 $\phi 280^{+0.30}_{0}$ mm，并计算其圆度、圆柱度应为圆度不大于 0.05 mm，圆柱度不大于 0.1 mm。

68. 怎样吊装 DF8B 型机车活塞连杆组？

答：分别将曲轴转至各缸对应的上死点前位置，在缸套上放好导向套，并将活塞连杆组用专用吊具吊装对应的缸套孔内。装 1～8 缸活塞杆组时，应将机体转至 1～8 缸体孔于垂直位。装 9～16 缸活塞杆组时，将机体转至 9～16 缸体孔于垂直位，导向套应保持清洁，导向锥面应光洁无碰伤和毛刺，导向法兰面与缸套上端面应密贴防止连杆大端面碰伤缸套和曲轴。

69. 安装 DF7G 型机车摇臂轴座装配前应怎样检查?

答:根据装配预紧标记将横臂装在导杆上(因为有配气间隙的要求)在装配前须检查油路畅通，导向销无松动。并将导杆与横臂擦干净并涂以适量的机油后装上。装入后用一手指轻轻按压横臂一端，另一只手向上提横臂另一端，应能活动，然后按上述方法反过来再检查另一端，如其中任何一端不能活动时，应调整横臂螺钉，直至横臂两端的活动量基本均匀为止，使横臂两端与气阀顶部同时接触且中间孔与导杆相平行。

70. 怎样从 DF7G 机车轮对、牵引电动机组件上拆卸电机?

答:将要分解的轮对、牵引电动机组件吊至电机轮对组装台。拆开牵引电动机与其他零部件的连接。对于抱轴瓦电机悬挂装置，依次拆开齿轮罩装置上、下罩之间的螺栓连接；拆开齿轮罩与牵引电动机之间的螺栓连接，拆下齿轮罩装配；拆抱轴盖时，注意应对抱轴盖进行编号；拆去毛线架，拆开抱轴盖，并对垫片厚度做好记录。对于滚动抱轴电机悬挂装置，拆开齿轮罩装配上、下罩之间的连接；拆开齿轮罩与牵引电动机和抱轴箱之间的连接；拆开抱轴箱与牵引电动机之间的螺栓连接。吊起带有主动齿轮的电机并送至专门检查修理场所。

71. 怎样调整百分尺的间隙?

答:百分尺在使用过程中，由于磨损等原因，会使精密螺纹的配合间隙增大，从而使示值误差超差，必须及时进行调整，以便保持百分尺的精度。要调整精密螺纹的配合间隙，应先用制动器把测微螺杆锁住，再用专用扳手把测力装置松开，拉出微分筒后再进行调整。在螺纹轴套上，接近精密螺纹一段的壁厚比较薄，且连同螺纹部分一起开有轴向直槽，使螺纹部分具有一定的胀缩弹性。同时，螺纹轴套的圆锥外螺纹上，旋转调节螺母，当调节螺母往里旋入时，因螺母直径保持不变，就迫使外圆锥螺纹的直径缩小，于是精密螺纹的配合间隙就减小了。然后，松开制动器进行试转，看螺纹间隙是否合适。间隙过小会使测微螺杆活动不灵活，可把调节螺母松出一点，间隙过大则使测微螺杆有松动，可把调节螺母再旋进一点。直至间隙调整好后，再把微分筒装上，对准零位后把测力装置旋紧。

72. 怎样分解 DF8B 型机车轴箱?

答:轮对轴箱打好标记，轮对打好止轮器。拆卸轴箱前端盖紧固螺栓，取下前端盖。用手锤和撬棍打开挡板上止动垫片或拆下挡板螺栓上的防缓铁丝，用专用扳手松下挡板上紧固螺栓，取下挡板。取出轴承止推环。用吊车将轴箱从轮对上吊下，置于检修地点。拆下轴箱后端盖紧固螺栓，取下后端盖。用压力机或用专用拔出器取下轴承外圈保持架组成及隔环，并做好相应标记，记好内、外圈和保持架序号。用带温控装置的电磁感应加热器加热内圈(温度小于等于 125 ℃)，从车轴上取下内圈、防尘圈。

73. C2 修时怎样对 HXN3B 型机车电阻制动通风电机进行检查？

答：机座、轴承端盖不许有裂纹，各零部件齐全、紧固，不得有损伤。电机铭牌完好、清晰、牢固。电阻制动装置电阻带和风机接线安装良好，接线和绝缘套无破损、无接磨。电阻制动电机及制动栅安装座各螺栓紧固良好无松缓。电机接线和护套状态良好，接线盒端子螺栓紧固，电木及胶皮无过热、老化、破损。电机换向器表面光洁，无环火及火花烧痕迹象。电机碳刷无破损，碳刷长度不低于原型的 1/2，碳刷导电截面接触面大于 75%，碳刷在刷盒内活动自如无卡滞(同一电机必须使用同一牌号碳刷)，刷辫状态良好、无断股。刷架安装牢固无裂纹破损。电阻制动风机扇叶无裂纹、折损和掉块，扇叶安装良好，安装螺栓防缓标识清晰正确。

74. 怎样检修 DF7G 型机车抱轴油盒？

答：拆下集油器安装螺栓，取出集油器，清洗，清洁度达到标准Ⅲ级，油线破损者更换。检查支架。无裂纹、变形、铆接部分可靠，转动灵活。检查拉伸弹簧，永久变形更换。测量两端勾内侧距 H，自由状态 $H=(41\pm1)$mm。荷重 25 N 时 $H_1=54$ mm。荷重 71.1 N 时 $H_2=78$ mm。检查油尺丝扣。保证丝扣良好且弹簧作用良好。清洗油箱，油箱无裂漏，清洁度达到标准Ⅲ级。组装集油器，作用灵活，并用抱轴油浸泡 24 h 检查油尺及油盒孔盖，保证其状态良好。

75. 怎样使用游标卡尺测量零件内尺寸？

答：当测量零件的内尺寸时要使量爪分开的距离小于所测内尺寸，进入零件内孔后，再慢慢张开并轻轻接触零件内表面，用固定螺钉固定尺框后，轻轻取出卡尺来读数。取出量爪时，用力要均匀，并使卡尺沿着孔的中心线方向滑出，不可歪斜，免使量爪扭伤；变形和受到不必要的磨损，同时会使尺框走动，影响测量精度。测量内孔时卡尺两测量刃应在孔的直径上，不能偏歪。当量爪在错误位置时，其测量结果，将比实际孔径 D 要小。用下量爪的外测量面测量内尺寸时，在读取测量结果时，一定要把量爪的厚度加上去。即游标卡尺上的读数，加上量爪的厚度，才是被测零件的内尺寸。测量范围在 500 mm 以下的游标卡尺，量爪厚度一般为 10 mm。但当量爪磨损和修理后，量爪厚度就要小于 10 mm，读数时这个修正值也要考虑进去。

76. 怎样检修 DF7G 型机车燃油箱？

答：修复燃油箱裂漏处所。包皮腐蚀、残缺破损者应更换，残缺或损坏的包皮螺栓要修复配齐。吸袖筒、加油口、侧面清洗口、保温层不良者应修复，螺栓孔丝扣要完好，螺栓要配齐。底部清洗口、排油螺堵不良者更换。油表装置检修。蓄电池箱及车体安装柜内壁须清扫检查，有腐蚀时须彻底清除修整，并进行防腐处理。导轨及滚轮不良时须修复。检查燃油箱吊挂不许有裂纹，吊挂、安装螺栓、螺母、垫片不良应换新；螺杆吊挂、安装螺栓不得松动。

77. 怎样检修 DF8B 型机车钩体?

答:钩体上长度不超过 50 mm 的纵裂纹,应消除裂纹后缓坡过渡并补焊、打磨平整,允许比原平面高出 2 mm。钩体上扁销孔长度应在 110～118 mm 范围内,宽度应在 44～49 mm 范围内。钩体磨耗部位应堆焊后打磨平整,钩体下平面与均衡梁接触处修磨后允许高出周转平面 2 mm;钩尾与尾框接触处修磨后允许出周围平面 2 mm;钩尾端面修磨后,扁销孔到端面距离应在 48～54 mm 之间。原有防脱凸台和补焊后的防脱凸台,其高度尺寸均应符合 18+10 mm 的修理要求。裂纹处理完后应进行复探。钩耳孔中衬套不松动可以不检修。钩耳孔中衬套已脱落应检修钩耳孔的直径并认真处理,直径不大于 51.06 mm 可以不检修,重新装入合格衬套;直径在 51.06～52 mm,装入等级衬套,保证过盈量在 0.03～0.15 mm 之间;衬套在安装时内孔长径方向须与钩体纵向一致,衬套不应凸出钩耳内距 212 mm 平面外。

78. 怎样镶装 DF8B 型机车轮箍?

答:轮箍须探伤检查,不许有裂纹和缺陷。轮辋外径配合的圆度不大于 0.25 mm,圆柱度不大于 0.1 mm。轮箍紧余量按轮辋外径计算,每 1 000 mm 轮辋直径的紧余量为 1.2～1.5 mm。其外圆表面粗糙度 3.2 μm。轮箍加热应均匀,温度不许超过 330 ℃,严禁用人工方法冷却轮箍。轮箍加垫时,垫板厚度不许大于 1 mm,垫板不多于 1 层,总数不多于 4 块,相邻两块垫板间的距离不大于 10 mm。新轮箍及轮箍厚度小于 50 mm 时不许加垫。禁止用不同厚度的垫板或两端搭接。加垫用垫片,必须在同一钢片上截取,禁止使用镀镁钢板材。

79. 怎样攻螺纹?

答:根据工件上螺纹孔的规格,正确选择丝锥,先头锥后二锥,不可颠倒使用。工件装夹时,要使孔中心垂直于钳口,防止螺纹攻歪。用头锥攻螺纹时,先旋入 1～2 圈后,要检查丝锥是否与孔端面垂直(可目测或直角尺在互相垂直的两个方向检查)。当切削部分已切入工件后,每转 1～2 圈应反转 1/4 圈,以便切屑断落;攻钢件上的内螺纹,要加机油润滑,可使螺纹光洁、省力和延长丝锥使用寿命;攻铸铁上的内螺纹可不加润滑剂,或者加煤油;攻铝及铝合金、紫铜上的内螺纹,可加乳化液。不要用嘴直接吹切屑,以防切屑飞入眼内。

80. 怎样组装 DF8B 机车牵引杆装置?

答:将探伤后合格的各零件清理、吹扫干净后吊运至组装场所。各圆销、球形关节、拐臂、连接杆和牵引杆各摩擦面均应涂上适量润滑脂后装配。分别将拐臂卡入三角架拐臂座,对准销孔,穿入装好油杯的拐臂销,盖上止板,放入弹簧垫圈,拧紧 4 个螺栓并用 2.5 mm 钢丝锁紧。分别对准连接杆与拐臂安装孔,对准端部的固定圆柱销,穿入装好油杯的连接杆销,在上部放入垫圈、调整垫片,拧紧 M36×3 开槽螺母,穿好开口销。牵引杆两端打入检测合格的球承与套,放好孔用挡圈。牵引杆叉头卡入拐臂,对准销孔,卡入橡胶防尘圈,放入隔套、装好油杯的牵引杆销、压盖、调整垫片,拧紧 M36×3 开槽螺母,穿好开口销。装配完后用油枪向各油杯中注入适量的润滑脂。牵引杆装置组装后各关节应转动灵活,无卡滞。检查拐臂销、连接杆销与套的间隙，牵引销、牵引杆销的球承与套的间隙均应符合限度表的规定。检查牵引销与牵引杆销的结合处斜面应密贴，局部间隙用 0.05 mm 塞尺检查，塞入深度不得大于 10 mm，销和槽底部间隙应不小于 0.5 mm。

81. 怎样检查 DF8B 型机车单元制动器？

答：更新所有耐油石棉橡胶板密封垫。螺杆与箱体间的橡胶防尘罩、连接手制动装置的杠杆端部的橡胶防尘套均不得破损、老化，不良者更新。皮碗不得老化、磨损、破裂，不良者更新。检查制动缸体内径面不允许有拉伤（轻微拉伤允许用细砂皮打除），制动缸体内壁的局部锈蚀应予消除，锈蚀严重影响与皮碗接触的则更换。检查缓解弹簧应作用良好，无塑性变形。检查其在 677 N 和 1 160 N 的压力下的工作高度应符合限度表的规定。检查螺杆销、杠杆销等与对应衬套应无严重磨耗。探伤检查各销，应无裂纹。检查各销与对应衬套的间隙，应符合限度表的要求。检查闸瓦托、闸瓦撑状态良好、无裂纹。探伤检查瓦托与箱体间的焊缝处应无裂纹。杠杆无磨损，探伤检查无裂纹。螺杆无磨损和变形，牙形完好，探伤检查焊缝和杆身无裂纹。对于已经解体的闸瓦间隙调整机构，应检查各部状态良好。对于已经解体的螺杆复位机构，应检查轴承保持架完好，滚珠无严重磨耗，滚道无锈蚀。压圈、挡套、调隙挡状态良好。

82. DF7G 型机车柴油机—同步主发电机组向机车上安装时应怎样检查？

答：柴油机—同步主发电机组轴向中心线与车体纵向中心线在机组前后输出轴端处水平方向的位置度允差为 4 mm，自由端弹性支座安装中心线与车架横梁中心线的距离为（1 520±3） mm（C 型机车）或（1 650±3） mm（D 型机车）。弹性支承的橡胶元件表面不许裂损、但允许存在不大于 70％圆周面积的发纹。当更换橡胶元件时，橡胶减振元件加载 70 kN，检查其静挠度须为 8～14 mm，橡胶元件静挠度允差为 2 mm。柴油机支承螺栓的螺母与垫圈须有（5±0.5） mm 的间隙。原柴油机装车时，各弹性支座下面的调整垫片须对号入座，确保 4 个橡胶元件顶面高度允差为 2 mm。柴油机—同步主发电机缓冲支座须刚贴靠且不受压缩。缓冲支座上球座杆与同步主发电机座孔单侧间隙不小于 2 mm。柴油机支承与机体须接触良好，用 0.05 mm 塞尺检查不许贯通。

83. 小修时怎样对 DF8B 型机车调控装置进行检查？

答：外观检查调速器无裂纹、泄漏，缓冲油杯无缺油，拉杆无抖动，柴油机无游车现象，油电动机无卡滞现象。油位符合要求（刻线上下 5 mm）。测量升降速时间。检查调速器步进电机接线良好。最高转速止挡、最低转速止挡无松动，步进电机的主从动伞形齿轮啮合状态良好。检查功调电阻各状态，变阻器滑片无折断，接触良好，各电阻无烧损、断路和短路现象，测量功调电阻阻值应符合要求。外观检查供油拉杆无裂纹、变形、弯曲，各拐臂、连接销、开口销完整，各滚轮转动灵活。检查横轴轴向间隙、整个杠杆系统总间隙及阻力符合技术要求。外观检查超速停车装置各部无裂纹，紧固状态是否良好。检查调控传动箱各部无裂纹、泄漏，用手按动紧急停车按钮须作用灵活可靠，各泵齿条须立即回到负刻线。检查极限调速器飞块无异状，弹簧、穿销无折损，锁母紧固；检查摇臂滚轮与飞块轮盘外圆间隙符合要求。

84. 怎样组装 DF8B 型机车超速停车转速表？

答：在壳体中放入调整环，压入一只 202 轴承，压入水平轴，再压入一只 202 轴承，水平轴一端装入销，一端装上大锥齿轮，打入销。下轴承座压入一只滚动轴承，顶盖压入一只滚动轴承及 O 形密封圈，垂直轴上装上小锥齿轮，打入销，垂直轴锥齿轮端装入下轴承座，一起装入壳体，下轴承座与壳体间加垫把紧，顶盖穿过垂直轴，与壳体间加垫，根据大小锥齿轮的啮合状态下用下轴承座与壳体间的垫片和调整环来调整。表座下端装入衬套，联节叉头上装弹性联轴节，把螺钉锁定，装入表座，对准节叉头，再将表座装上顶盖，用螺栓穿过顶盖把紧在壳体上。轴承座一端压入两只 201 轴承，压入锥齿轮轴，一端装入油封，锥齿轮轴一端装入弹性联轴节，轴承座装入壳体，用垫片调整齿轮啮合状态，装上连接法兰。将转速表传动装配一起装上箱体，装上石棉垫和螺栓。装转速表架，转速表插入表座，锁定弹性联轴节，把表固定在表架上。最后检查各部分装配情况，要求转动灵活，无卡滞等现象。

85. DF8B 型机车转向架总组装后怎样检查？

答：每次转向架落车后，均应检查：同一转向架和各个轴箱弹簧工作高度允差 2 mm。当超过时，允许加垫调整，但加垫厚度不得大于 2 mm。同一机车各个轴箱弹簧工作允差 3 mm。橡胶堆旁承工作高度差同一转向架内不大于 1 mm，同一机车内不大于 2 mm，如超过，允许用调整垫片调整。安全托与电机托座间距离应为(50±10)mm。牵引杆、连接杆与电机吊座端面间距离不小于 6 mm。检查各连接螺栓，应无松动。砂箱装配应密贴，用 0.15 塞尺检查，应塞不到螺栓根部。各制动装置动作应灵活，不得有卡滞现象。制动缸内通入压缩空气时，闸瓦应作用良好的压紧在车轮踏面，制动缸不得有泄漏。油压减振器应具有阻力系数试验单。如果是带箍车轮，轮对轮箍弛缓标记应完整、清晰、正确。

86. 小修时怎样对 DF7G 型机车曲轴箱进行检查？

答：曲轴各部无裂纹，曲柄销及其过渡圆角表面上不许有剥离、损伤；油堵无松脱。主轴承盖及紧固螺栓作用良好无松动，开口销无折断。主轴瓦、连杆瓦无剥离、烧损，主轴瓦端面错口不大于 0.5 mm。活塞、连杆无破损、变形，油堵无松脱；连杆盖及紧固螺栓作用良好无松动。连杆大端横动量符合 0.25～0.50 mm。气缸套进出水管无松动泄漏；气缸套密封圈作用良好无泄漏。油气分离器连接良好，无泄漏。防爆阀垫、开口销良好，无漏油，弹簧良好，胶圈良好。滤网无异物、无破损。

87. 怎样安装 DF8B 型机车盘车机构？

答：安装主机油道两端的密封盖。密封垫两面涂以适量密封胶。安装密封盖前应检查主机油道内不得有异物和脏物。密封盖安装完后，打好丝衬。将盘车机构擦干净，并手动试验状态良好。将盘车机构装入到安装座上，打好定位销，并紧固好螺母。将盘车机构放到盘车位，检查盘车机构的伞形齿轮与齿轮盘的间隙不得小于 0.5 mm。检查刻度指针及紧固状态良好。盘车机构盘车灵活。

88. 怎样检查 DF8B 型机车活塞组？

答：不许有裂纹、破损，顶部允许有轻微碰压痕，但压痕应不超过四处，深度不大于 2 mm。活塞外圆面、活塞销座孔等处的非密集性轻微拉伤，可经打磨后继续使用，活塞顶与裙部的连接不得松动。活塞销不许有裂纹，活塞销堵不得裂损、松动，挡圈应完好，不得断裂。活塞销油腔须做 0.4 MPa 油压试验，保持 5 min，无泄漏。活塞钢顶、活塞体、螺栓、活塞销须经探伤，不得有裂纹。活塞顶底面与活塞裙部第一环岸上顶面的间隙为 0.032～0.080 mm。

89. DF7G 型机车车钩组装后应怎样检查？

答：车钩“三态”检查应作用良好。测量锁闭后钩舌尾部与锁铁垂直面的接触高度不小于 40 mm。测量钩舌与锁铁的侧面间隙不大于 6 mm。测量钩锁闭后钩锁铁的向上活动量为 5～20 mm。测量钩耳锁孔及钩舌销孔的直径不大于 44 mm。测量钩舌销与孔的间隙（长）3～5 mm，（短）1～3 mm。测量钩舌与钩耳上下面的间隙不大于 1～10 mm。测量车钩开度，锁闭状态 112～127 mm，全开状态 220～245 mm。测量车钩中心距轨面的高度应为 850～890 mm。测量钩尾销与孔的间隙：钩尾销尺寸不小于(96×36) mm，钩体扁销孔不大于(113×46) mm，钩尾框扁销孔长度不大于 109 mm。前后之和 9～16 mm，左右之和 3～9 mm。测量车钩尾部与从板间隙为 2～5 mm。检查从板厚度不小于 56 mm。

90. 怎样使用锯弓？

答：起锯的方式有远边起锯和近边起锯两种，一般情况采用远边起锯。因为此时锯齿是逐步切入材料，不易卡住，起锯比较方便。起锯角 α 以 15°左右为宜。为了起锯的位置正确和平稳，可用左手大拇指挡住锯条来定位。起锯时压力要小，往返行程要短，速度要慢，这样可使起锯平稳。锯割时，手握锯弓要舒展自然，右手握住手柄向前施加压力，左手轻扶在弓架前端，稍加压力。人体重量均布在两腿上。锯割时速度不宜过快，以每分钟 30～60 次为宜，并应用锯条全长的三分之二工作，以免锯条中间部分迅速磨钝。推锯时锯弓运动方式有两种，一种是直线运动，适用于锯缝底面要求平直的槽和薄壁工件的锯割；另一种锯弓上下摆动，这样操作自然，两手不易疲劳。锯割到材料快断时，用力要轻，以防碰伤手臂或折断锯条。锯割圆钢时，为了得到整齐的锯缝，应从起锯开始以一个方向锯以结束。如果对断面要求不高，可逐渐变更起锯方向，以减少抗力，便于切入。

91. 怎样使用内卡钳？

答：用内卡钳测量内径时，应使两个钳脚的测量面的连线正好垂直相交于内孔的轴线，即钳脚的两个测量面应是内孔直径的两端点。因此，测量时应将下面的钳脚的测量面停在孔壁上作为支点，上面的钳脚由孔口略往里面一些逐渐向外试探，并沿孔壁圆周方向摆动，当沿孔壁圆周方向能摆动的距离为最小时，则表示内卡钳脚的两个测量面已处于内孔直径的两端点了。再将卡钳由外至里慢慢移动，可检验孔的圆度公差。用已在钢直尺上或在外卡钳上取好尺寸的内卡钳去测量内径。就是比较内卡钳在零件孔内的松紧程度。如内卡钳在孔内有较大的自由摆动时，就表示卡钳尺寸比孔径内小了；如内卡钳放不进，或放进孔内后紧得不能自由摆动，就表示内卡钳尺寸比孔径大了，如内卡钳放入孔内，按照上述的测量方法能有 1～2 mm 的自由摆动距离，这时孔径与内卡钳尺寸正好相等。测量时不要用手抓住卡钳测量，这样手感就没有了，难以比较内卡钳在零件孔内的松紧程度，并使卡钳变形而产生测量误差。

92. 怎样检测 DF7G 型机车启动机油泵？

答：将选配好的防尘圈、轴承内圈放入恒温箱内，其温度严格控制在 100～125 ℃，并保温 30 min。将加热好的防尘圈、轴承内圈按选配次序对号入座。防尘圈及轴承内圈应装配到位。其各配合端面应贴靠局部间隙不得大于 0.1 mm，且沿周围方向不得超过 1/3 圆，轴承非定位面即轴承内外圈有标记代号一端一律向外。在轴箱后盖止口上装上橡胶油封，组装轴箱后盖，并检查轴箱后盖与轴箱体端面间不允许有间隙存在。擦净箱体内表面，然后装两轴承外圈和滚动体及间隔环，轴承外圈有标记的一端朝外侧，用铜棒轻轻敲进箱体。严禁锤击，如有卡死，应拆下查明原因。在滚动体与轴承保持架内均匀涂润滑脂，润滑脂为铁道轴承Ⅲ型脂。在轴箱上装工艺盖，防止轴箱往轴上吊装时轴承外窜。装入导向套使轴承滚动体复位。轴箱后盖迷宫槽内涂适当润滑脂。将轴箱吊起借助导向套把轴箱装在轴颈上。拆下组装用的导向套和工艺盖，装轴承直角挡圈。装轴承挡板、紧固螺栓。打好防缓垫片或防缓铁丝。合上前端盖，紧固好螺栓。轴箱前盖组装后，其端面与轴箱体端面之间应有不小于 0.2 mm 的间隙，以防止轴承外圈转动。轴箱完全组装好后，检查测量轴箱横动自由间隙 δ 值并记录。

93. 怎样进行 DF8B 型机车吊运构架、落车？

答：落车时特别注意防止轴箱体的轴箱止挡与构架上的轴箱止挡碰撞。接通架车机电源，按下架车机电源开关，抬高车体至一定高度。拆除支撑架车时，各架车机必须有专人看管。在任一电动机上接通牵车机电源（或人力推）将转向架推至车体下方，对准各旁承的对应位置（必要时轨面撒上黄砂，以增大轮轨间的摩擦力，便于转向架推进）。落下车体时，必须注意旁承与车体上的旁承安装窝对准，构架两侧向支撑不得妨碍落车。装上手制动连接销，穿好开口销并劈开，角度不小于 30°。装上并拧紧连接车体处的横向油压减振器，紧固螺栓，穿好开口销并劈开。测量转向架与车体侧挡间隙，左右之和应为 28～32 mm，如不在此范围内，可用加减垫片的方法调整，但左右侧的垫片厚度应相等。装好橡胶垫和下盖板，拧紧吊杆螺母。用套筒扳手拧紧连接车体处的牵引拉杆紧固螺栓，打好保险，组装完毕，检查牵引销与销座结合处斜面应密贴，局部间隙用 0.05 mm 的塞尺检查，塞入深度不得大于 10 mm，销和槽底部间隙应不小于 0.5 mm，牵引销紧固托板两端与安装座的间隙应相等，组装如有偏差，可用油压镐顶进，严禁用锤敲击。保险片状态良好。顺时针转动手制动摇把，检查手制动装置作用良好，然后复原。拆卸轴箱圆弹簧专用卡子，检查圆弹簧上盖和下座定位销是否进入定位孔。

94. 怎样检测 DF7G 型机车燃油泵?

答:检查主从动齿轮轴状态应良好,轴颈拉伤磨耗可进行涂镀修复无断裂、剥离、腐蚀。齿面状态应良好,无磨耗严重及剥离现象;腐蚀超过 15%或硬伤超过齿面 10%时应更换。检查泵体、泵盖状态应良好,轻微拉伤允许修磨,不许有裂纹。用着色法检查油封座与泵体接触面情况应良好。检查轴承套状态应良好,不许有裂纹偏磨、拉伤等缺陷。更换轴承套时应测量套的外径和安装孔的内径,其配合尺寸为 0.03~0.05 mm。测量泵体内径和主从动齿轮轴齿顶圆外径,齿轮与泵体的配合尺寸应为 0.13~0.36 mm。测量泵体深度和主从动齿轮轴端面的长度,确定泵体与泵盖及齿轮端面的配合总间隙应为 0.05~0.15 mm。不符合时可调整泵体与泵盖的安装垫厚度。测量齿轮轴轴颈的外径和轴承套内径,计算其配合间隙应为 0.06~0.15 mm。

95. 怎样检测 DF8B 型机车通风机?

答:检查轴承内、外圈及滚动体,应无裂纹、剥离、过热变色;保持架应无裂纹、折损、卷边,铆钉无折断松动;游隙应符合规定,否则应更换。轻微拉伤、腐蚀转动灵活无异声,可继续使用。检查轴的轴承配合面不能有严重磨损及拉伤,轻微磨损和拉伤可用油石打磨光滑。外观检查叶轮、法兰、蜗壳及轴承箱不得有裂纹。检查叶片无变形、破损,叶片铆钉无松动。更换叶片时,须做静平衡试验,不平衡度不大于 25 g·cm。用塞尺检查法兰、叶轮与轴的花键侧隙小于等于 0.5 mm,超限时应焊修或更换。更换轴承时应测量轴承内、外圈尺寸,与轴、轴承箱配合尺寸,其配合尺寸应符合要求,轴承与轴配合(过盈)为 0.01~0.03 mm,轴承与轴承箱(间隙)为 0~0.05 mm。检查轴承箱及轴承盖的油路应畅通,更换不良的油杯。更换毛毡油封及其他不良的零件。

96. 怎样使用外卡钳?

答:外卡钳在钢直尺上取下尺寸时,一个钳脚的测量面靠在钢直尺的端面上,另一个钳脚的测量面对准所需尺寸刻线的中间,且两个测量面的连线应与钢直尺平行,人的视线要垂直于钢直尺。用已在钢直尺上取好尺寸的外卡钳去测量外径时,要使两个测量面的连线垂直零件的轴线,靠外卡钳的自重滑过零件外圆时,手中的感觉应该是外卡钳与零件外圆正好是点接触,此时外卡钳两个测量面之间的距离,就是被测零件的外径。所以,用外卡钳测量外径,就是比较外卡钳与零件外圆接触的松紧程度,以卡钳的自重能刚好滑下为合适。如当卡钳滑过外圆时,手中没有接触感觉,就说明外卡钳比零件外径尺寸大,如靠外卡钳的自重不能滑过零件外圆,就说明外卡钳比零件外径尺寸小。切不可将卡钳歪斜地放上工件测量,这样有误差。由于卡钳有弹性,把外卡钳用力压过外圆是错误的,更不能把卡钳横着卡上去。对于大尺寸的外卡钳,靠它自重滑过零件外圆的测量压力已经太大了,此时应托住卡钳进行测量。

97. 怎样校正百分尺的零位?

答:所谓“校对百分尺的零位”,就是把百分尺的两个测砧面擦拭干净,转动测微螺杆使它们贴合在一起(这是指 0~25 mm 的百分尺而言,若测量范围大于 0~25 mm 时,应该在两测砧面间放上校对样棒)，检查微分筒圆周上的“0”刻线，是否对准固定套筒的中线，微分筒的端面是否正好使固定套筒上的“0”刻线露出来。如果两者位置都是正确的，就认为百分尺的零位是对的，否则就要进行校正，使之对准零位。如果零位是由于微分筒的轴向位置不对，如微分筒的端部盖住固定套筒上的“0”刻线，或“0”刻线露出太多、0.5的刻线搞错，必须进行校正。此时，可用制动器把测微螺杆锁住，再用百分尺的专用扳手，插入测力装置轮轴的小孔内，把测力装置松开(逆时针旋转)，微分筒就能进行调整，即轴向移动一点。使固定套筒上的“0”线正好露出来，同时使微分筒的零线对准固定套筒的中线，然后把测力装置旋紧。如果零位是由于微分筒的零线没有对准固定套筒的中线，也必须进行校正。此时，可用百分尺的专用扳手，插入固定套筒的小孔内，把固定套筒转过一点，使之对准零线。但当微分筒的零线相差较大时，不应当采用此法调整，而应该采用松开测力装置转动微分筒的方法来校正。

98. 怎样检修 DF8B 型机车静液压泵(静液压电动机)?

答:将各部件清洗干净达到清洁度标准要求，消除飞边毛刺。检查轴承状态，应符合规定要求。外观检查主轴不得有裂纹，主轴花键侧面磨损应不超过 0.5 mm，否则应更换；与骨架油封接触的主轴轴颈不得有严重拉伤，否则处理或更换，静液压电动机还应检查锥面是否良好，接触面积大于等于 70%。测量柱塞与油缸的配合间隙应为 0.025～0.08 mm，轴承与轴的配合间隙为 0～0.02 mm，与孔的配合间隙为 0～0.01 mm。检查柱塞、油缸体、配流盘状态有轻微拉伤可继续使用，严重者更换新件。油缸体与配流盘高压接触部分不少于 80%。芯轴球套与油缸体球窝、弹簧座球窝、主轴球窝与芯轴及连杆球头接触面积不少于 60%。测量连杆球窝中心的平面与前后泵体结合面的偏差小于等于 0.1 mm。更换油封和 O 形橡胶圈和其他不良件。外观检查前后泵体，不得有裂纹和磨损现象。所有探伤件必须认真探伤，不许电磁探伤的零件应着色探伤。

99. 怎样组装 DF7G 型机车缓冲器?

答:在确认各配件状态良好，是合格品且各零部件表面洁净、摩擦面不准有油污方可施行组装，其组装顺序为将箱体倒置于组装台位的下支承体上，依次放入角弹簧座→角弹簧→外圆弹簧→内圆弹簧→弹簧座→外固定板→固定斜板→复原弹簧→中心楔块→楔块→动板→销子(铜条组装前安放在楔块里)。箱体内腔应清理干净。4 个角簧自由高差不大于 2 mm，角弹簧要放端正，保证与箱体底面垂直。同一缓冲器内的内弹簧自由高应不高于外弹簧自由高。外弹簧簧尖与箱体内腔壁相邻近，内弹簧上端簧尖与外弹簧上端簧尖相背，并保证内外弹簧的稳定性(手动检查应平稳无晃动)。为保证外固定板、动板、中心楔块、楔块、固定斜板表面洁净无油污，组装时，操作者应使用干净手套，并及时更换新手套，在组装前把能接触到缓冲器零部件的设备、工装擦拭干净，并在设备工作台上铺一层干净的防油纸板。检查缓冲器的组装长度，应为 566～571 mm。

100. C2 修时怎样对 HXN3B 型机车轮对进行检查？

答：外观检查，轮对无异常。轮箍探伤检查，不许有裂纹和缺陷，车轮禁止焊修。轮芯探伤检查，不许有裂纹和缺陷，轮芯禁止焊修。轮箍扣环须完整，扣环与槽的侧面间隙不大于 0.5 mm。轮芯与轮箍的弛缓线不许有错位，扣环不许有开焊。轮对踏面磨耗深度、轮缘厚度须符合技术要求。车轮踏面应符合下列要求，(1)车轮踏面擦伤深度不超过 0.7 mm；(2)车轮踏面上的缺陷或剥离长度不超过 40 mm，深度不超过 1 mm；(3)车轮踏面磨耗深度不超过 7 mm；(4)轮缘的垂直磨耗高度不超过 18 mm。检查轮对尺寸超限、探伤缺陷超标及其他需要轮对解体检修时，按相关技术要求执行。检查车轮滚动圆直径、轮辋宽度、轮缘高度、轮缘厚度、轮对内侧距、同轴轮对内侧距差、滚动圆直径差须符合限度要求。

S1 HXN3B 型机车 C3 修时主辅发电机检查

1. 考场准备

要求在检修库内股道上停留一台 HXN3B 型机车，机车必须在停机状态，机车两端地沟上设有稳固整洁的渡板，考场周围整洁并有隔离措施。

2. 材料工具准备

序　号	名　称	规　格	数　量	备　注
1	开口扳手		1 套	
2	检车锤		1 把	
3	手电		1 只	
4	钢直尺	200 mm	1 把	

3. 考核要求

(1)被认定人入场后，首先由裁判告知题目，其次由被认定人检查设备、机具，准备工、卡、量具，当被认定人告知裁判可以开始时，由裁判员开始计时。

(2)考核时间为 15 min。

(3)考核时被认定人应按规定穿戴防护用品，考试中出现挤伤、砸伤等人身伤害情况时立即终止考试，成绩为零。

(4)考核过程中被认定人出现违规使用设备、机具或出现断裂、超压、失控等毁坏设备情况时，终止考试，成绩为零。

(5)考核过程中裁判可以根据现场情况向被认定人提问，以确认被认定人的测量数据、故障判断等是否真实有效。

(6)考核完毕后，由被认定人在评分表上签字确认。

4. 考核评分

(1)考评人员 3 名以上。

(2)评分程序及规则：考评员根据考生操作情况对照计分标准在评分表上给予记录评分。

(3)算分方法：采用百分制，满分 100 分，60 分及以上为及格。

职业技能认定
内燃机车钳工(技师)实作技能考核评分记录表

单位:_______ 姓名:_______ 准考证号:_______ 工种:_______ 级别:_______

试题名称:HXN_{3B} 型机车 C3 修时主辅发电机检查

考核时间:15 min

操作开始时间: 时 分 操作结束时间: 时 分

项 目	考核内容及评分标准	扣分因素及扣分	得 分
操作程序(10分)	1. 考核前未检查场地安全防护设施扣2分		
	2. 检查、操作程序错误,不会口述、操作时,每次扣2分		
	3. 工序错乱,工作中出现返工、返回检查时,每次扣5分		
作业质量(60分)	1. 检查之前未确认机车状态,部件温度、稳固等状态,每次扣3分		
	2. 对部件说不出或说错名称、检查顺序混乱、检查内容缺项、漏检等,每次扣3分		
	3. 对需开盖、晃动、敲击等方法进行检查的内容不熟悉,对带压部件检查时未进行呼唤等,每次扣3分		
	4. 对不符合技术要求或有故障的部件进行记录(如果是裁判设置或施画的假设故障,需填写在记录表内),错漏一项扣5分		
	5. 检查后各开关、盖板、罩子等,需进行恢复,每漏一项扣2分		
工具使用(10分)	1. 开工前未检查工、量具及设备,收工时不整理扣2分		
	2. 工、卡、量具及设备使用不当,每次扣2分		
	3. 工、量具脱落,每次扣2分		
作业安全(10分)	1. 未按规定着装扣2分		
	2. 违规操作或违反安全事项扣5分		
	3. 发生事故失格,取消成绩		
考核时间(10分)	1. 作业在规定时间内完成		
	2. 每超1 min扣2分		
	3. 超过5 min停止考核		
合计(100分)			

考评员签名: 认定人: 年 月 日

S2 HXN3B 型机车 C3 修时动力组检查

1. 考场准备

要求在检修库内股道上停留一台 HXN3B 型内燃机车，机车必须在停机状态，机车两端地沟上设有稳固整洁的渡板，考场周围整洁并有隔离措施。

2. 材料工具准备

序　号	名　称	规　格	数　量	备　注
1	开口扳手		1 套	
2	检车锤		1 把	
3	手电		1 只	
4	钢直尺	200 mm	1 把	
5	力矩扳手	40～200 N・m	1 把	

3. 考核要求

(1)被认定人入场后，首先由裁判告知题目，其次由被认定人检查设备、机具，准备工、卡、量具，当被认定人告知裁判可以开始时，由裁判员开始计时。

(2)考核时间为 20 min。

(3)考核时被认定人应按规定穿戴防护用品，考试中出现挤伤、砸伤等人身伤害情况时立即终止考试，成绩为零。

(4)考核过程中被认定人出现违规使用设备、机具或出现断裂、超压、失控等毁坏设备情况时，终止考试，成绩为零。

(5)考核过程中裁判可以根据现场情况向被认定人提问，以确认被认定人的测量数据、故障判断等是否真实有效。

(6)考核完毕后，由被认定人在评分表上签字确认。

4. 考核评分

(1)考评人员 3 名以上。

(2)评分程序及规则：考评员根据考生操作情况对照计分标准在评分表上给予记录评分。

(3)算分方法：采用百分制，满分 100 分，60 分及以上为及格。

职业技能认定
内燃机车钳工(技师)实作技能考核评分记录表

单位:________　姓名:________　准考证号:________　工种:________　级别:________

试题名称:HXN_{3B}型机车C3修时动力组检查

考核时间:20 min

操作开始时间:　　时　　分　　　　　　　　操作结束时间:　　时　　分

项　目	考核内容及评分标准	扣分因素及扣分	得　分
操作程序 (10分)	1. 考核前未检查场地安全防护设施扣2分		
	2. 检查、操作程序错误,不会口述、操作时,每次扣2分		
	3. 工序错乱,工作中出现返工、返回检查时,每次扣5分		
作业质量 (60分)	1. 检查之前未确认机车状态,部件温度、稳固等状态,每次扣3分		
	2. 对部件说不出或说错名称、检查顺序混乱、检查内容缺项、漏检等,每次扣3分		
	3. 对需开盖、晃动、敲击等方法进行检查的内容不熟悉,对带压部件检查时未进行呼唤等,每次扣3分		
	4. 对不符合技术要求或有故障的部件进行记录(如果是裁判设置或施画的假设故障,需填写在记录表内),错漏一项扣5分		
	5. 检查后各开关、盖板、罩子等,需进行恢复,每漏一项扣2分		
工具使用 (10分)	1. 开工前未检查工、量具及设备,收工时不整理扣2分		
	2. 工、卡、量具及设备使用不当,每次扣2分		
	3. 工、量具脱落,每次扣2分		
作业安全 (10分)	1. 未按规定着装扣2分		
	2. 违规操作或违反安全事项扣5分		
	3. 发生事故失格,取消成绩		
考核时间 (10分)	1. 作业在规定时间内完成		
	2. 每超1 min扣2分		
	3. 超过5 min停止考核		
合计 (100分)			

考评员签名:　　　　　　　　　　认定人:　　　　　　　　　　年　　月　　日

S3　HXN3B 型机车 C3 修时车体及底架检查

1. 考场准备

要求在检修库内股道上停留一台 HXN3B 型内燃机车，机车必须在停机状态，机车两端地沟上设有稳固整洁的渡板，考场周围整洁并有隔离措施。

2. 材料工具准备

序　号	名　称	规　格	数　量	备　注
1	开口扳手		1 套	
2	检车锤		1 把	
3	手电		1 只	
4	钢直尺	200 mm	1 把	

3. 考核要求

(1)被认定人入场后，首先由裁判告知题目，其次由被认定人检查设备、机具，准备工、卡、量具，当被认定人告知裁判可以开始时，由裁判员开始计时。

(2)考核时间为 15 min。

(3)考核时被认定人应按规定穿戴防护用品，考试中出现挤伤、砸伤等人身伤害情况时立即终止考试，成绩为零。

(4)考核过程中被认定人出现违规使用设备、机具或出现断裂、超压、失控等毁坏设备情况时，终止考试，成绩为零。

(5)考核过程中裁判可以根据现场情况向被认定人提问，以确认被认定人的测量数据、故障判断等是否真实有效。

(6)考核完毕后，由被认定人在评分表上签字确认。

4. 考核评分

(1)考评人员 3 名以上。

(2)评分程序及规则：考评员根据考生操作情况对照计分标准在评分表上给予记录评分。

(3)算分方法：采用百分制，满分 100 分，60 分及以上为及格。

职业技能认定
内燃机车钳工(技师)实作技能考核评分记录表

单位:________　姓名:________　准考证号:________　工种:________　级别:________

试题名称:HXN_{3B}型机车C3修时车体及底架检查

考核时间:15 min

操作开始时间:　　时　　分　　　　　　　　操作结束时间:　　时　　分

项　目	考核内容及评分标准	扣分因素及扣分	得　分
操作程序(10分)	1. 考核前未检查场地安全防护设施扣2分		
	2. 检查、操作程序错误,不会口述、操作时,每次扣2分		
	3. 工序错乱,工作中出现返工、返回检查时,每次扣5分		
作业质量(60分)	1. 检查之前未确认机车状态,部件温度、稳固等状态,每次扣3分		
	2. 对部件说不出或说错名称、检查顺序混乱、检查内容缺项、漏检等,每次扣3分		
	3. 对需开盖、晃动、敲击等方法进行检查的内容不熟悉,对带压部件检查时未进行呼唤等,每次扣3分		
	4. 对不符合技术要求或有故障的部件进行记录(如果是裁判设置或施画的假设故障,需填写在记录表内),错漏一项扣5分		
	5. 检查后各开关、盖板、罩子等,需进行恢复,每漏一项扣2分		
工具使用(10分)	1. 开工前未检查工、量具及设备,收工时不整理扣2分		
	2. 工、卡、量具及设备使用不当,每次扣2分		
	3. 工、量具脱落,每次扣2分		
作业安全(10分)	1. 未按规定着装扣2分		
	2. 违规操作或违反安全事项扣5分		
	3. 发生事故失格,取消成绩		
考核时间(10分)	1. 作业在规定时间内完成		
	2. 每超1 min扣2分		
	3. 超过5 min停止考核		
合计(100分)			

考评员签名:　　　　　　　　　认定人:　　　　　　　　　年　　月　　日

S4 DF8B 型机车单元制动器的检查

1. 考场准备

要求在检修库内股道上停留一台 DF8B 型内燃机车，机车必须在停机状态，机车两端地沟上设有稳固整洁的渡板，考场周围整洁并有隔离措施。

2. 材料工具准备

序 号	名 称	规 格	数 量	备 注
1	开口扳手		1套	
2	检车锤		1把	
3	手电		1只	
4	耐油石棉橡胶板密封垫		6个	

3. 考核要求

(1)被认定人入场后，首先由裁判告知题目，其次由被认定人检查设备、机具，准备工、卡、量具，当被认定人告知裁判可以开始时，由裁判员开始计时。

(2)考核时间为 15 min。

(3)考核时被认定人应按规定穿戴防护用品，考试中出现挤伤、砸伤等人身伤害情况时立即终止考试，成绩为零。

(4)考核过程中被认定人出现违规使用设备、机具或出现断裂、超压、失控等毁坏设备情况时，终止考试，成绩为零。

(5)考核过程中裁判可以根据现场情况向被认定人提问，以确认被认定人的测量数据、故障判断等是否真实有效。

(6)考核完毕后，由被认定人在评分表上签字确认。

4. 考核评分

(1)考评人员 3 名以上。

(2)评分程序及规则：考评员根据考生操作情况对照计分标准在评分表上给予记录评分。

(3)算分方法：采用百分制，满分 100 分，60 分及以上为及格。

职业技能认定
内燃机车钳工(技师)实作技能考核评分记录表

单位:________ 姓名:________ 准考证号:________ 工种:________ 级别:________

试题名称:DF8B 型机车单元制动器的检查

考核时间:15 min

操作开始时间: 时 分 操作结束时间: 时 分

项 目	考核内容及评分标准	扣分因素及扣分	得 分
操作程序(10 分)	1. 考核前未检查场地安全防护设施扣 2 分		
	2. 检查、操作程序错误,不会口述、操作时,每次扣 2 分		
	3. 工序错乱,工作中出现返工、返回检查时,每次扣 5 分		
作业质量(60 分)	1. 检查之前未确认机车状态,部件温度、稳固等状态,每次扣 3 分		
	2. 对部件说不出或说错名称、检查顺序混乱、检查内容缺项、漏检等,每次扣 3 分		
	3. 对需开盖、晃动、敲击等方法进行检查的内容不熟悉,对带压部件检查时未进行呼唤等,每次扣 3 分		
	4. 对不符合技术要求或有故障的部件进行记录(如果是裁判设置或施画的假设故障,需填写在记录表内),错漏一项扣 5 分		
	5. 检查后各开关、盖板、罩子等,需进行恢复,每漏一项扣 2 分		
工具使用(10 分)	1. 开工前未检查工、量具及设备,收工时不整理扣 2 分		
	2. 工、卡、量具及设备使用不当,每次扣 2 分		
	3. 工、量具脱落,每次扣 2 分		
作业安全(10 分)	1. 未按规定着装扣 2 分		
	2. 违规操作或违反安全事项扣 5 分		
	3. 发生事故失格,取消成绩		
考核时间(10 分)	1. 作业在规定时间内完成		
	2. 每超 1 min 扣 2 分		
	3. 超过 5 min 停止考核		
合计(100 分)			

考评员签名: 认定人: 年 月 日

S5　HXN3B 型机车 C3 修时空气干燥器检查

1. 考场准备

要求在检修库内股道上停留一台 HXN3B 型机车，机车必须在停机状态，机车两端地沟上设有稳固整洁的渡板，考场周围整洁并有隔离措施。

2. 材料工具准备

序　号	名　称	规　格	数　量	备　注
1	开口扳手		1 套	
2	检车锤		1 把	
3	手电		1 只	
4	钢直尺	200 mm	1 把	

3. 考核要求

(1)被认定人入场后，首先由裁判告知题目，其次由被认定人检查设备、机具，准备工、卡、量具，当被认定人告知裁判可以开始时，由裁判员开始计时。

(2)考核时间为 15 min。

(3)考核时被认定人应按规定穿戴防护用品，考试中出现挤伤、砸伤等人身伤害情况时立即终止考试，成绩为零。

(4)考核过程中被认定人出现违规使用设备、机具或出现断裂、超压、失控等毁坏设备情况时，终止考试，成绩为零。

(5)考核过程中裁判可以根据现场情况向被认定人提问，以确认被认定人的测量数据、故障判断等是否真实有效。

(6)考核完毕后，由被认定人在评分表上签字确认。

4. 考核评分

(1)考评人员 3 名以上。

(2)评分程序及规则：考评员根据考生操作情况对照计分标准在评分表上给予记录评分。

(3)算分方法：采用百分制，满分 100 分，60 分及以上为及格。

职业技能认定
内燃机车钳工(技师)实作技能考核评分记录表

单位:________ 姓名:________ 准考证号:________ 工种:________ 级别:________

试题名称:HXN_{3B}型机车C3修时空气干燥器检查

考核时间:15 min

操作开始时间: 时 分　　　　操作结束时间: 时 分

项 目	考核内容及评分标准	扣分因素及扣分	得 分
操作程序(10分)	1. 考核前未检查场地安全防护设施扣2分		
	2. 检查、操作程序错误,不会口述、操作时,每次扣2分		
	3. 工序错乱,工作中出现返工、返回检查时,每次扣5分		
作业质量(60分)	1. 检查之前未确认机车状态,部件温度、稳固等状态,每次扣3分		
	2. 对部件说不出或说错名称、检查顺序混乱、检查内容缺项、漏检等,每次扣3分		
	3. 对需开盖、晃动、敲击等方法进行检查的内容不熟悉,对带压部件检查时未进行呼唤等,每次扣3分		
	4. 对不符合技术要求或有故障的部件进行记录(如果是裁判设置或施画的假设故障,需填写在记录表内),错漏一项扣5分		
	5. 检查后各开关、盖板、罩子等,需进行恢复,每漏一项扣2分		
工具使用(10分)	1. 开工前未检查工、量具及设备,收工时不整理扣2分		
	2. 工、卡、量具及设备使用不当,每次扣2分		
	3. 工、量具脱落,每次扣2分		
作业安全(10分)	1. 未按规定着装扣2分		
	2. 违规操作或违反安全事项扣5分		
	3. 发生事故失格,取消成绩		
考核时间(10分)	1. 作业在规定时间内完成		
	2. 每超1 min扣2分		
	3. 超过5 min停止考核		
合计(100分)			

考评员签名:　　　　认定人:　　　　年 月 日

S6　DF4DK 型机车万向轴检修

1. 考场准备

要求在检修台位上准备 DF4DK 型机车万向轴一台，清洗油槽一个，动平衡试验机一台，钳工台，考场周围整洁并有隔离措施。

2. 材料工具准备

序　号	名　称	规　格	数　量	备　注
1	开口扳手		1 套	
2	外径千分尺	25～50 mm	1 把	
3	内径千分尺	25～50 mm	1 把	
4	塞尺	150 mm	1 把	
5	天平		1 台	
6	柴油		适量	
7	汽油		适量	
8	毛巾		1 块	
9	砂布		1 块	
10	润滑脂		适量	

3. 考核要求

(1)被认定人入场后，首先由裁判告知题目，其次由被认定人检查设备、机具，准备工、卡、量具，当被认定人告知裁判可以开始时，由裁判员开始计时。

(2)考核时间为 30 min。

(3)考核时被认定人应按规定穿戴防护用品，考试中出现挤伤、砸伤等人身伤害情况时立即终止考试，成绩为零。

(4)考核过程中被认定人出现违规使用设备、机具或出现断裂、超压、失控等毁坏设备情况时，终止考试，成绩为零。

(5)考核过程中裁判可以根据现场情况向被认定人提问，以确认被认定人的测量数据、故障判断等是否真实有效。

(6)考核完毕后，由被认定人在评分表上签字确认。

4. 考核评分

(1)考评人员 3 名以上。

(2)评分程序及规则：考评员根据考生操作情况对照计分标准在评分表上给予记录评分。

(3)算分方法：采用百分制，满分 100 分，60 分及以上为及格。

职业技能认定
内燃机车钳工(技师)实作技能考核评分记录表

单位:________ 姓名:________ 准考证号:________ 工种:________ 级别:________

试题名称:DF4DK 型机车万向轴检修

考核时间:30 min

操作开始时间: 时 分 操作结束时间: 时 分

项 目	考核内容及评分标准	扣分因素及扣分	得 分
操作程序 (10 分)	1. 考核前未检查场地安全防护设施扣 2 分		
	2. 检查、操作程序错误,不会口述、操作时,每次扣 2 分		
	3. 工序错乱,工作中出现返工时,每次扣 5 分		
作业质量 (60 分)	1. 分解过程中,出现顺序不对、违规使用工具、部件掉落等情况时,每次扣 3 分		
	2. 对各部件进行检查、清洗、探伤、修理、测量等工序,漏检一项扣 2 分		
	3. 对不符合技术要求或有故障的部件进行记录、检修或更换(如果是裁判设置或施画的假设故障,只记录不处理),错、漏一项扣 5 分		
	4. 按顺序要求组装,出现遗漏、装反、强行装入、未按要求操作等情况时,每次扣 5 分		
	5. 组装后检查(试验),检查(试验)数据不准确,每缺、漏、错一项扣 2 分		
工具使用 (10 分)	1. 开工前未检查工、量具及设备,收工时不整理扣 2 分		
	2. 工、卡、量具及设备使用不当,每次扣 2 分		
	3. 工、量具脱落,每次扣 2 分		
作业安全 (10 分)	1. 未按规定着装扣 2 分		
	2. 违规操作或违反安全事项扣 5 分		
	3. 发生事故失格,取消成绩		
考核时间 (10 分)	1. 作业在规定时间内完成		
	2. 每超 1 min 扣 2 分		
	3. 超过 5 min 停止考核		
合计 (100 分)			

考评员签名: 认定人: 年 月 日

S7 DF8B 型机车温度控制阀检修

1. 考场准备

要求在检修台位上准备 DF8B 型机车温度控制阀一台，清洗油槽一个，温度控制阀试验台，钳工台，考场周围整洁并有隔离措施。

2. 材料工具准备

序 号	名 称	规 格	数 量	备 注
1	开口扳手		1 套	
2	外径千分尺		1 把	
3	内卡钳	200 mm	1 把	
4	外卡钳	200 mm	1 把	
5	卡环钳		1 把	
6	螺丝刀	150 mm	1 套	
7	柴油		适量	
8	研磨剂		适量	
9	感温元件		1 个	

3. 考核要求

(1)被认定人入场后，首先由裁判告知题目，其次由被认定人检查设备、机具，准备工、卡、量具，当被认定人告知裁判可以开始时，由裁判员开始计时。

(2)考核时间为 30 min。

(3)考核时被认定人应按规定穿戴防护用品，考试中出现挤伤、砸伤等人身伤害情况时立即终止考试，成绩为零。

(4)考核过程中被认定人出现违规使用设备、机具或出现断裂、超压、失控等毁坏设备情况时，终止考试，成绩为零。

(5)考核过程中裁判可以根据现场情况向被认定人提问，以确认被认定人的测量数据、故障判断等是否真实有效。

(6)考核完毕后，由被认定人在评分表上签字确认。

4. 考核评分

(1)考评人员 3 名以上。

(2)评分程序及规则：考评员根据考生操作情况对照计分标准在评分表上给予记录评分。

(3)算分方法：采用百分制，满分 100 分，60 分及以上为及格。

职业技能认定
内燃机车钳工(技师)实作技能考核评分记录表

单位:________　姓名:________　准考证号:________　工种:________　级别:________

试题名称:DF_{8B}型机车温度控制阀检修

考核时间:30 min

操作开始时间:　　时　　分　　　　　　　　　　操作结束时间:　　时　　分

项　目	考核内容及评分标准	扣分因素及扣分	得　分
操作程序 (10分)	1. 考核前未检查场地安全防护设施扣2分		
	2. 检查、操作程序错误,不会口述、操作时,每次扣2分		
	3. 工序错乱,工作中出现返工时,每次扣5分		
作业质量 (60分)	1. 分解过程中,出现顺序不对、违规使用工具、部件掉落等情况时,每次扣3分		
	2. 对各部件进行检查、清洗、探伤、修理、测量等工序,漏检一项扣2分		
	3. 对不符合技术要求或有故障的部件进行记录、检修或更换(如果是裁判设置或施画的假设故障,只记录不处理),错、漏一项扣5分		
	4. 按顺序要求组装,出现遗漏、装反、强行装入、未按要求操作等情况时,每次扣5分		
	5. 组装后检查(试验),检查(试验)数据不准确,每缺、漏、错一项扣2分		
工具使用 (10分)	1. 开工前未检查工、量具及设备,收工时不整理扣2分		
	2. 工、卡、量具及设备使用不当,每次扣2分		
	3. 工、量具脱落,每次扣2分		
作业安全 (10分)	1. 未按规定着装扣2分		
	2. 违规操作或违反安全事项扣5分		
	3. 发生事故失格,取消成绩		
考核时间 (10分)	1. 作业在规定时间内完成		
	2. 每超1 min扣2分		
	3. 超过5 min停止考核		
合计 (100分)			

考评员签名:　　　　　　　　　　　　认定人:　　　　　　　　　　　　年　　月　　日

S8 DF8B 型机车启动变速箱检修

1. 考场准备

要求在检修台位上准备 DF8B 型机车启动变速箱一台，清洗油槽一个，空转磨合试验台，轴承游隙测定器，考场周围整洁并有隔离措施。

2. 材料工具准备

序　号	名　称	规　格	数　量	备　注
1	开口扳手		1 套	
2	外径千分尺		1 把	
3	内径千分尺		1 把	
4	百分表		1 块	
5	深度尺	200 mm	1 把	
6	钢直尺	200 mm	1 把	
7	塞尺	150 mm	1 把	
8	清洗剂		适量	
9	柴油、汽油		适量	
10	密封胶		1 管	

3. 考核要求

(1)被认定人入场后，首先由裁判告知题目，其次由被认定人检查设备、机具，准备工、卡、量具，当被认定人告知裁判可以开始时，由裁判员开始计时。

(2)考核时间为 20 min。

(3)考核时被认定人应按规定穿戴防护用品，考试中出现挤伤、砸伤等人身伤害情况时立即终止考试，成绩为零。

(4)考核过程中被认定人出现违规使用设备、机具或出现断裂、超压、失控等毁坏设备情况时，终止考试，成绩为零。

(5)考核过程中裁判可以根据现场情况向被认定人提问，以确认被认定人的测量数据、故障判断等是否真实有效。

(6)考核完毕后，由被认定人在评分表上签字确认。

4. 考核评分

(1)考评人员 3 名以上。

(2)评分程序及规则：考评员根据考生操作情况对照计分标准在评分表上给予记录评分。

(3)算分方法：采用百分制，满分 100 分，60 分及以上为及格。

职业技能认定
内燃机车钳工(技师)实作技能考核评分记录表

单位:________　姓名:________　准考证号:________　工种:________　级别:________

试题名称:DF_{8B}型机车启动变速箱检修

考核时间:20 min

操作开始时间:　时　分　　　　　　操作结束时间:　时　分

项　目	考核内容及评分标准	扣分因素及扣分	得　分
操作程序(10分)	1. 考核前未检查场地安全防护设施扣2分		
	2. 检查、操作程序错误,不会口述、操作时,每次扣2分		
	3. 工序错乱,工作中出现返工时,每次扣5分		
作业质量(60分)	1. 分解过程中,出现顺序不对、违规使用工具、部件掉落等情况时,每次扣3分		
	2. 对各部件进行检查、清洗、探伤、修理、测量等工序,漏检一项扣2分		
	3. 对不符合技术要求或有故障的部件进行记录、检修或更换(如果是裁判设置或施画的假设故障,只记录不处理),错、漏一项扣5分		
	4. 按顺序要求组装,出现遗漏、装反、强行装入、未按要求操作等情况时,每次扣5分		
	5. 组装后检查(试验),检查(试验)数据不准确,每缺、漏、错一项扣2分		
工具使用(10分)	1. 开工前未检查工、量具及设备,收工时不整理扣2分		
	2. 工、卡、量具及设备使用不当,每次扣2分		
	3. 工、量具脱落,每次扣2分		
作业安全(10分)	1. 未按规定着装扣2分		
	2. 违规操作或违反安全事项扣5分		
	3. 发生事故失格,取消成绩		
考核时间(10分)	1. 作业在规定时间内完成		
	2. 每超1 min扣2分		
	3. 超过5 min停止考核		
合计(100分)			

考评员签名:　　　　　　　认定人:　　　　　　　年　月　日

S9　DF4DK 型机车燃油精滤器检修

1. 考场准备

要求在检修台位上准备 DF4DK 型机车燃油精滤器一台，清洗槽一个，试压设备一台，考场周围整洁并有隔离措施。

2. 材料工具准备

序　号	名　称	规　格	数　量	备　注
1	开口扳手		1 套	
2	活扳手	12 寸	1 把	
3	清洗剂		适量	

3. 考核要求

(1)被认定人入场后，首先由裁判告知题目，其次由被认定人检查设备、机具，准备工、卡、量具，当被认定人告知裁判可以开始时，由裁判员开始计时。

(2)考核时间为 20 min。

(3)考核时被认定人应按规定穿戴防护用品，考试中出现挤伤、砸伤等人身伤害情况时立即终止考试，成绩为零。

(4)考核过程中被认定人出现违规使用设备、机具或出现断裂、超压、失控等毁坏设备情况时，终止考试，成绩为零。

(5)考核过程中裁判可以根据现场情况向被认定人提问，以确认被认定人的测量数据、故障判断等是否真实有效。

(6)考核完毕后，由被认定人在评分表上签字确认。

4. 考核评分

(1)考评人员 3 名以上。

(2)评分程序及规则：考评员根据考生操作情况对照计分标准在评分表上给予记录评分。

(3)算分方法：采用百分制，满分 100 分，60 分及以上为及格。

职业技能认定
内燃机车钳工(技师)实作技能考核评分记录表

单位:______ 姓名:______ 准考证号:______ 工种:______ 级别:______

试题名称:DF_{4DK}型机车燃油精滤器检修

考核时间:20 min

操作开始时间: 时 分 操作结束时间: 时 分

项 目	考核内容及评分标准	扣分因素及扣分	得 分
操作程序(10分)	1. 考核前未检查场地安全防护设施扣2分		
	2. 检查、操作程序错误,不会口述、操作时,每次扣2分		
	3. 工序错乱,工作中出现返工时,每次扣5分		
作业质量(60分)	1. 分解过程中,出现顺序不对、违规使用工具、部件掉落等情况时,每次扣3分		
	2. 对各部件进行检查、清洗、探伤、修理、测量等工序,漏检一项扣2分		
	3. 对不符合技术要求或有故障的部件进行记录、检修或更换(如果是裁判设置或施画的假设故障,只记录不处理),错、漏一项扣5分		
	4. 按顺序要求组装,出现遗漏、装反、强行装入、未按要求操作等情况时,每次扣5分		
	5. 组装后检查(试验),检查(试验)数据不准确,每缺、漏、错一项扣2分		
工具使用(10分)	1. 开工前未检查工、量具及设备,收工时不整理扣2分		
	2. 工、卡、量具及设备使用不当,每次扣2分		
	3. 工、量具脱落,每次扣2分		
作业安全(10分)	1. 未按规定着装扣2分		
	2. 违规操作或违反安全事项扣5分		
	3. 发生事故失格,取消成绩		
考核时间(10分)	1. 作业在规定时间内完成		
	2. 每超1 min扣2分		
	3. 超过5 min停止考核		
合计(100分)			

考评员签名: 认定人: 年 月 日

S10　DF8B 型机车启动滑油泵检修

1. 考场准备

要求在检修台位上准备 DF8B 型机车启动滑油泵一台，清洗油槽一个，滑油泵试验台一台，拆装支架，考场周围整洁并有隔离措施。

2. 材料工具准备

序　号	名　称	规　格	数　量	备　注
1	开口扳手		1套	
2	联轴节拔出器		1把	
3	外径千分尺	0～25 mm	1把	
4	外径千分尺	25～50 mm	1把	
5	内径量表	18～35 mm	1把	
6	深度尺	200 mm	1把	
7	柴油、汽油		适量	
8	密封胶		1管	

3. 考核要求

(1)被认定人入场后，首先由裁判告知题目，其次由被认定人检查设备、机具，准备工、卡、量具，当被认定人告知裁判可以开始时，由裁判员开始计时。

(2)考核时间为 30 min。

(3)考核时被认定人应按规定穿戴防护用品，考试中出现挤伤、砸伤等人身伤害情况时立即终止考试，成绩为零。

(4)考核过程中被认定人出现违规使用设备、机具或出现断裂、超压、失控等毁坏设备情况时，终止考试，成绩为零。

(5)考核过程中裁判可以根据现场情况向被认定人提问，以确认被认定人的测量数据、故障判断等是否真实有效。

(6)考核完毕后，由被认定人在评分表上签字确认。

4. 考核评分

(1)考评人员 3 名以上。

(2)评分程序及规则：考评员根据考生操作情况对照计分标准在评分表上给予记录评分。

(3)算分方法：采用百分制，满分 100 分，60 分及以上为及格。

职业技能认定
内燃机车钳工(技师)实作技能考核评分记录表

单位:________　姓名:________　准考证号:________　工种:________　级别:________

试题名称:DF_{8B}型机车启动滑油泵检修

考核时间:30 min

操作开始时间:　　时　　分　　　　　　操作结束时间:　　时　　分

项　目	考核内容及评分标准	扣分因素及扣分	得　分
操作程序(10分)	1. 考核前未检查场地安全防护设施扣2分		
	2. 检查、操作程序错误,不会口述、操作时,每次扣2分		
	3. 工序错乱,工作中出现返工时,每次扣5分		
作业质量(60分)	1. 分解过程中,出现顺序不对、违规使用工具、部件掉落等情况时,每次扣3分		
	2. 对各部件进行检查、清洗、探伤、修理、测量等工序,漏检一项扣2分		
	3. 对不符合技术要求或有故障的部件进行记录、检修或更换(如果是裁判设置或施画的假设故障,只记录不处理),错、漏一项扣5分		
	4. 按顺序要求组装,出现遗漏、装反、强行装入、未按要求操作等情况时,每次扣5分		
	5. 组装后检查(试验),检查(试验)数据不准确,每缺、漏、错一项扣2分		
工具使用(10分)	1. 开工前未检查工、量具及设备,收工时不整理扣2分		
	2. 工、卡、量具及设备使用不当,每次扣2分		
	3. 工、量具脱落,每次扣2分		
作业安全(10分)	1. 未按规定着装扣2分		
	2. 违规操作或违反安全事项扣5分		
	3. 发生事故失格,取消成绩		
考核时间(10分)	1. 作业在规定时间内完成		
	2. 每超1 min扣2分		
	3. 超过5 min停止考核		
合计(100分)			

考评员签名:　　　　　　　　认定人:　　　　　　　　年　　月　　日

S11　DF4DK 型机车推杆装配检修

1. 考场准备

要求在检修台位上准备 DF4DK 型机车推杆装配一台，清洗油槽一个，钳工台，考场周围整洁并有隔离措施。

2. 材料工具准备

序　号	名　称	规　格	数　量	备　注
1	开口扳手		1 套	
2	外径千分尺	0～25 mm	1 把	
3	内径量表	18～35 mm	1 把	
4	纱布		1 块	
5	铜棒		1 根	
6	细钢针		1 根	
7	油石		1 条	
8	柴油		适量	
9	泡沫塑料		适量	

3. 考核要求

(1)被认定人入场后，首先由裁判告知题目，其次由被认定人检查设备、机具，准备工、卡、量具，当被认定人告知裁判可以开始时，由裁判员开始计时。

(2)考核时间为 25 min。

(3)考核时被认定人应按规定穿戴防护用品，考试中出现挤伤、砸伤等人身伤害情况时立即终止考试，成绩为零。

(4)考核过程中被认定人出现违规使用设备、机具或出现断裂、超压、失控等毁坏设备情况时，终止考试，成绩为零。

(5)考核过程中裁判可以根据现场情况向被认定人提问，以确认被认定人的测量数据、故障判断等是否真实有效。

(6)考核完毕后，由被认定人在评分表上签字确认。

4. 考核评分

(1)考评人员 3 名以上。

(2)评分程序及规则：考评员根据考生操作情况对照计分标准在评分表上给予记录评分。

(3)算分方法：采用百分制，满分 100 分，60 分及以上为及格。

职业技能认定

内燃机车钳工(技师)实作技能考核评分记录表

单位:________　姓名:________　准考证号:________　工种:________　级别:________

试题名称:DF_{4DK} 型机车推杆装配检修

考核时间:25 min

操作开始时间:　时　分　　　　　　操作结束时间:　时　分

项　目	考核内容及评分标准	扣分因素及扣分	得　分
操作程序 (10 分)	1. 考核前未检查场地安全防护设施扣 2 分		
	2. 检查、操作程序错误,不会口述、操作时,每次扣 2 分		
	3. 工序错乱,工作中出现返工时,每次扣 5 分		
作业质量 (60 分)	1. 分解过程中,出现顺序不对、违规使用工具、部件掉落等情况时,每次扣 3 分		
	2. 对各部件进行检查、清洗、探伤、修理、测量等工序,漏检一项扣 2 分		
	3. 对不符合技术要求或有故障的部件进行记录、检修或更换(如果是裁判设置或施画的假设故障,只记录不处理),错、漏一项扣 5 分		
	4. 按顺序要求组装,出现遗漏、装反、强行装入、未按要求操作等情况时,每次扣 5 分		
	5. 组装后检查(试验),检查(试验)数据不准确,每缺、漏、错一项扣 2 分		
工具使用 (10 分)	1. 开工前未检查工、量具及设备,收工时不整理扣 2 分		
	2. 工、卡、量具及设备使用不当,每次扣 2 分		
	3. 工、量具脱落,每次扣 2 分		
作业安全 (10 分)	1. 未按规定着装扣 2 分		
	2. 违规操作或违反安全事项扣 5 分		
	3. 发生事故失格,取消成绩		
考核时间 (10 分)	1. 作业在规定时间内完成		
	2. 每超 1 min 扣 2 分		
	3. 超过 5 min 停止考核		
合计 (100 分)			

考评员签名:　　　　　　　　认定人:　　　　　　　　年　　月　　日

S12　DF8B 型机车喷油器检修

1. 考场准备

要求在检修台位上准备 DF8B 型机车喷油器一台，清洗油槽一个，雾化试验台，清除积碳设备，针阀研磨机，平面研磨台，清洗设备，考场周围整洁并有隔离措施。

2. 材料工具准备

序　号	名　称	规　格	数　量	备　注
1	开口扳手		1套	
2	毛刷		1把	
3	柴油		适量	
4	碳化硼研磨剂	320号以上	适量	
5	绸布		1块	
6	针阀压出工具		1把	
7	内六方扳手	36 mm	1把	
8	钢直尺	150 mm	1把	

3. 考核要求

(1)被认定人入场后，首先由裁判告知题目，其次由被认定人检查设备、机具，准备工、卡、量具，当被认定人告知裁判可以开始时，由裁判员开始计时。

(2)考核时间为 50 min。

(3)考核时被认定人应按规定穿戴防护用品，考试中出现挤伤、砸伤等人身伤害情况时立即终止考试，成绩为零。

(4)考核过程中被认定人出现违规使用设备、机具或出现断裂、超压、失控等毁坏设备情况时，终止考试，成绩为零。

(5)考核过程中裁判可以根据现场情况向被认定人提问，以确认被认定人的测量数据、故障判断等是否真实有效。

(6)考核完毕后，由被认定人在评分表上签字确认。

4. 考核评分

(1)考评人员 3 名以上。

(2)评分程序及规则：考评员根据考生操作情况对照计分标准在评分表上给予记录评分。

(3)算分方法：采用百分制，满分 100 分，60 分及以上为及格。

职业技能认定
内燃机车钳工(技师)实作技能考核评分记录表

单位:________ 姓名:________ 准考证号:________ 工种:________ 级别:________

试题名称:DF8B型机车喷油器检修

考核时间:50 min

操作开始时间: 时 分 操作结束时间: 时 分

项 目	考核内容及评分标准	扣分因素及扣分	得 分
操作程序(10分)	1. 考核前未检查场地安全防护设施扣2分		
	2. 检查、操作程序错误,不会口述、操作时,每次扣2分		
	3. 工序错乱,工作中出现返工时,每次扣5分		
作业质量(60分)	1. 分解过程中,出现顺序不对、违规使用工具、部件掉落等情况时,每次扣3分		
	2. 对各部件进行检查、清洗、探伤、修理、测量等工序,漏检一项扣2分		
	3. 对不符合技术要求或有故障的部件进行记录、检修或更换(如果是裁判设置或施画的假设故障,只记录不处理),错、漏一项扣5分		
	4. 按顺序要求组装,出现遗漏、装反、强行装入、未按要求操作等情况时,每次扣5分		
	5. 组装后检查(试验),检查(试验)数据不准确,每缺、漏、错一项扣2分		
工具使用(10分)	1. 开工前未检查工、量具及设备,收工时不整理扣2分		
	2. 工、卡、量具及设备使用不当,每次扣2分		
	3. 工、量具脱落,每次扣2分		
作业安全(10分)	1. 未按规定着装扣2分		
	2. 违规操作或违反安全事项扣5分		
	3. 发生事故失格,取消成绩		
考核时间(10分)	1. 作业在规定时间内完成		
	2. 每超1 min扣2分		
	3. 超过5 min停止考核		
合计(100分)			

考评员签名: 认定人: 年 月 日

S13　DF4DK 型机车摇臂轴座装配检修

1. 考场准备

要求在检修台位上准备 DF4DK 型机车摇臂轴座装配一台，清洗油槽一个，压力机，考场周围整洁并有隔离措施。

2. 材料工具准备

序　号	名　称	规　格	数　量	备　注
1	开口扳手		1套	
2	外径千分尺	50～75 mm	1把	
3	内径量表	50～100 mm	1把	
4	铜棒		1根	
5	钢直尺	200 mm	1把	
6	油石		1块	
7	柴油		适量	
8	泡沫塑料		适量	

3. 考核要求

(1)被认定人入场后，首先由裁判告知题目，其次由被认定人检查设备、机具，准备工、卡、量具，当被认定人告知裁判可以开始时，由裁判员开始计时。

(2)考核时间为 30 min。

(3)考核时被认定人应按规定穿戴防护用品，考试中出现挤伤、砸伤等人身伤害情况时立即终止考试，成绩为零。

(4)考核过程中被认定人出现违规使用设备、机具或出现断裂、超压、失控等毁坏设备情况时，终止考试，成绩为零。

(5)考核过程中裁判可以根据现场情况向被认定人提问，以确认被认定人的测量数据、故障判断等是否真实有效。

(6)考核完毕后，由被认定人在评分表上签字确认。

4. 考核评分

(1)考评人员 3 名以上。

(2)评分程序及规则：考评员根据考生操作情况对照计分标准在评分表上给予记录评分。

(3)算分方法：采用百分制，满分 100 分，60 分及以上为及格。

职业技能认定
内燃机车钳工(技师)实作技能考核评分记录表

单位:________ 姓名:________ 准考证号:________ 工种:________ 级别:________

试题名称:DF_{4DK}型机车摇臂轴座装配检修

考核时间:30 min

操作开始时间: 时 分 操作结束时间: 时 分

项 目	考核内容及评分标准	扣分因素及扣分	得 分
操作程序(10分)	1. 考核前未检查场地安全防护设施扣2分		
	2. 检查、操作程序错误,不会口述、操作时,每次扣2分		
	3. 工序错乱,工作中出现返工时,每次扣5分		
作业质量(60分)	1. 分解过程中,出现顺序不对、违规使用工具、部件掉落等情况时,每次扣3分		
	2. 对各部件进行检查、清洗、探伤、修理、测量等工序,漏检一项扣2分		
	3. 对不符合技术要求或有故障的部件进行记录、检修或更换(如果是裁判设置或施画的假设故障,只记录不处理),错、漏一项扣5分		
	4. 按顺序要求组装,出现遗漏、装反、强行装入、未按要求操作等情况时,每次扣5分		
	5. 组装后检查(试验),检查(试验)数据不准确,每缺、漏、错一项扣2分		
工具使用(10分)	1. 开工前未检查工、量具及设备,收工时不整理扣2分		
	2. 工、卡、量具及设备使用不当,每次扣2分		
	3. 工、量具脱落,每次扣2分		
作业安全(10分)	1. 未按规定着装扣2分		
	2. 违规操作或违反安全事项扣5分		
	3. 发生事故失格,取消成绩		
考核时间(10分)	1. 作业在规定时间内完成		
	2. 每超1 min扣2分		
	3. 超过5 min停止考核		
合计(100分)			

考评员签名: 认定人: 年 月 日

S14　DF8B 型机车静液压系统安全阀检修

1. 考场准备

要求在检修台位上准备 DF8B 型机车静液压系统安全阀一台，清洗油槽一个，安全阀试验台，钳工台，考场周围整洁并有隔离措施。

2. 材料工具准备

序　号	名　称	规　格	数　量	备　注
1	开口扳手		1 套	
2	外径千分尺		1 把	
3	内径量表		1 把	
4	铜棒		1 根	
5	油石		1 块	
6	柴油		适量	
7	绸布		1 块	

3. 考核要求

(1)被认定人入场后，首先由裁判告知题目，其次由被认定人检查设备、机具，准备工、卡、量具，当被认定人告知裁判可以开始时，由裁判员开始计时。

(2)考核时间为 30 min。

(3)考核时被认定人应按规定穿戴防护用品，考试中出现挤伤、砸伤等人身伤害情况时立即终止考试，成绩为零。

(4)考核过程中被认定人出现违规使用设备、机具或出现断裂、超压、失控等毁坏设备情况时，终止考试，成绩为零。

(5)考核过程中裁判可以根据现场情况向被认定人提问，以确认被认定人的测量数据、故障判断等是否真实有效。

(6)考核完毕后，由被认定人在评分表上签字确认。

4. 考核评分

(1)考评人员 3 名以上。

(2)评分程序及规则：考评员根据考生操作情况对照计分标准在评分表上给予记录评分。

(3)算分方法：采用百分制，满分 100 分，60 分及以上为及格。

职业技能认定
内燃机车钳工（技师）实作技能考核评分记录表

单位：________ 姓名：________ 准考证号：________ 工种：________ 级别：________

试题名称：DF_{8B}型机车静液压系统安全阀检修

考核时间：30 min

操作开始时间： 时 分 操作结束时间： 时 分

项 目	考核内容及评分标准	扣分因素及扣分	得 分
操作程序（10分）	1. 考核前未检查场地安全防护设施扣2分		
	2. 检查、操作程序错误，不会口述、操作时，每次扣2分		
	3. 工序错乱，工作中出现返工时，每次扣5分		
作业质量（60分）	1. 分解过程中，出现顺序不对、违规使用工具、部件掉落等情况时，每次扣3分		
	2. 对各部件进行检查、清洗、探伤、修理、测量等工序，漏检一项扣2分		
	3. 对不符合技术要求或有故障的部件进行记录、检修或更换（如果是裁判设置或施画的假设故障，只记录不处理），错、漏一项扣5分		
	4. 按顺序要求组装，出现遗漏、装反、强行装入、未按要求操作等情况时，每次扣5分		
	5. 组装后检查（试验），检查（试验）数据不准确，每缺、漏、错一项扣2分		
工具使用（10分）	1. 开工前未检查工、量具及设备，收工时不整理扣2分		
	2. 工、卡、量具及设备使用不当，每次扣2分		
	3. 工、量具脱落，每次扣2分		
作业安全（10分）	1. 未按规定着装扣2分		
	2. 违规操作或违反安全事项扣5分		
	3. 发生事故失格，取消成绩		
考核时间（10分）	1. 作业在规定时间内完成		
	2. 每超1 min扣2分		
	3. 超过5 min停止考核		
合计（100分）			

考评员签名： 认定人： 年 月 日

S15 DF8B型机车燃油输送泵检修

1. 考场准备

要求在检修台位上准备DF8B型机车燃油输送泵一台，清洗油槽一个，试验台，考场周围整洁并有隔离措施。

2. 材料工具准备

序号	名称	规格	数量	备注
1	开口扳手		1套	
2	外径千分尺	0～25 mm	1把	
3	内径量表	18～35 mm	1把	
4	内六方扳手		1套	
5	密封胶		1管	
6	柴油		适量	

3. 考核要求

(1)被认定人入场后，首先由裁判告知题目，其次由被认定人检查设备、机具，准备工、卡、量具，当被认定人告知裁判可以开始时，由裁判员开始计时。

(2)考核时间为40 min。

(3)考核时被认定人应按规定穿戴防护用品，考试中出现挤伤、砸伤等人身伤害情况时立即终止考试，成绩为零。

(4)考核过程中被认定人出现违规使用设备、机具或出现断裂、超压、失控等毁坏设备情况时，终止考试，成绩为零。

(5)考核过程中裁判可以根据现场情况向被认定人提问，以确认被认定人的测量数据、故障判断等是否真实有效。

(6)考核完毕后，由被认定人在评分表上签字确认。

4. 考核评分

(1)考评人员3名以上。

(2)评分程序及规则：考评员根据考生操作情况对照计分标准在评分表上给予记录评分。

(3)算分方法：采用百分制，满分100分，60分及以上为及格。

职业技能认定
内燃机车钳工(技师)实作技能考核评分记录表

单位:________　姓名:________　准考证号:________　工种:________　级别:________

试题名称:DF_{8B}型机车燃油输送泵检修

考核时间:40 min

操作开始时间:　　时　　分　　　　　　　　　　操作结束时间:　　时　　分

项　目	考核内容及评分标准	扣分因素及扣分	得　分
操作程序 (10分)	1. 考核前未检查场地安全防护设施扣2分		
	2. 检查、操作程序错误,不会口述、操作时,每次扣2分		
	3. 工序错乱,工作中出现返工时,每次扣5分		
作业质量 (60分)	1. 分解过程中,出现顺序不对、违规使用工具、部件掉落等情况时,每次扣3分		
	2. 对各部件进行检查、清洗、探伤、修理、测量等工序,漏检一项扣2分		
	3. 对不符合技术要求或有故障的部件进行记录、检修或更换(如果是裁判设置或施画的假设故障,只记录不处理),错、漏一项扣5分		
	4. 按顺序要求组装,出现遗漏、装反、强行装入、未按要求操作等情况时,每次扣5分		
	5. 组装后检查(试验),检查(试验)数据不准确,每缺、漏、错一项扣2分		
工具使用 (10分)	1. 开工前未检查工、量具及设备,收工时不整理扣2分		
	2. 工、卡、量具及设备使用不当,每次扣2分		
	3. 工、量具脱落,每次扣2分		
作业安全 (10分)	1. 未按规定着装扣2分		
	2. 违规操作或违反安全事项扣5分		
	3. 发生事故失格,取消成绩		
考核时间 (10分)	1. 作业在规定时间内完成		
	2. 每超1 min扣2分		
	3. 超过5 min停止考核		
合计 (100分)			

考评员签名:　　　　　　　　　　　　认定人:　　　　　　　　　　　　年　　月　　日

S16　DF8B型机车通风机检修

1. 考场准备

要求在检修台位上准备DF8B型机车通风机一台，清洗油槽一个，清洗加热设备，静平衡试验设备，压力机，考场周围整洁并有隔离措施。

2. 材料工具准备

序　号	名　称	规　格	数　量	备　注
1	开口扳手		1套	
2	外径千分尺		1把	
3	内径量表		1把	
4	塞尺	150 mm	1把	
5	柴油		适量	

3. 考核要求

(1)被认定人入场后，首先由裁判告知题目，其次由被认定人检查设备、机具，准备工、卡、量具，当被认定人告知裁判可以开始时，由裁判员开始计时。

(2)考核时间为30 min。

(3)考核时被认定人应按规定穿戴防护用品，考试中出现挤伤、砸伤等人身伤害情况时立即终止考试，成绩为零。

(4)考核过程中被认定人出现违规使用设备、机具或出现断裂、超压、失控等毁坏设备情况时，终止考试，成绩为零。

(5)考核过程中裁判可以根据现场情况向被认定人提问，以确认被认定人的测量数据、故障判断等是否真实有效。

(6)考核完毕后，由被认定人在评分表上签字确认。

4. 考核评分

(1)考评人员3名以上。

(2)评分程序及规则：考评员根据考生操作情况对照计分标准在评分表上给予记录评分。

(3)算分方法：采用百分制，满分100分，60分及以上为及格。

职业技能认定
内燃机车钳工(技师)实作技能考核评分记录表

单位:________ 姓名:________ 准考证号:________ 工种:________ 级别:________

试题名称:DF_{8B}型机车通风机检修

考核时间:30 min

操作开始时间: 时 分 操作结束时间: 时 分

项 目	考核内容及评分标准	扣分因素及扣分	得 分
操作程序 (10分)	1. 考核前未检查场地安全防护设施扣2分		
	2. 检查、操作程序错误,不会口述、操作时,每次扣2分		
	3. 工序错乱,工作中出现返工时,每次扣5分		
作业质量 (60分)	1. 分解过程中,出现顺序不对、违规使用工具、部件掉落等情况时,每次扣3分		
	2. 对各部件进行检查、清洗、探伤、修理、测量等工序,漏检一项扣2分		
	3. 对不符合技术要求或有故障的部件进行记录、检修或更换(如果是裁判设置或施画的假设故障,只记录不处理),错、漏一项扣5分		
	4. 按顺序要求组装,出现遗漏、装反、强行装入、未按要求操作等情况时,每次扣5分		
	5. 组装后检查(试验),检查(试验)数据不准确,每缺、漏、错一项扣2分		
工具使用 (10分)	1. 开工前未检查工、量具及设备,收工时不整理扣2分		
	2. 工、卡、量具及设备使用不当,每次扣2分		
	3. 工、量具脱落,每次扣2分		
作业安全 (10分)	1. 未按规定着装扣2分		
	2. 违规操作或违反安全事项扣5分		
	3. 发生事故失格,取消成绩		
考核时间 (10分)	1. 作业在规定时间内完成		
	2. 每超1 min扣2分		
	3. 超过5 min停止考核		
合计 (100分)			

考评员签名: 认定人: 年 月 日

S17 DF8B 型机车预热锅炉水泵检修

1. 考场准备

要求在检修台位上准备 DF8B 型机车预热锅炉水泵一台,清洗油槽一个,钳工台,考场周围整洁并有隔离措施。

2. 材料工具准备

序号	名称	规格	数量	备注
1	开口扳手		1套	
2	叶轮专用扳手		1把	
3	螺丝刀	200 mm	1套	
4	尼龙棒		1根	

3. 考核要求

(1)被认定人入场后,首先由裁判告知题目,其次由被认定人检查设备、机具,准备工、卡、量具,当被认定人告知裁判可以开始时,由裁判员开始计时。

(2)考核时间为 20 min。

(3)考核时被认定人应按规定穿戴防护用品,考试中出现挤伤、砸伤等人身伤害情况时立即终止考试,成绩为零。

(4)考核过程中被认定人出现违规使用设备、机具或出现断裂、超压、失控等毁坏设备情况时,终止考试,成绩为零。

(5)考核过程中裁判可以根据现场情况向被认定人提问,以确认被认定人的测量数据、故障判断等是否真实有效。

(6)考核完毕后,由被认定人在评分表上签字确认。

4. 考核评分

(1)考评人员 3 名以上。

(2)评分程序及规则:考评员根据考生操作情况对照计分标准在评分表上给予记录评分。

(3)算分方法:采用百分制,满分 100 分,60 分及以上为及格。

职业技能认定
内燃机车钳工(技师)实作技能考核评分记录表

单位:________　姓名:________　准考证号:________　工种:________　级别:________

试题名称:DF_{8B}型机车预热锅炉水泵检修

考核时间:20 min

操作开始时间:　　时　　分　　　　　　　　操作结束时间:　　时　　分

项　目	考核内容及评分标准	扣分因素及扣分	得　分
操作程序 (10 分)	1. 考核前未检查场地安全防护设施扣 2 分		
	2. 检查、操作程序错误,不会口述、操作时,每次扣 2 分		
	3. 工序错乱,工作中出现返工时,每次扣 5 分		
作业质量 (60 分)	1. 分解过程中,出现顺序不对、违规使用工具、部件掉落等情况时,每次扣 3 分		
	2. 对各部件进行检查、清洗、探伤、修理、测量等工序,漏检一项扣 2 分		
	3. 对不符合技术要求或有故障的部件进行记录、检修或更换(如果是裁判设置或施画的假设故障,只记录不处理),错、漏一项扣 5 分		
	4. 按顺序要求组装,出现遗漏、装反、强行装入、未按要求操作等情况时,每次扣 5 分		
	5. 组装后检查(试验),检查(试验)数据不准确,每缺、漏、错一项扣 2 分		
工具使用 (10 分)	1. 开工前未检查工、量具及设备,收工时不整理扣 2 分		
	2. 工、卡、量具及设备使用不当,每次扣 2 分		
	3. 工、量具脱落,每次扣 2 分		
作业安全 (10 分)	1. 未按规定着装扣 2 分		
	2. 违规操作或违反安全事项扣 5 分		
	3. 发生事故失格,取消成绩		
考核时间 (10 分)	1. 作业在规定时间内完成		
	2. 每超 1 min 扣 2 分		
	3. 超过 5 min 停止考核		
合计 (100 分)			

考评员签名:　　　　　　　　　　认定人:　　　　　　　　　　年　　月　　日

S18 DF8B型机车轴瓦(主轴瓦)检修

1. 考场准备

要求在检修台位上准备DF8B型机车轴瓦(主轴瓦)一套,清洗油槽一个,V形支架,专用吊具,存放支架,探伤设备,考场周围整洁并有隔离措施。

2. 材料工具准备

序 号	名 称	规 格	数 量	备 注
1	开口扳手		1套	
2	扭力扳手		1把	
3	外径千分尺	225～250 mm	1把	
4	百分表		1块	
5	塞尺	200 mm	1把	
6	铜棒		1根	
7	绞刀		1把	
8	柴油、汽油		适量	
9	水砂纸		2张	
10	二硫化钼		适量	
11	蓖麻油		适量	
12	绸布		1块	
13	麂皮		1块	
14	青壳纸		5张	

3. 考核要求

(1)被认定人入场后,首先由裁判告知题目,其次由被认定人检查设备、机具,准备工、卡、量具,当被认定人告知裁判可以开始时,由裁判员开始计时。

(2)考核时间为40 min。

(3)考核时被认定人应按规定穿戴防护用品,考试中出现挤伤、砸伤等人身伤害情况时立即终止考试,成绩为零。

(4)考核过程中被认定人出现违规使用设备、机具或出现断裂、超压、失控等毁坏设备情况时,终止考试,成绩为零。

(5)考核过程中裁判可以根据现场情况向被认定人提问,以确认被认定人的测量数据、故障判断等是否真实有效。

(6)考核完毕后,由被认定人在评分表上签字确认。

4. 考核评分

(1)考评人员3名以上。

(2)评分程序及规则:考评员根据考生操作情况对照计分标准在评分表上给予记录评分。

(3)算分方法:采用百分制,满分100分,60分及以上为及格。

职业技能认定
内燃机车钳工(技师)实作技能考核评分记录表

单位:________ 姓名:________ 准考证号:________ 工种:________ 级别:________

试题名称:DF_{8B}型机车轴瓦(主轴瓦)检修

考核时间:40 min

操作开始时间: 时 分 操作结束时间: 时 分

项 目	考核内容及评分标准	扣分因素及扣分	得 分
操作程序(10分)	1. 考核前未检查场地安全防护设施扣2分		
	2. 检查、操作程序错误,不会口述、操作时,每次扣2分		
	3. 工序错乱,工作中出现返工时,每次扣5分		
作业质量(60分)	1. 分解过程中,出现顺序不对、违规使用工具、部件掉落等情况时,每次扣3分		
	2. 对各部件进行检查、清洗、探伤、修理、测量等工序,漏检一项扣2分		
	3. 对不符合技术要求或有故障的部件进行记录、检修或更换(如果是裁判设置或施画的假设故障,只记录不处理),错、漏一项扣5分		
	4. 按顺序要求组装,出现遗漏、装反、强行装入、未按要求操作等情况时,每次扣5分		
	5. 组装后检查(试验),检查(试验)数据不准确,每缺、漏、错一项扣2分		
工具使用(10分)	1. 开工前未检查工、量具及设备,收工时不整理扣2分		
	2. 工、卡、量具及设备使用不当,每次扣2分		
	3. 工、量具脱落,每次扣2分		
作业安全(10分)	1. 未按规定着装扣2分		
	2. 违规操作或违反安全事项扣5分		
	3. 发生事故失格,取消成绩		
考核时间(10分)	1. 作业在规定时间内完成		
	2. 每超1 min扣2分		
	3. 超过5 min停止考核		
合计(100分)			

考评员签名: 认定人: 年 月 日

S19 DF8B型机车机油离心精滤器检修

1. 考场准备

要求在检修台位上准备DF8B型机车机油离心精滤器一台，清洗油槽一个，动平衡机，考场周围整洁并有隔离措施。

2. 材料工具准备

序号	名称	规格	数量	备注
1	开口扳手		1套	
2	内径千分尺		1把	
3	外径千分尺		1把	
4	起子		1把	

3. 考核要求

(1)被认定人入场后，首先由裁判告知题目，其次由被认定人检查设备、机具，准备工、卡、量具，当被认定人告知裁判可以开始时，由裁判员开始计时。

(2)考核时间为40 min。

(3)考核时被认定人应按规定穿戴防护用品，考试中出现挤伤、砸伤等人身伤害情况时立即终止考试，成绩为零。

(4)考核过程中被认定人出现违规使用设备、机具或出现断裂、超压、失控等毁坏设备情况时，终止考试，成绩为零。

(5)考核过程中裁判可以根据现场情况向被认定人提问，以确认被认定人的测量数据、故障判断等是否真实有效。

(6)考核完毕后，由被认定人在评分表上签字确认。

4. 考核评分

(1)考评人员3名以上。

(2)评分程序及规则：考评员根据考生操作情况对照计分标准在评分表上给予记录评分。

(3)算分方法：采用百分制，满分100分，60分及以上为及格。

职业技能认定
内燃机车钳工(技师)实作技能考核评分记录表

单位:________　姓名:________　准考证号:________　工种:________　级别:________

试题名称:DF_{8B}型机车机油离心精滤器检修

考核时间:40 min

操作开始时间:　　时　　分　　　　　　　　操作结束时间:　　时　　分

项　目	考核内容及评分标准	扣分因素及扣分	得　分
操作程序 (10分)	1. 考核前未检查场地安全防护设施扣2分		
	2. 检查、操作程序错误,不会口述、操作时,每次扣2分		
	3. 工序错乱,工作中出现返工时,每次扣5分		
作业质量 (60分)	1. 分解过程中,出现顺序不对、违规使用工具、部件掉落等情况时,每次扣3分		
	2. 对各部件进行检查、清洗、探伤、修理、测量等工序,漏检一项扣2分		
	3. 对不符合技术要求或有故障的部件进行记录、检修或更换(如果是裁判设置或施画的假设故障,只记录不处理),错、漏一项扣5分		
	4. 按顺序要求组装,出现遗漏、装反、强行装入、未按要求操作等情况时,每次扣5分		
	5. 组装后检查(试验),检查(试验)数据不准确,每缺、漏、错一项扣2分		
工具使用 (10分)	1. 开工前未检查工、量具及设备,收工时不整理扣2分		
	2. 工、卡、量具及设备使用不当,每次扣2分		
	3. 工、量具脱落,每次扣2分		
作业安全 (10分)	1. 未按规定着装扣2分		
	2. 违规操作或违反安全事项扣5分		
	3. 发生事故失格,取消成绩		
考核时间 (10分)	1. 作业在规定时间内完成		
	2. 每超1 min扣2分		
	3. 超过5 min停止考核		
合计 (100分)			

考评员签名:　　　　　　　　　　认定人:　　　　　　　　　　年　　月　　日

S20 DF4DK 型机车轴箱检修

1. 考场准备

要求在检修台位上准备 DF4DK 型机车带轴箱的轮对一台，清洗油槽一个，电磁感应加热器，考场周围整洁并有隔离措施。

2. 材料工具准备

序 号	名 称	规 格	数 量	备 注
1	开口扳手		1套	
2	外径千分尺	150～175 mm	1把	
3	内径量表	50～160 mm	1把	
4	内径量表	250～450 mm	1把	
5	扭力扳手		1把	
6	手锤		1把	
7	扁铲		1把	
8	铜棒		1根	
9	塞尺		1把	
10	磁力表架		1个	
11	小撬棍		1把	
12	砂布		1张	
13	油石		1块	

3. 考核要求

(1)被认定人入场后，首先由裁判告知题目，其次由被认定人检查设备、机具，准备工、卡、量具，当被认定人告知裁判可以开始时，由裁判员开始计时。

(2)考核时间为 70 min。

(3)考核时被认定人应按规定穿戴防护用品，考试中出现挤伤、砸伤等人身伤害情况时立即终止考试，成绩为零。

(4)考核过程中被认定人出现违规使用设备、机具或出现断裂、超压、失控等毁坏设备情况时，终止考试，成绩为零。

(5)考核过程中裁判可以根据现场情况向被认定人提问，以确认被认定人的测量数据、故障判断等是否真实有效。

(6)考核完毕后，由被认定人在评分表上签字确认。

4. 考核评分

(1)考评人员 3 名以上。

(2)评分程序及规则：考评员根据考生操作情况对照计分标准在评分表上给予记录评分。

(3)算分方法：采用百分制，满分 100 分，60 分及以上为及格。

职业技能认定
内燃机车钳工(技师)实作技能考核评分记录表

单位:________ 姓名:________ 准考证号:________ 工种:________ 级别:________

试题名称:DF$_{4DK}$型机车轴箱检修

考核时间:70 min

操作开始时间: 时 分　　　　操作结束时间: 时 分

项 目	考核内容及评分标准	扣分因素及扣分	得 分
操作程序 (10分)	1. 考核前未检查场地安全防护设施扣2分		
	2. 检查、操作程序错误,不会口述、操作时,每次扣2分		
	3. 工序错乱,工作中出现返工时,每次扣5分		
作业质量 (60分)	1. 分解过程中,出现顺序不对、违规使用工具、部件掉落等情况时,每次扣3分		
	2. 对各部件进行检查、清洗、探伤、修理、测量等工序,漏检一项扣2分		
	3. 对不符合技术要求或有故障的部件进行记录、检修或更换(如果是裁判设置或施画的假设故障,只记录不处理),错、漏一项扣5分		
	4. 按顺序要求组装,出现遗漏、装反、强行装入、未按要求操作等情况时,每次扣5分		
	5. 组装后检查(试验),检查(试验)数据不准确,每缺、漏、错一项扣2分		
工具使用 (10分)	1. 开工前未检查工、量具及设备,收工时不整理扣2分		
	2. 工、卡、量具及设备使用不当,每次扣2分		
	3. 工、量具脱落,每次扣2分		
作业安全 (10分)	1. 未按规定着装扣2分		
	2. 违规操作或违反安全事项扣5分		
	3. 发生事故失格,取消成绩		
考核时间 (10分)	1. 作业在规定时间内完成		
	2. 每超1 min扣2分		
	3. 超过5 min停止考核		
合计 (100分)			

考评员签名:　　　　认定人:　　　　年 月 日

第五部分　高级技师

1. 怎样检修安装 DF8B 型机车调控装置?

答:安装主动齿轮,拧紧螺母,并穿好开口销。在机体上放好石棉垫。装好调控传动装置,预紧螺母使其安装面与机体贴靠后打紧定位销,并对角紧固好所有的螺母。检查传动齿轮齿侧间隙为 0.2～0.4 mm,齿轮端部不平度不大于 1 mm。

2. 小修时怎样对 DF8B 型机车基础装置进行检查?

答:制动装置各销与套的径向间隙不大于 2 mm。制动缸活塞行程(120±20) mm。闸瓦安装正确不偏磨,无裂纹,各穿销开口销完好。闸瓦与轮箍踏面缓解间隙 4～8 mm,闸瓦厚度不少于 20 mm。电机悬挂装置及各橡胶元件状态良好,无裂纹、老化。

3. 怎样使用砂轮机?

答:砂轮的旋转方向要正确,使磨屑向下飞离,不致伤人。砂轮机启动后,要等砂轮转速平稳后再开始磨削,若发现砂轮跳动明显,应及时停机修整。砂轮机的搁架与砂轮间的距离应保持在 3 mm 以内,以防磨削件轧人,造成事故。磨削过程中,操作者应站在砂轮的侧面或斜侧面,不要站在正对面。

4. 使用千分尺如何读数?

答:读出固定套筒上露出的刻线尺寸,一定要注意不能遗漏应读出的 0.5 mm 的刻线值。读出微分筒上的尺寸,要看清微分筒圆周上哪一格与固定套筒的中线基准对齐,将格数乘 0.01 mm 即得微分筒上的尺寸。将上面两个数相加,即为千分尺上测的尺寸。

5. 怎样检修 DF8B 型机车活塞环?

答:更新活塞环。气环的自由开口尺寸为(35±2) mm,工作间隙为(1.3+0.200) mm 时,切向弹力为 74～82 N。油环在工作间隙(1+0.200) mm 时,切向力为 167～196 N,自由开口尺寸为(36±2) mm。

6. 怎样检查 DF7G 型机车凸轮轴?

答:检查凸轮轴间隔无合金碾片或异物,凸轮轴承外观无异状后,则允许抽查左、右凸轮轴瓦各三块,如轴瓦状态不良,要扩大检查,视其状态作换瓦或修复处理。

7. 怎样检查 DF8B 型机车活塞环自由状态下的开口间隙?

答:用游标卡尺测量自由状态下的开口间隙,标准为气环 33～37 mm;油环 34～38 mm。将活塞环放入 $\phi280^{+0.032}$ mm 的环规中,使活塞环保持在同一平面中,用塞尺检查活塞环闭口工作间隙,标准为气环 1.3～1.5 mm;油环 1.0～1.2 mm。间隙过小时,允许锉修切口。

8. 怎样清洗 DF8B 型机车中冷器?

答:用蒸汽吹扫干净散热片间的赃物及油污。用 60%～80%的 761 清洗剂浸泡中冷器,然后用温水冲洗干净以露出金属光泽为宜。水通道的污垢,可用 10%的硝酸加 2%的草酸和 0.1%的氟化钠的水溶液,在 30 ℃以上浸泡 30 min,然后再逆向冲洗,冲洗干净后用清水冲洗,以消除残余酸液。

9. 小修时怎样对 DF4D 型机车泵及传动齿轮进行检查?

答:各传动齿轮不许有裂纹、剥离,各齿端面不平齐度小于 2 mm。高低温水泵吸水壳、蜗壳、泵座不许有裂纹、泄漏现象。高低温水泵水封泄漏量小于 10 滴/min。

10. C2 修时怎样对 HXN3B 型机车撒砂管进行检查?

答:检查撒砂管、胶管、喷嘴及支架,测量高度和距离符合技术要求。撒砂管、胶管、喷嘴及支架和卡子安装牢固良好。喷嘴,胶管无裂损及破损,撒砂管支架无裂纹变形。砂管高度要求是砂管距轨面高度为 25～30 mm,距踏面 15～30 mm。

11. 怎样对 DF8B 型机车 D 型联合调节器下体装置进行检修?

答:检查传动轴是否出现花键损伤。检查下体顶面在有泵齿轮旋转的部分表面是否发生磨损或划痕。如果出现这种情况,该面应进行平台研磨或磨削到正常状态,磨削深度不得超过 0.8 mm。检查下体配合孔表面是否发生磨损或划痕。检查轴承和唇形密封圈是否损坏。检查两定位销和堵是否松动。

12. 小修时怎样对 DF8B 型机车油水管路进行检查?

答:外观检查油、水管路各部状态,管卡须牢固。更换老化、龟裂、鼓肚胶管。起机检查机油压力符合要求。清洗燃油系统滤清器,检查管路接头、隔离缓冲接头状态良好。

13. 小修时怎样对 DF8B 型机车启动变速箱进行检查?

答:变速箱体不得有裂纹,安装牢固无松动。变速箱各接合面及油封处无泄漏,柴油机启动和停机时油封处轻微泄漏除外。变速箱内齿轮(可见部分)不得有剥离、裂纹、烧损及过热变色,齿轮局部腐蚀不超过有效啮合面积的 15%。

14. 小修时怎样对 DF8B 型机车空压机(NPT5 型)进行试验?

答:一台空压机泵风时间由 0～0.9 MPa 不超过 360 s,由 0.75 ～0. 9 MPa 不超过 60 s。两台空压机泵风时间由 0～0.9 MPa 不超过 210 s,由 0.75 MPa～0.9 MPa 不超过 30 s。空压机 1 000 r/min 时油压 0.4～0.48 MPa,油位在油位表 1/2 处。

15. C2 修时怎样对 HXN3B 型机车燃油箱进行检查?

答:燃油箱各部无破损、裂纹泄漏,燃油箱放油堵紧固牢固无松动或泄漏;加油口、放气孔、放油孔及各盖状态良好;燃油加油口和电子燃油表各部件不许有破损。

16. 小修时怎样对 DF8B 型机车排障器、扫石器进行检查?

答:排障器安装螺栓无松动。排障器无变形,距轨面高度 80～140 mm。新型扫石器安装螺栓无松动,胶管无破损,焊接处无裂纹。扫石器距轨面 100～120 mm,胶皮距轨面 20～30 mm。

17. 怎样检修外观检查 DF7G 型机车进、排气推杆下体?

答:外观检查进、排气推杆下体滚轮转动,导块滑动均灵活,导向销不得松动,密封圈应良好,各安装面无碰伤、毛刺。

18. 怎样防止柴油机油锤、水锤?

答:机车长时间停机、启机前,务必要打开示功阀进行甩车。发现有缸头漏水,中冷器漏水或水位下降时要及时查明原因,不能盲目运行。发现有增压器漏油,活塞漏油等现象时,不能盲目运行,柴油机停机后再次起机时必须打开示功阀进行甩车。发现柴油机汽缸有异声时,要立即停机查明原因,防止气阀座喷嘴等脱落撞损活塞后发生油锤。

19. 怎样检查锉削质量?

答:检查平面的直线度和平面度,用钢尺和直角尺以透光法来检查,要多检查几个部位并进行对角线检查。检查垂直度,用直角尺采用透光法检查,应选择基准面,然后对其他面进行检查。检查尺寸,根据尺寸精度用钢尺和游标尺在不同尺寸位置上多测量几次。检查表面粗糙度,一般用眼睛观察即可,也可用表面粗糙度样板进行对照检查。

20. 怎样检修 DF8B 型机车启动变速箱轴承?

答:轴承滚动体及内外圈滚道无剥离、裂纹、过热变色、转动无异声。轴承保持架无裂纹、折损、飞边、变形。铆钉无折损、松动。轴承拆装时严禁直接锤击,内圈热装时,加热温度不许超过 100 ℃。轴承与轴配合尺寸 0.01～0.03 mm,轴承与孔配合尺寸 0～0.01 mm。

21. 怎样测量 DF8B 型机车连杆大小端孔圆度、圆柱度?

答:用内径百分表,测量连杆大端体孔原形尺寸为 $\phi220^{+0.029}_{0}$ mm,限度为 $\phi220^{+0.06}_{0}$ mm。

超限时，可以电镀涂镀修复。其大端孔圆度、圆柱度≤0.04 mm。用内径百分表测量连杆小端衬套孔径尺寸，$\phi110^{+0.155}_{+0.120}$ mm，其圆度不圆度0.04，中修0.3，并计算与活塞销的配合间隙。如尺寸或间隙超限，应更换小端衬套。更换时将衬套置于液态氮中冷储后装入小端体孔，过盈量为0.06～0.13 mm，装时注意油孔位置，应对准连杆杆身油孔，确保二孔贯通。

22. 怎样对DF8B型机车喷油泵柱塞副进行检测？

答：检查柱塞副的配合表面，如有轻微偏磨，可用氧化铝抛光剂或航空机油进行局部抛光。柱塞和柱塞套有微小毛刺时，可用天然油石轻轻打磨处理。将柱塞副放在干净的柴油中清洗，然后手持柱塞套倾斜45°，将柱塞拔出配合长度的1/3，放手后，柱塞应自重滑下，不能有任何阻滞现象。柱塞副严密度实验应符合技术条件要求，否则应更换之。柱塞套端面研磨与出油阀座面研磨方法相同，表面粗糙度为$Ra0.1$ μm。

23. 怎样组装DF7G型机车推杆装配？

答：各零部件须清洁，并按配合尺寸需求选配后，配套组装。将衬套外径和滚轮孔涂适量机油后，用铜棒打入，并检查衬套宽裕，不得突出滚轮。将涂了机油的衬套和滚轮组，放在推杆的开槽内，用铜棒打入滚轮轴。将推杆、推杆体涂以清洁机油，将推杆插入推杆体内，并对正导向槽与定位销孔后，轻轻打入导向销，同时检查导向销不得顶住推杆，也不得露出推杆体外圆面，然后在孔口打洋冲眼到位。

24. 小修时怎样对DF4D型机车螺杆式压缩机进行检查？

答：更换润滑油时，必须更换新滤筒。检查动作是否灵敏，压缩机满载工作0.9 MPa时，轻拉上方拉环安全阀能向外排气为正常。检查油位，缺油时补油(空压机启动状态下，油位在视油镜中间为正常)。检查润滑油状态。有乳化、老化等不良状态，须更换。清扫冷却器表面灰尘。各紧固件紧固良好，管路无泄漏。

25. C2修时怎样对HXN3B型机车冷却水系统进行检查？

答：高温水泵及低温水泵安装螺栓紧固状态良好，水泵下部排水孔状态良好，不许有泄漏迹象。水泵端盖安装螺栓紧固状态良好。柴油机进出水总管支架不许有裂纹，进出水总管安装螺栓紧固状态良好，不许有泄漏迹象。出水总管和支管法兰螺栓紧固状态良好，不许有泄漏迹象。每月化验冷却液。更换冷却液。

26. 辅修时怎样对DF8B型机车轮对进行检查？

答：轮芯上的裂纹允许焊修，但超过该处圆周1/3的环形裂纹及发展到毂孔处的放射性裂纹禁止焊修。轮对组成后测量轮箍内侧距离，新轮箍为$1\ 353^{+1}_{-2}$ mm；旧轮箍为(1 353±2) mm；轮箍踏面擦伤深度不大于0.7 mm，剥离长度不大于40 mm，深度不大于1 mm，垂直磨耗深度不大于18 mm。轮缘无碾堆，踏面磨耗深度不超过7 mm，厚度测量点与踏面基线之间距离

10 mm 处测量为 23～34 mm。轮缘高度为 25 mm,减磨型踏面磨耗深度不大于 10 mm。

27. 辅修时怎样对 DF7G 型机车辅助传动装置进行检查?

答:变速箱体不得有裂纹,安装牢固无松动。变速箱各接合面及油封处无泄漏。传动轴不得有裂损、扭曲变形现象,各部连接状态良好,各连接螺栓无松动。万向轴连接十字头轴向移动量不大于 1 mm。前后通风机不得有裂纹、破损,各柱销不得有松动,表面光滑。通风机启动后工作可靠,无振动,无异声,轴承温度不大于 80 ℃。尼龙绳连接须符合规定,有断股时须更换。

28. 怎样使用游标卡尺测量沟槽?

答:测量沟槽时,应当用量爪的平面测量刃进行测量,尽量避免用端部测量刃和刀口形量爪去测量外尺寸。而对于圆弧形沟槽尺寸,则应当用刃口形量爪进行测量,不应当用平面形测量刃进行测量。测量沟槽宽度时,也要放正游标卡尺的位置,应使卡尺两测量刃的连线垂直于沟槽,不能歪斜,否则,量爪若在错误的位置上,也将使测量结果不准确(可能大也可能小)。

29. 小修时怎样对 DF4D 型机车增压系统进行检查?

答:外观检查蜗壳、进气壳不许有裂纹,底座安装螺栓无松动,各油水管路无泄漏,吸风道严密无破损。手拨动转子后能自由转动 3～5 圈,轴向间隙为 0.18～0.30 mm。滑油压力符合要求的 1 000 r/min 时,主机油泵出口压力不大于 0.9 MPa,430 r/min 时,不小于 0.12 MPa。检查增压器滤清器状态,安装应牢固,接口无泄漏。空气滤清器应清洁,通风良好、无损坏。

30. DF8B 型机车车钩缓冲器卡死将怎样处理?

答:卡死缓冲器的处理,不能正对车钩前面站立或工作;将缓冲器箱体和前丛板牢固地焊在钩尾框上,如果尾框有损害,还需另备两块钢板,分别置于尾框框身两侧,将箱体和丛板牢固焊在钢板上;在缓冲器弹簧区域气割缓冲器箱体,从而暴露出内部螺旋弹簧,将弹簧每圈气割开来,从而彻底消除弹簧的作用力;将缓冲器连同焊在一起的尾框、前丛板拆下报废。

31. 怎样对 DF8B 型机车单元制动器进行充风试验?

答:单元制动器组装后,应在单元制动器试验台上进行制动缸充风试验,试验空气压力为 450 kPa,每分钟泄漏量不得大于 5 kPa。同时在 f=65～145 mm(闸瓦柱销中心线到箱体侧面的距离)范围内,各运动件不得有卡滞。450 kPa 充风试验时,测量螺杆伸出量大于 11 mm(伸出量可通过测量焊接在螺杆上的调瓦装配的安装支架到箱体侧面的距离来得到)。缓解后,再测量上述距离,其与充风时的螺杆伸出量之差必须为 5～8 mm。充风试验重复多次,均应满足上述要求。试验完毕后,将螺杆缩至最底。

32. 怎样判断造成柴油机润滑油压力低的原因？

答：机油泵故障或传动齿轮故障，或者机油泵安全阀泄漏，造成机油压力下降或波动。由于油底壳机油压力太低(低于油尺下刻线)，在机车运行中，因坡道或机车运行中的冲动和晃动，会造成机油泵在吸口处吸油机油滤清器过脏、堵塞严重，使主油道进油压力过低。轴瓦磨损严重，或轴瓦发生大面积的剥离损坏，造成间隙过大，机油压力降低。机油稀释，其密度和黏度降低而导致机油压力降低。

33. 怎样对 DF8B 型机车通风机进行试验？

答：通风机组装后，应进行下列试验。

运转试验：转速为 2 680 r/min，运转 30 min，机体跳动不大于 0.1 mm，轴承最高温度不大于 80 ℃。

性能试验：转速为 2 680 r/min，风量为 270 m^3/min 时，通风机全压不小于 4.5 kPa。

超速试验：转速为 3 200 r/min 时，运转 5 min，叶片不应有松动。各处不应有裂纹及其他异常现象。

34. 怎样分解检修 DF8B 型机车燃油箱？

答：拆卸油箱的加油口、清洗口、排油螺堵、表尺装置。用压力清洗液冲洗燃油箱内部和外表面，注意内部死角度冲洗。清洗液使用金属清洗剂，浓度 5%，清洗温度 50～70 ℃，压力为 0.3～0.4 MPa。用压力清水冲洗油箱内部和外表面，压力为 0.3～0.4 MPa。用柴油冲洗油箱内部，并放净残留柴油。清洗后，各部件检查应干净、无油污。

35. 怎样检修 DF8B 型机车车钩前从板？

答：前从板厚度 56～59 mm 范围内。对需要修理的前从板，刨去 0.5 mm 并测量其平面度和厚度。如平面度不大于 0.5 mm，则前从板合格。如平面度大于 0.5 mm，再测厚度，平前从板超过 56 mm 或圆弧前从板超过 57 mm 时，允许再刨一次，余量为前从板实际厚度减去前从板限度。加工后前从板平面度和厚度都应符合要求，否则报废。前从板加工后，应将与加工面相邻的边倒角。

36. 怎样判断柴油机飞车的原因？

答：控制拉杆被异物卡滞在喷油泵较大的供油位。控制拉杆的夹头销没有插在喷油泵齿条的拨叉座内，或者在处理故障时没有把夹头销拉出旋转 90°进弹性夹头后端的凹槽里。如果喷油泵卡泵数量较多，就可能在降速卸载时使拉杆不能及时拉回。控制拉杆系统的滚轮、销轴不灵活，使拉杆阻滞。调速器转速调节系统中的阻滑阀、柱塞卡滞，使动力活塞下方的压力油不能迅速排出，造成控制拉杆不能及时拉回。调速器最高转速限制螺钉与从动齿轮的螺钉卡住，使转速降不下来，突然卸载造成飞车。

37. C3 修时怎样对 HXN3B 型机车空气干燥器各阀进行检查?

答:外观检查安全阀、逆止阀、截止阀及各管路无破损、松动、泄漏等不良现象,各接头防缓刻线齐全、无错位。检查安全阀及铅封状态。共计 3 个安全阀,电阻制动间 2 个、冷却间 1 个;安全阀整定压力均为(950±20) kPa;安全阀安装良好,外观无破损,安全阀铅封、指示牌良好无破损;检查安全阀各部无泄漏。总风截止阀开关灵活可靠,无泄漏,手柄定位良好。

38. 怎样组装 DF8B 型机车牵引电机齿轮罩?

答:新制齿轮罩应先配焊用于与电机连接的罩体座,应注意罩体座的焊接位置要准确。把齿轮罩装配分解成上齿轮罩装配和下齿轮罩装配,并在上、下齿轮罩装配的密封条槽中装入毛密封条。在齿轮罩的分箱面、两罩卡座的贴合面和上齿轮罩装配的油无动于衷外侧面涂上指定的密封剂。在下齿轮罩内加入 8K 电力机车牵引齿轮油或规定用油,先将下齿轮罩入抱轴瓦的对应部位或抱轴箱上装有 O 形密封圈的密封槽内,下罩两端用支撑顶住定位,拧紧连接齿轮罩与电机或抱轴箱的螺栓。组装上齿轮罩装配,拧紧上齿轮罩与下软件界罩及电机的连接螺栓。

39. 怎样组装 DF8B 型机车闸瓦间隙自动调整装置?

答:在调整螺母套外周依次装入力推挡圈、复位挡圈和轴用挡圈。在调整螺母套力推挡圈侧的内孔依次装入调整螺母、调整弹簧、导向套和孔用挡圈 68。在导向螺母套内依次装入导向螺母、端部挡圈、调整弹簧、5108 轴承、轴用挡圈 40。将调隙挡旋入导向螺母套并拧紧紧固螺钉。调隙挡叉口对准锁紧机构的挡套叉口装入,装上压圈并用带弹簧圈的螺栓 M6×12 紧固牢靠。将平键 10×32 装入导向螺母套的槽内。

40. 辅修时怎样对 DF4D 型机车喷油泵及喷油器进行检查?

答:外观检查喷油泵各部状态无裂纹、泄漏现象,底座紧固是良好。用手固定住调节齿杆组件,拉出拨插座,放手后,齿杆弹簧应能复位。检查齿条锁紧螺母无松动,齿条指针无松动,柱塞套齿条固定螺钉无松动,防缓铁丝封锁无折断。夹头销与喷油泵齿条间隙为 0.5~2.5 mm。检查喷油泵下体滚轮无拉伤、剥离。外观检查喷油器、输油管各部状态良好。清洗喷油泵齿条并润滑。

41. C2 修时怎样对 HXN3B 型机车各传感器进行检查?

答:转速传感器外观不许有损伤,插头不许有松动,功能正常。压力传感器外观不许有碰伤,下部接头不许有松动。无渗漏现象,压力传感器及支架不许有明显的受损,功能正常。温度传感器插头状态良好,不许有松动,传感器安装牢固,功能正常。电流、电压传感器外观不许有损伤,插头不许有松动,功能正常。

42. 怎样钻孔?

答:钻孔前一般先划线,确定孔的中心,在孔中心先用冲头打出较大中心眼。钻孔时应先钻一个浅坑，以判断是否对中。在钻削过程中，特别钻深孔时，要经常退出钻头以排出切屑和进行冷却，否则可能使切屑堵塞或钻头过热磨损甚至折断，并影响加工质量。钻通孔时，当孔将被钻透时，进刀量要减小，避免钻头在钻穿时的瞬间抖动，出现"啃刀"现象，影响加工质量，损伤钻头，甚至发生事故。钻削大于 $\phi30$ mm 的孔应分两次钻，第一次先钻第一个直径较小的孔（为加工孔径的 50%～70%）；第二次用钻头将孔扩大到所要求的直径。钻削时的冷却润滑，钻削钢件时常用机油或乳化液；钻削铝件时常用乳化液或煤油；钻削铸铁时则用煤油。

43. 怎样对 DF8B 型机车 D 型联合调节器滑阀装置进行检修？

答：检查滑阀衬套是否松动或发生周向位移或轴向窜动。检查滑阀座与齿轮花键连接是否松动。检查轴承是否磨损或犯卡不灵活。检查飞铁的销轴、滚针轴承及飞铁脚的磨损情况。飞铁脚应该是一个没有平点的圆形轮廓线，如果有平点，可以用细油石修圆，然后用研磨纱布抛光。如果销轴磨损，应予更换。检查各弹簧是否失效，弹簧座是否损坏，调速杆螺纹是否损坏。检查柱塞和补偿衬套是否发生锐棱损坏，配合表面出现磨损或划痕。检查柱塞和补偿衬套与滑阀座配合的极限间隙是否超过 0.055 mm。检查各相关锁紧零件是否可靠。

44. 怎样使用游标卡尺测量零件外尺寸？

答：当测量零件的外尺寸时，卡尺两测量面的连线应垂直于被测量表面，不能歪斜。测量时，可以轻轻摇动卡尺，放正垂直位置。否则，量爪若在的错误位置上，将使测量结果 a 比实际尺寸 b 要大；先把卡尺的活动量爪张开，使量爪能自由地卡进工件，把零件贴靠在固定量爪上，然后移动尺框，用轻微的压力使活动量爪接触零件。如卡尺带有微动装置，此时可拧紧微动装置上的固定螺钉，再转动调节螺母，使量爪接触零件并读取尺寸。决不可把卡尺的两个量爪调节到接近甚至小于所测尺寸，把卡尺强制的卡到零件上去。这样做会使量爪变形，或使测量面过早磨损，使卡尺失去应有的精度。

45. 怎样组装 DF7G 型机车联合调节器伺服电动机装配？

答：将补偿活塞从伺服电动机体隔板的下方装入，而后将动力活塞装在电动机杆上，用螺母紧固，带上开口销。将供油传动装置上盖用四条螺栓紧固在伺服电动机上。用专用工具将电动机杆油封装入上盖内。将伺服电动机放在拆装台上，按分解相反顺序将顶杆、动力活塞复原弹簧、盖、密封垫、装在电动机体上，用四条螺栓紧固好。杆头拧入电动机杆上，穿上定位销上好开口销。传动轴连同轴承填料盒（良好者不用更换）嵌装于下盖内。传动轴上夹叉用链板与杆头连接起来，锥销压入链板与杆头销孔内。用六条螺栓将控制盒上下盖紧固好。

46. 怎样使用千分尺？

答：防止千分尺受到撞击或脏物侵入到测微螺杆内。若千分尺转动不灵活，则不可强行转动，也不可自行拆卸。千分尺使用时应轻拿轻放、正确操作，以防损坏或使螺杆过快磨损。不准在千分尺的微分筒和固定套管之间加酒精、柴油和普通机油。千分尺使用完毕应擦干净并涂防锈油，装入盒内并放在干燥的地方保管。按规定定期检查鉴定。不准测量运动中的工件，不准用来测量毛坯。不准与工件和其他工具混放。不准放在温度较高的地方，以防止受热变形。

47. 辅修时怎样对DF8B型机车气缸盖及气门驱动机构进行检查？

答：气缸盖各处不许有裂纹。横臂导柱、工艺堵无松动，油堵无脱落，气门摇臂、横臂、调整螺钉、压球、压球座及气门弹簧不许有裂纹，油路畅通。示功阀及阀座安装牢固无泄漏。各气门处于关闭状态，横臂与同名气门之间的间隙≤0.03 mm。气门锁夹无严重磨损，并须成对使用，锁夹下陷量≤1 mm。进气门冷态间隙为(0.4+0.05) mm，排气门冷态间隙为(0.5+0.05) mm。

48. C3修时怎样对HXN3B型机车空气干燥器的微油过滤器进行检查？

答：微油过滤器，目视、手动检查微油过滤器外观状态良好，各部无泄漏、无破损、松动等不良现象。检查微油过滤器与连接管接头紧固状态良好，无泄漏，防缓刻线无错位。检查微油过滤器滤芯使用寿命指示器、液位表、手动排水阀状态。寿命指示器柱头应为绿色，变为红色时即为滤芯失效，应进行更换；日常检查液位表如有油污，应进行排放；手动排水阀密封良好，开关动作可靠无卡滞；排放滤杯内油污。

49. 辅修时怎样对DF4D型机车车钩进行检查？

答：车钩“三态”(闭锁状态、开锁状态、全开状态)作用良好。车钩在闭锁状态时，钩锁往上的活动量为3号和改进型3号下作用式车钩5～15 mm，13号下作用式车钩5～22 mm。钩锁与钩舌的接触面须平直，其高度不少于40 mm，钩体防跳凸台和钩锁销的作用面平直，钩舌与钩体上、下承力面接触良好。车钩在闭锁状态时，钩锁尾部与钩体间隙不大于4 mm，钩舌与钩锁铁侧面间隙为3号下作用车钩3 mm，改进型3号下作用式车钩不大于5 mm，13号下作用式车钩6.5 mm。测量车钩中心线距轨面高度为820～890 mm。

50. 怎样判断引起排气温度过高、排气支管及总管发红的原因？

答：燃油雾化不良或喷油过多。机油窜入气缸参与燃烧。进气阀横臂移动错位，使进气阀不能开放。气缸压缩压力太小。喷油提前角太小。增压器不良，如喷嘴环和涡轮叶片变形或损坏，转子转动不灵活，造成向气缸供给空气不足。增压空气泄漏。泄漏处所多发生于增压器与中冷器的连接处或进气支管两端。中冷器太脏。各喷油泵齿条实际拉出刻线差别太大。喷油器针阀弹簧折断，造成喷油压力不足及喷油器针阀体裂，造成喷油压力不足。

51. 怎样判断造成柴油机敲缸的原因？

答：柴油机启机时敲缸，启机后消失，说明启机前燃烧室内存积了燃油。柴油机油水温度低。喷油器喷油雾化质量差，甚至有滴油的现象。柴油机低转速，各缸喷油量相差悬殊。喷油提前角滞后，后燃现象严重。排气阀故障，不能开启时，做功后的废气，带着尚未燃烧的燃油倒流到稳压箱，在稳压箱内有放炮声，并伴有增压器喘振。活塞、缸套配合间隙大或气阀弹簧断裂，进排气阀冷态间隙过小或无间隙，活塞销堵脱落、喷油器掉头、气阀掉块等落入燃烧室内，均会造成机械撞击声。

52. 辅修时怎样对 DF8B 型机车油、水系统进行检查？

答：管路各连接法兰无变形、翘曲、泄漏，各管卡子无松动，安装牢固，连接胶管无老化、变形、泄漏现象。滑油粗、精滤器、燃油粗、精滤器体无裂纹、泄漏现象。当柴油机 1 000 r/min，机油温度 70～80 ℃时，机油滤清器前、后压力差大于 0.1 MPa 或小于 0.03 MPa 时更换滤芯。燃料泵、辅助机油泵、启动滑油泵外壳无裂纹，连接管处无泄漏，安装牢固。

53. 辅修时怎样对 DF8B 型机车万向轴进行检查？

答：万向轴不得有裂损、扭曲变形现象，各部连接状态良好，各连接螺栓无松动。万向轴连接十字头轴向移动量不大于 0.8 mm。前后通风机不得有裂纹、破损，各柱销不得有松动，表面光滑。通风机启动后工作可靠，无振动，无异声，轴承温升不大于 40 ℃。尼龙绳连接须符合规定，有断股时须更换。万向轴叉头孔轴线应和柴油机花键套叉头孔轴线在同一平面内。弹性柱销联轴节、花键套法兰与叉头法兰两端面轴向间隙 2～3 mm。

54. 怎样组装 DF8B 型机车左右调节杆？

答：装入左右调节杆，检查调节杆与各支承座装配的下滚轮相靠紧，允许在支承座下面加垫进行调整。使调节杆自由平放在支座的下滚轮上。手动检查左右调节杆应移动灵活，无抗劲。装好左右横臂与左右调节杆间的连接板并穿好销钉，放垫圈和穿好开口销。用弹簧秤在横轴的连接臂处检查调节杆的空载阻力应不大于 50 N。用百分表检查左右调节杆的空行程（即控制机构的总间隙）不应大于 0.5 mm。允许铰孔重新配铰调整，扩孔不得大于 ϕ12 mm。

55. 小修时怎样对 DF8B 型机车轴箱进行检查？

答：轴箱体、前后盖不许有裂纹，轴箱上的横向止挡磨耗超过 1 mm 时须焊修恢复原形。轴箱后盖及防尘圈不许有偏磨。轴箱橡胶圈和轴端橡胶支承须无老化和破损。轴箱拉杆的橡胶圈和橡胶垫不许有老化和裂损，拉杆芯轴与拉杆座结合处斜面须密贴，局部间隙用 0.05 mm 塞尺检查，塞入深度不大于 10 mm，芯轴与槽底部间隙不小于 0.5 mm，拉杆端盖与拉杆座槽口内侧间的局部间隙不大于 0.2 mm。轴箱温升不大于 40 ℃。轴承端盖紧固螺栓无松动。

56. 怎样安装 DF8B 机车牵引缓冲装置？

答：将尾框托板和尾框磨耗板放到牵引装置安装小车的适当位置后，再将拼接好的牵引装置吊至尾框托板相应位置。将牵引装置安装小车送到端部牵引梁装配下部牵引装置的安装位置，升高小车，将牵引装置送进牵引梁中，用螺栓将尾框托板和牵引梁连接好。降下牵引装置安装小车并退出，用楔形铁敲下工艺螺母后安装好角钢。检查车钩尾部与前从板的间隙应在

2～5 mm 范围内。检查尾框磨耗板、前丛板、缓冲器各接触面局部间隙不大于 1 mm。将钩头吊起适当高度，安装好吊杆、均衡梁、磨耗板、钩尾销、钩尾销螺栓。在原位安装好提杆。检查牵引装置安装质量，要保证车钩开钩灵活，车钩三态(闭锁状态、开锁状态、全开状态)作用应良好；钩头用手推拉能横向移动，钩头肩部与缓冲座间距应大于 60 mm。

57. 怎样分解 DF7G 型机车静液压系统安全阀？

答：用柴油或清洗液清洗安全阀外部，并擦拭干净。用扳手松下油管紧固螺母，取下连通减振器的油管。松下减振器体与下体的连接螺钉，取下减振器体、取下减振器阀、导阀、减振器阀弹簧、调整螺钉、锁紧母。松开导阀上的两个螺母，取下体。将两个螺母重新装于导阀体上，并相互锁紧，然后用扳手松开导阀体，从体中取下锥阀、弹簧及簧座。用专用扳子从阀体上松下螺堵，取出滑阀及弹簧。用铜棒将锥阀体从安全阀体中轻轻拔出。

58. 怎样检测 DF8B 型机车启动滑油泵？

答：检查齿轮应无裂纹、断齿、剥离、拉伤等缺陷。检查泵体、泵盖不许有裂纹。用塞尺测量齿顶与泵体间的径向间隙(直径差)，该间隙应为 0.13～0.36 mm。用 0～25 mm 的外径千分尺测量轴颈，用 18～35 mm 的内径量表测量衬套内径，两者之间的配合间隙应为 0.06～0.15 mm。用深度尺和千分尺测量齿轮端面与泵体和泵盖的端面总间隙，应为 0.05～0.15 mm。用压铅方法测量主、从动齿轮的啮合间隙，其值应为 0.10～0.40 mm。齿轮接触面沿高度不小于 60%，沿长度不小于 50%。轴与衬套应无拉伤。更换油封及各轴盖的 O 形胶圈。

59. 怎样检修 DF8B 型机车钩尾框？

答：非裂纹缺陷应清理干净后再焊后磨平。对允许焊修的裂纹，必须先铲除并缓坡过渡，焊后磨平。磨损部位焊后允许比原平面高 2 mm。缺陷面积小于或等于 5 cm^2 时，焊修后不需进行热处理，缺陷面积大于 5 cm^2 时焊修后须进行局部热处理。缺陷面积包括裂纹铲除后的面积。裂纹检修后必须复探，不符合要求需重新处理。钩尾框扁销孔的长度应的 106～115 mm 范围内。钩尾框内侧面厚度为两侧厚度应在 18～28 mm 范围内。

60. 怎样组装 DF8B 型机车车钩？

答：组装前检查各零部件是否已检修合格。确认合格后，各零部件的摩擦面上涂上润滑脂。组装时，将钩体平放，有钩耳孔的一侧靠下部，将钩舌推铁放入钩体内腔。其圆柱销插入钩体内部相应孔中。将下锁销装配中下锁销钩套在钩体下部的相应轴上，下锁销从钩体下部伸入钩体内腔。再将锁铁放进钩体内腔，使锁铁上椭圆孔套在下锁销的圆柱上，将锁铁位置放正，恰好成开锁位。最后把钩舌放到钩体恰当位置，插入钩舌销，待检查合格后装好开口销。

61. 怎样分解 DF8B 型机车 D 型联合调节器滑阀装配？

答：取下塔形弹簧，用改锥松开菱形法兰上两条螺钉，注意法兰下调整片不得丢失，从中间体上抽出滑阀装配，再把螺钉连同调整片拧在中间体上。从滑阀装配中抽出柱塞，弹簧托盘，止推轴承，检查止推轴承是否良好，否则，用尖嘴钳取下柱塞上开口销，拧下螺母，取下塔簧托盘，止推轴承调整垫圈与衬套，注意调整垫圈不要丢失。将从动盘从主动盘中拔出或用改锥轻轻撬出。注意不要把扭簧折断。用改锥松开带扭簧的压盖上螺钉，取下扭簧和压盖。用改锥松开旋转套与主动齿轮连接的埋头螺钉，抽出主动齿轮、衬套、补偿弹簧、滑阀。

62. 辅修时怎样对 DF8B 型机车曲轴箱进行检查？

答：曲轴各部无裂纹，曲柄销及其过渡圆角表面上不许有剥离、损伤；油堵无松脱。主轴承盖及紧固螺栓作用良好无松动，开口销无折断。主轴瓦、连杆瓦无剥离、烧损，主轴瓦端面错口不大于 0.5 mm。活塞、连杆无破损、变形，油堵无松脱；连杆盖及紧固螺栓作用良好无松动。连杆大端横动量符合 0.25～0.50 mm。气缸套进出水管无松动泄漏；气缸套密封圈作用良好无泄漏。油气分离器连接良好无泄漏。

63. C3 修时怎样对 HXN3B 型机车空气干燥器进行性能试验？

答：排污功能正常，再生、吸附功能转换周期正常，在连续工况下，两干燥塔处于正常的吸附或再生状态，定时转换周期为 90 s(72 s＋18 s)；在间歇工况下，时间累计功能与状态记忆功能须良好，每次启动与前次停机时间状态相同。干燥器的温控阀开关在环境温度低于(5±5) ℃时，自动接通加热器电源。

64. 怎样安装 DF7G 型机车气缸套？

答：将机体的气缸套安装孔用清洁的棉布擦干净。消除飞边和毛刺后涂以适量的蓖麻油(或机油)。将 1～6 缸的机体安装孔转至垂直位，依次吊入 1～6 缸缸套。吊装前应在缸套的上、下配合面涂以适量的机油，落座时，要缓慢，严禁强行打下，并使缸套与机体的刻线对正，涂以薄而均匀的 703 密封胶，其偏差不大于 0.5 mm。将 7～12 缸安装孔转至垂直位，依次吊入 7～12 缸缸套。

65. 怎样外观检查 DF8B 型机车活塞连杆组？

答：各零件(加工面)应无碰伤和毛刺。活塞顶部的工艺螺纹孔状态良好。活塞螺堵紧固状态良好。卡环及组装状态良好。活塞环应动作灵活。连杆应能摆动灵活，并能摆动到位，连杆小端与活塞销座侧面间隙应为 0.3～0.6 mm。刮油环锥面环的刃口应朝下方。连杆瓦盖，连杆螺钉，连杆瓦的序号应与连杆体的序号一致。活塞连杆组应清洗干净。用压力空气从连杆大端吹入，检查油路畅通。

66. 怎样组装 DF7G 型机车连杆瓦盖？

答：组装应注意连杆瓦盖，连杆螺栓必须对号装入。连杆螺钉的螺纹和支承面应涂以适量的二硫化钼(或机油)。用棘轮扳手预紧连杆螺栓至瓦盖与体齿面密贴，瓦盖与连杆大头的不平齐度，连杆体端面的不平齐度允差 0.3 mm，分三次均匀紧固连杆螺栓至螺栓头部的刻线与连杆瓦盖上的刻线对齐，不重合度允差 0.3 mm。

67. C2 修时怎样对 HXN3B 型机车齿轮箱进行检查？

答：齿轮箱安装座螺栓不许有松缓。齿轮箱合口安装螺栓紧固良好不许有松缓。防缓标记清晰正确。合口螺栓开口销良好齐全。齿轮箱放油堵不许有松动，防缓线良好，加油口安全链作用良好。加油口不许有异物，通气口安装良好，通气孔、通气器清洁，不许积有油污。齿轮箱泄油孔及注油孔畅通，磁性排油堵清洗。齿轮箱箱体不许有裂纹，齿轮箱合口、抱轴油封不破损及泄漏，齿轮箱安全卡不许有损坏和变形。更新润滑油，清理磁性螺堵。泄油孔及注油孔畅通。齿轮箱油位观察窗须干净透明，通过油位观察窗观察齿轮箱油位是否在油窗刻度线范围内。观察齿轮箱油无变色、变质，否则更换齿轮箱油。

68. 怎样拆卸 DF7G 型机车抱轴瓦？

答：检查抱轴瓦油盒与电机瓦座的安装记号，如不清楚重打记号（抱轴油盒不许互换）。用克丝钳拆去抱轴油盒螺钉的防缓铁丝(用弹簧垫圈者，不加防缓铁丝)。用扳手卸抱轴油盒的安装螺钉。卸下抱轴油盒及下瓦。吊走轮对取出上瓦及键。将所有零件保管好，不得失落。将油盒内的毛线连同集油器一起取出，分解后换新毛线，放入双曲线油中浸泡。检查抱轴瓦与标记，不清者打记号，抱轴瓦与抱轴油盒配套。所有零件清洗干净，以备检修。

69. 怎样更换 DF7G 型机车单元制动器螺杆端部防尘罩？

答：如果发生螺杆端部防尘罩老化、破损，应进行更换。更换时，应先把单元制动器与构架和空气管路分离。再拆除闸瓦托、闸瓦撑，分离防尘罩与箱体的螺钉连接。旋动螺杆，使其从箱体中退出。更换防尘罩后，再将螺杆旋入(必要时可在螺杆上补涂适量轮对滚动轴承脂)。注意应保持周转环境的清洁，防止灰尘和杂质进入。拧紧防尘罩与箱体的螺钉。装好闸瓦托、闸瓦撑、调瓦装配等其他零部件。将单元制动器与构架和空气管路重新组装。重装闸瓦，并调整好轮瓦间隙。

70. C2 修时怎样对 HXN3B 型机车燃油系统进行检查？

答：燃油泵安装螺栓紧固状态良好，不许有松缓，燃油泵与机油泵之间的联轴器安装良好。柴油机各缸气缸摇臂箱上的进回油软管及接头不许有泄漏，软管状态良好，各防火罩或防火板安装状态良好。燃油分配器安装螺栓紧固状态良好。燃油总管端部及各气缸进回油安装座焊接处不许有泄漏迹象。燃油分配器和柴油机两侧燃油总管分配器连接软管处不许有松动或泄漏迹象。对柴油机各缸气缸摇臂箱上的进回油软管接头螺母力矩校验，不许有泄漏。软管不许有老化、龟裂。紧固力矩进回油管 71 N·m。检查燃油分配器(燃油分配块)状态良好。

71. 怎样检修 DF7G 型机车轴箱弹簧？

答：轴箱弹簧组分解时，应连同其调整垫片按转向架和轴位左右顺序编号，以免组装时混乱。检查弹簧及上下座板无裂纹、缺陷、止销无松动。在平台上测量弹簧的自由高度应为 251^{+5}_{-2} mm。在弹簧试验机上试验各弹簧、工作高度，并记录。工作高度差同一转向架不大于 4 mm，同一机车不大于 6 mm。当超过时允许加垫调整，但加垫厚度不得大于 3 mm。更换弹簧金属橡胶垫。组装时，先将弹簧及上下座组装后一起放至压力机上，将弹簧压缩至工作载荷高度 280^{+5}_{-2} mm，然后装上两个专用的预紧卡环，松开压力机，恢复到组装高度 335 mm，依次卡好其余轴箱圆簧组。在转向架组装时，按位置标记依次把卡好卡环的各轴箱圆簧组及垫片，金属橡胶垫组装在轴箱弹簧座面上。机车车体座在转向架后，依次取下各弹簧卡环。

72. 怎样检修 DF8B 机车抱轴瓦？

答：抱轴瓦合金不许有脱壳、碾片、熔化及超过总面积 15% 的剥离，与轴颈须均匀接触。抱轴瓦与轴颈的径向间隙为 0.2～0.7 mm，同轴左右抱轴瓦与轴颈间隙差不大于 0.2 mm。更换新瓦时，轴瓦的内径确定方式为 $\phi_{瓦}=\phi_{轴}+S+K$，其中 $\phi_{瓦}$ 为抱轴瓦内径。$\phi_{轴}$ 为轴颈直径。S 为油润间隙，其值为 0.2～0.6 mm，一般取 0.35 mm，且瓦的两端 20 mm 范围内刮成喇叭口，最大刮削深度 0.2 mm。K 为加工误差及组装变形，一般取 0.05 mm。如使用恢复的旧瓦可以用镀铜或挂合金修复。检查抱轴瓦与轴颈的接触面，不良者刮修。将检查合格的抱轴瓦装好毛毡条并注油浸泡待装车。

73. 怎样维护保养量具？

答：在机床上测量零件时，要等零件完全停稳后进行，否则不但使量具的测量面过早磨损而失去精度，且会造成事故。测量前应把量具的测量面和零件的被测量表面都要揩干净，以免因有脏物存在而影响测量精度。量具在使用过程中，不要和工具、刀具如锉刀、榔头、车刀和钻头等堆放在一起，免碰伤量具。量具是测量工具，绝对不能作为其他工具的代用品。温度对测量结果影响很大，零件的精密测量一定要使零件和量具都在 20 ℃的情况下进行测量。温度对量具精度的影响亦很大，避免使量具受热变形而失去精度。不要把精密量具放在磁场附近，以免使量具感磁。

发现精密量具有不正常现象时，使用者应当主动送计量站检修，并经检定量具精度后再继续使用。量具使用后，应及时擦拭干净，表面应涂防锈油，放在专用的盒子里，保存在干燥的地方。长期使用的精密量具，要定期送计量站进行保养和检定精度，以免因量具的示值误差超差而造成产品质量事故。

74. 怎样组装 DF7G 型机车抱轴瓦电机悬挂？

答：抱轴瓦经过组装、镗瓦、刮修后，在汽油中清洗。将按规定浸过油的毛毡条嵌入抱轴瓦的密封槽内，注意不得将毛毡条人为拉长，尽量嵌紧。在擦拭干净电动机瓦座的同时，装上上瓦，并在瓦的工作面毛毡条上抹上牵引电机悬挂轴承油。将经检查合格并清洗干净的轮对吊装入电机上的抱轴瓦，注意吊装时不得碰伤上瓦。检查电机轮对横动量，应保证在 1.0～2.6 mm 范围内。检查牵引齿轮副的侧向间隙，中修齿轮副侧向间隙范围为 0.4～3.2 mm。组装下瓦，盖上防尘罩。清除抱轴油箱内的杂物后，把抱轴油箱装上电机，并在两端平面装上原有垫片。拧紧螺栓。

75. 怎样组装 DF7G 型机车静液压泵(静液压电动机)?

答:组装时应对正标记。组装前再次清洗各部件，达到清洁度标准。将两列 E446315 轴承压入前泵体。(注意:①不要装反。②两个轴承必须配对更换。)将间隔环装入前泵体，压入 E315 轴承。将主轴压入前泵体，装好碟簧及座，然后装好卡环。将双唇高速油封(SG)装在油封盖内(注意油封不要装反)，将装有骨架油封的油封盖装入泵体，装好卡环。将活塞连杆、芯轴套入压板上，再对号装在主轴上，用螺栓紧固住压板，上好防缓垫。顺序装好弹簧、弹簧座、芯轴、球套，然后将 7 个活塞对号装入油缸体内，此时左、右摇摆油缸体，检查活塞连杆是否活动自如，不得有卡滞现象。组装时，油缸及主轴球窝内注点滑油。组装后泵体并紧固。配流盘装在后端盖后，使配流盘中心孔对准芯轴，将后端盖用螺栓紧固于后泵体上，装配后应转动灵活，不得有卡滞及异声。

76. 怎样组装 DF7G 型机车牵引杆装置?

答:将探伤后合格的各零件清理、吹扫干净后吊运至组装场所。各圆销、球形关节、拐臂、连接杆和牵引杆各摩擦面均应涂上适量润滑脂后装配。

分别将拐臂卡入三角架拐臂座，对准销孔，穿入装好油杯的拐臂销，盖上止板，放入弹簧垫圈，拧紧 4 个螺栓并用 2.5 mm 钢丝锁紧。分别对准连接杆与拐臂安装孔，对她端部的固定圆柱销，穿入装好油杯的连接杆销，在上部放入垫圈、调整垫片，拧紧 M36×3 开槽螺母，穿好开口销。牵引杆两端打入检测合格的球承与套，放好孔用挡圈。牵引杆叉头卡入拐臂，对准销孔，卡入橡胶防尘圈，放入隔套、装好油杯的牵引杆销、压盖、调整垫片，拧紧 M36×3 开槽螺母，穿好开口销。装配完后用油枪向各油杯中注入适量的润滑脂。牵引杆装置组装后各关节应转动灵活，无卡滞。检查拐臂销、连接杆销与套的间隙，牵引销、牵引杆销的球承与套的间隙均应符合限度表的规定。检查牵引销与牵引杆销的结合处斜面应密贴，局部间隙用 0.05 mm 塞尺检查，塞入深度不得大于 10 mm，销和槽底部间隙应不小于 0.5 mm。

77. 怎样攻螺纹?

答:根据工件上螺纹孔的规格，正确选择丝锥，先头锥后二锥，不可颠倒使用。工件装夹时，要使孔中心垂直于钳口，防止螺纹攻歪。用头锥攻螺纹时，先旋入 1～2 圈后，要检查丝锥是否与孔端面垂直(可目测或直角尺在互相垂直的两个方向检查)。当切削部分已切入工件后，每转 1～2 圈应反转 1/4 圈，以便切屑断落;攻钢件上的内螺纹，要加机油润滑，可使螺纹光洁、省力和延长丝锥使用寿命;攻铸铁上的内螺纹可不加润滑剂，或者加煤油;攻铝及铝合金、紫铜上的内螺纹，可加乳化液。不要用嘴直接吹切屑，以防切屑飞入眼内。

78. 怎样使用游标卡尺测量零件内尺寸?

答:当测量零件的内尺寸时要使量爪分开的距离小于所测内尺寸,进入零件内孔后,再慢慢张开并轻轻接触零件内表面,用固定螺钉固定尺框后,轻轻取出卡尺来读数。取出量爪时,用力要均匀,并使卡尺沿着孔的中心线方向滑出,不可歪斜,免使量爪扭伤;变形和受到不必要的磨损,同时会使尺框走动,影响测量精度。测量内孔时卡尺两测量刃应在孔的直径上,不能偏歪。当量爪在错误位置时,其测量结果,将比实际孔径 D 要小。用下量爪的外测量面测量内尺寸时,在读取测量结果时,一定要把量爪的厚度加上去。即游标卡尺上的读数,加上量爪的厚度,才是被测零件的内尺寸。测量范围在 500 mm 以下的游标卡尺,量爪厚度一般为 10 mm。但当量爪磨损和修理后,量爪厚度就要小于 10 mm,读数时这个修正值也要考虑进去。

79. 怎样调整百分尺的间隙?

答:百分尺在使用过程中,由于磨损等原因,会使精密螺纹的配合间隙增大,从而使示值误差超差,必须及时进行调整,以便保持百分尺的精度。

要调整精密螺纹的配合间隙,应先用制动器把测微螺杆锁住,再用专用扳手把测力装置松开,拉出微分筒后再进行调整。在螺纹轴套上,接近精密螺纹一段的壁厚比较薄,且连同螺纹部分一起开有轴向直槽,使螺纹部分具有一定的胀缩弹性。同时,螺纹轴套的圆锥外螺纹上,旋着调节螺母。当调节螺母往里旋入时,因螺母直径保持不变,就迫使外圆锥螺纹的直径缩小,于是精密螺纹的配合间隙就减小了。然后,松开制动器进行试转,看螺纹间隙是否合适。间隙过小会使测微螺杆活动不灵活,可把调节螺母松出一点,间隙过大则使测微螺杆有松动,可把调节螺母再旋进一点。直至间隙调整好后,再把微分筒装上,对准零位后把测力装置旋紧。

80. 怎样组装 DF8B 型机车齿轮箱?

答:将齿轮上、下结合面涂上密封胶。将密封毡条嵌入上、下箱的密封槽内,并注入油浸泡,安装上箱体调整下列尺寸(在齿轮箱与电机之间螺栓连接处加垫片来达到调整尺寸)。齿轮箱小齿轮密封槽外侧与电机之间的间隙为 1～4 mm ,大齿轮两端面与齿轮箱内侧面的间隙为 11～16 mm。

装下箱体,注意与箱体平面一致, 不一致时加垫调整,以免紧固螺栓时箱体变形,然后紧固连接螺钉和紧固螺栓,注入约 6 kg 滑油。组装后检查上、下箱合口面应严密,局部间隙:卡子处不大于 0.1 mm,密封槽处不大于 0.6 mm,上、下箱体外侧面的相对位移不大于 1 mm。

81. 辅修时怎样对 DF8B 型机车调控装置进行检查?

答:外观检查调速器无裂纹、泄漏,缓冲油杯无缺油,拉杆无抖动,柴油机无游车现象,油电动机无卡滞现象。油位符合要求(刻线上下 5 mm)。测量升降速时间。检查调速器步进电机接线良好。最高转速止挡、最低转速止挡无松动,步进电机的主从动伞形齿轮啮合状态良好。

检查功调电阻各状态，变阻器滑片无折断，接触良好，各电阻无烧损、断路和短路现象，测量功调电阻阻值应符合要求。外观检查供油拉杆无裂纹、变形、弯曲，各拐臂、连接销、开口销完整，各滚轮转动灵活。检查横轴轴向间隙、整个杠杆系统总间隙及阻力符合技术要求。外观检查超速停车装置各部无裂纹，紧固状态是否良好。检查调控传动箱各部无裂纹、泄漏，用手按动紧急停车按钮，须作用灵活可靠，各泵齿条须立即回到负刻线。检查极限调速器飞块无异状，弹簧、穿销无折损，锁母紧固；检查摇臂滚轮与飞块轮盘外圆间隙符合要求。

82. 怎样使用内卡钳？

答：用内卡钳测量内径时，应使两个钳脚的测量面的连线正好垂直相交于内孔的轴线，即钳脚的两个测量面应是内孔直径的两端点。因此，测量时应将下面的钳脚的测量面停在孔壁上作为支点，上面的钳脚由孔口略往里面一些逐渐向外试探，并沿孔壁圆周方向摆动，当沿孔壁圆周方向能摆动的距离为最小时，则表示内卡钳脚的两个测量面已处于内孔直径的两端点了。再将卡钳由外至里慢慢移动，可检验孔的圆度公差。用已在钢直尺上或在外卡钳上取好尺寸的内卡钳去测量内径。就是比较内卡钳在零件孔内的松紧程度。如内卡钳在孔内有较大的自由摆动时，就表示卡钳尺寸比孔径内小了；如内卡钳放不进，或放进孔内后紧得不能自由摆动，就表示内卡钳尺寸比孔径大了，如内卡钳放入孔内，按照上述的测量方法能有 1～2 mm 的自由摆动距离，这时孔径与内卡钳尺寸正好相等。测量时不要用手抓住卡钳测量，这样手感就没有了，难以比较内卡钳在零件孔内的松紧程度，并使卡钳变形而产生测量误差。

83. 怎样对 DF8B 型机车增压器转子组装进行检修？

答：探伤检查主轴不得有裂纹。外观检查主轴各轴颈，特别是 ϕ45 mm 轴颈；轴承套各工作面，特别是 ϕ45 mm 外径和止推面；以及油封、衬套等不得有严重拉伤、裂纹、偏磨和烧损。外观检查涡轮盘及叶片不得有松动、裂纹、变形等缺陷，但允许叶片在顶部 5 mm 内存在卷边或变形，但深度不得大于 1 mm；叶片顶部允许有不大于 0.5 mm 的周向摆动，叶片轴向应无松动。外观检查压气机导风轮和叶轮不得有裂纹、松动、错位，整个压气机工作轮应无擦伤和卷边，导风轮叶片进气边允许有一沿直径方向长度不大于 5 mm、深度不大于 1 mm 的撞痕存在，但需修磨光滑。测量压气机端轴承套与主轴径向间隙；轴承套与径向轴承径向间隙，其值应符合限度要求。测量压气机端油封外径与油封盖的内径；测量油封、甩油盘的内径与配合轴颈的外径，检查其配合间隙应符合限度要求，若间隙超限时，应更换油封、甩油盘。测量涡轮端主轴颈与径向轴承间隙应符合限度要求，并做好记录。转子组件必须进行动平衡试验，其不平衡量应小于 1.5 g · cm。动平衡试验后，应从主轴上取下压气机工作轮、油封、甩油盘及轴承套以备组装。

84. 怎样拆卸 DF7G 型机车活塞连杆组？

答：用专用扳手松下连杆螺钉（每根连杆暂留一条不取下），注意不要碰伤螺纹丝扣。将 1～6 缸顶平面转到水平位置，转动曲轴，拆下余留螺钉，同时取下瓦盖，注意检查瓦盖标志是否与连杆标志一致，否则应重新标注，原标志取消。用专用吊具吊出活塞连杆组，放专用架存放送专修组。在盘动曲轴时、如发现个别缸套上窜，此时应用工艺套将缸套压住，严禁将活塞连杆组和缸套一起吊出。

85. 辅修时怎样对 DF8B 型机车静液压系统进行检查？

答：静液压泵、电动机安装牢固，连接螺栓无松动，连接油管无松动、泄漏。静液压油箱安装牢固无松动，连接油管无松动、泄漏。温控阀、安全阀无裂纹，安装牢固，与连接油管同心无别劲。静液压热交换器安装牢固，座螺栓无松动，管路无腐蚀、泄漏，其工作可靠无窜油、蹿水现象。静液压管路安装牢固，无泄漏，连接法兰无变形、翘曲，各管卡配置合理无松动，各种阀作用良好，使用可靠。冷却风扇叶片无裂纹，风扇轮毂孔与静液压电动机配合接触面积不少于70%，叶片与车体风道单侧间隙为 3～10 mm。百叶窗油缸及管路无裂纹、磨损、泄漏，动作灵活。

86. 怎样分解 DF7G 型机车曲轴组？

答：将机体转至主轴承向上的垂直位，拔出主轴承螺母的开口销并松下螺母。用专用扳手松下主轴承座的横拉螺栓，并按编号放好，此时注意检查工件上的标志是否与安装位置一致，否则重新标注，原标志取消。用专用吊具吊下主轴承盖，用专用吊具吊下曲轴装配（吊挂第 2、5 位曲柄销上），并置于专用存放架上，注意检查瓦盖标志是否与安装位置一致，否则重新标注。卸止推轴承的前后止推挡环，并标明前后。取下各位轴瓦，主轴瓦盖和轴瓦应按编号顺序放好。取出主轴承上螺母的开口销、螺母、垫圈。

87. 怎样对 DF8B 型机车柴油机做水压试验？

答：在柴油机高低温冷却水管的最高处装上带排气阀的密封盖。分别在高低温水泵上装密封盖，其中一密封盖上应装有水管及压力表。打开高低温水泵通膨胀水箱的管道上的截止阀并把通道的上部分拆卸下来装上工艺堵。打开顶部的两个排气阀，在水泵处加水，水满后关闭排气阀。如果发现泄漏应及时处理，以防加压时不易保压。用水压机打压至高温水泵0.5 MPa，中冷水泵 0.4 MPa，保压 30 min 后，检查无渗漏则合乎要求，如有渗漏，在处理后继续打压至高温水泵 0.5 MPa，中冷水泵 0.4 MPa，保压 15 min 直至合乎要求为止。

88. 怎样检查 DF7G 型机车活塞？

答：活塞经滑石粉或荧光探伤，检查活塞内侧油孔和圆根处、裙部等处，不得有裂纹。检查活塞与套，无松动或移位。检查活塞外圆无严重拉伤，轻微拉伤允许用油石打磨消除，活塞工艺堵无松动。检查活塞顶部无严重烧伤、撞伤，允许有不大于 2 mm 深的机械碰伤，但凸起部分必须消除。把活塞倒置，从回油口注入煤油，保持 10 min，活塞体与套结合面处无泄漏。测量活塞外径，记录并计算活塞与气缸套配合间隙应为铸铁活塞顶部 1.03～1.40 mm，铸铁活塞裙部 0.21～0.60 mm，钢顶铝活塞顶部 1.5～1.9 mm，钢顶铝活塞裙部 0.34～0.72 mm。

测量活塞销座孔，圆度、圆柱度应不大于 0.05 mm。初测活塞环槽，将各相应的活塞环放入活塞环槽内，用塞尺检查各配合间隙，符合要求活塞顶与裙部的连接不得松动。

89. DF7G 机车启动变速箱组装后应怎样测试？

答：变速箱组装后需转动灵活，并做空转磨合试验。变速箱装车后运转平稳无异声，分箱面无渗漏。箱体温度≤80 ℃，油封在起、停机时允许有微量渗油。各齿轮啮合间隙 0.25～0.70 mm，齿轮轴轴向间隙为 0.3～0.6 mm。各齿轮与轴配合过盈量为主动齿轮 0.124～0.168 mm，启动电机齿轮 0.083～0.121 mm，中间齿轮 0.083～0.121 mm，励磁机齿轮 0.083～0.121 mm。法兰锥度配合面接触面积≥70%，且均布，压入行程为：主动轴法兰 6～8.5 mm；启动电机轴法兰 5～6.5 mm；其余各轴法兰 2.5～4.0 mm；迷宫圈、挡圈与轴配合过盈量为 0.01～0.02 mm。更换迷宫圈挡圈时应测量迷宫圈、挡圈与轴承盖的径向间隙（注意挡圈螺纹旋向），迷宫圈与轴承盖 0.50～0.66 mm，轴向间隙 2.0 mm，挡圈与轴承盖 0.170～0.257 mm。

90. 怎样校正百分尺的零位？

答：所谓校对百分尺的零位，就是把百分尺的两个测砧面擦拭干净，转动测微螺杆使它们贴合在一起（这是指 0～25 mm 的百分尺而言，若测量范围大于 0～25 mm 时，应该在两测砧面间放上校对样棒），检查微分筒圆周上的 0 刻线，是否对准固定套筒的中线，微分筒的端面是否正好使固定套筒上的 0 刻线露出来。如果两者位置都是正确的，就认为百分尺的零位是对的，否则就要进行校正，使之对准零位。如果零位是由于微分筒的轴向位置不对，如微分筒的端部盖住固定套筒上的 0 刻线，或 0 刻线露出太多、0.5 的刻线搞错，必须进行校正。此时，可用制动器把测微螺杆锁住，再用百分尺的专用扳手，插入测力装置轮轴的小孔内，把测力装置松开（逆时针旋转），微分筒就能进行调整，即轴向移动一点。使固定套筒上的 0 线正好露出来，同时使微分筒的零线对准固定套筒的中线，然后把测力装置旋紧。如果零位是由于微分筒的零线没有对准固定套筒的中线，也必须进行校正。此时，可用百分尺的专用扳手，插入固定套筒的小孔内，把固定套筒转过一点，使之对准零线。但当微分筒的零线相差较大时，不应当采用此法调整，而应该采用松开测力装置转动微分筒的方法来校正。

91. DF8B 型机车车钩组装后应怎样检查？

答：钩舌销与钩耳套孔径向间隙应在短向 1.2～3.0 mm 范围内；长向 3.0～5.0 mm 范围内。钩舌销与钩舌套孔径向间隙应在 1.0～3.0 mm 范围内。钩舌与钩体上、下承力面的间隙应在 1.0～3.0 mm 范围内。车钩处在闭锁状态时，钩锁的跳动量不大于 22 mm，钩锁与钩舌相邻两侧面须平整、不倾斜，嵌入高度不少于 40 mm，钩体防跳凸台和钩锁销作用平面须平直，防跳凸台高度为 18～19 m。钩锁与钩舌承力面间隙符合设计要求。车钩在闭锁状态时，钩舌与钩锁铁侧面间隙不大于 6.5 mm。钩舌与钩耳上下面的间隙在 1～10 mm 范围内。车钩三态（全开、开锁、闭锁）良好。车钩开度在最小处测量，闭锁状态时应在 112～127 mm 范围内，全开状态时应在 220～245 mm 范围内。钩锁往上的活动量为 5～22 mm。检查车钩防跳作用。从车钩前部用专用撬棍垂直向上托起钩锁，并在钩锁 C 处与钩体贴靠情况下检查钩锁与钩舌之间贯通间隙不大于 18 mm，并严格检查钩体内防跳凸台尺寸形状，下锁销防跳止挡。车钩组装后如达不到上述要求，可以对不良部位进行焊修或铲除，也可以重新选配（包括选用新零件），直至符合上述组装要求。

92. DF8B 型机车车钩组装前应怎样测量？

答：测量尾框扁销孔前端至尾框后端内作用面的距离 A（原形 776＋3 mm）。测量从板座的（左、右）前后座之距离 B［原形（625＋1）mm］。测量钩体上扁销孔后端至钩体尾端距离C［原形（50＋2）mm］。测量扁销宽 D［原形（100＋1）mm］。测量从板厚度 E［原形（57＋2）mm］。测量缓冲器组装高度 F。测量钩体尾端与从板间隙 δ，计算公式为 $A-(B+C+D)=\delta$。当计算值 $>\delta$ 时，可在钩尾端加垫处理，（垫板上须钻 6～8 个 ϕ15～20 mm 的孔，孔内焊平）垫板厚为 $A-(B+C+D)=\delta$ mm。当计算值 $<\delta$ 时，可在钩尾端减垫或减少扁销宽度或减少从板厚度调整，但扁销和从板减少量在 2 mm 内。确定缓冲器的高度和从板厚度，使之符合钩箱体前后从板座距离 B 的要求。$E+F=B+2$（2 为组装后弹簧压缩系数），当 $E+F<B+2$ 时，可加焊垫板处理，当 $E+F>B+2$ 时，可减少垫板或减少从板厚度处理。

93. 怎样分解 DF8B 型机车转向架附属装置？

答：将转向架推至转向架总组装台位。取下旁承橡胶堆，并按转向架和安装位前后左右顺序编号，有垫的应记录原先加垫厚度。调大闸瓦间隙，拆下闸瓦。拆下三位轴左侧轴箱端部的速度传感器。拆下一系垂向减振器、二系横向减振器。拆开轴箱拉杆与构架间的连接螺栓。拆下轮轨润滑装置的支架、软管连接、油脂罐、喷头等。拆下砂箱。用支撑装置顶住电机底座，拆开电机吊杆与转向架横梁上的电机吊座的连接，拆开吊杆座橡胶垫盖板的紧固螺母，拆下吊杆与橡胶垫及盖板。用钢丝绳吊起构架，钢丝绳张紧后，用铜棒敲打轴箱拉杆与构架的芯轴，使其与构架上的座分离。取出带有卡箍的轴箱弹簧，为保证轴重分配的均匀，应按转向架和轴位前后、左右顺序编号，防止重装时搞混。有调整垫片的应记录调整垫片的厚度（重装时需放上相同厚度的调整垫片）。吊车吊出带有牵引杆装置、单元制动器、手制动装置的构架，置于存放架上。所有拆下的零部件送到检查修理场所。

94. C2 修时怎样对 HXN3B 型机车主压缩机进行检查？

答：空气压缩机及电机安装螺栓紧固牢固、无松动。空气压缩机空气滤清器安装螺栓牢固，无松动，吹扫空气滤清器滤芯，真空指示器指示状态正常（如透明部位内部变为红色，应更换空气滤清器滤芯）。空气压缩机散热器安装螺栓紧固牢固无松缓，打开检查孔盖检查散热器通风良好无堵塞，脏污散热器进行吹扫。空气压缩机出风软管和接头无破损、无泄漏；单向阀安装良好，端盖无松动、破损。空压机各油管和接头紧固牢固无松缓。更换油滤器。检查空压机压力维持阀保温护套齐全、无破损，紧固扎带作用良好。检查空气滤清器安全滤芯，严重脏污、有油、破损等异常情况需进行更换。更换空气滤清器安全滤芯。检查空压机油位应符合标准，空压机润滑油稀释、乳化、严重变色的更换新油。

95. 怎样检修DF7G型机车闸瓦自动调节器？

答：取下摆杆头部的螺母，取下垫圈和连杆，拆下摆杆头部防尘罩，拔出开口销，保管好两片球形接头。取下螺栓和闸瓦托，松开闸瓦调节螺母。取下小手轮和防尘罩，松开防尘罩上的螺钉，拧下手轮紧固螺栓。取下螺栓和胶圈，松下套筒的定位螺栓。取出转盘，分解棘轮和螺套等，拆开防尘罩铁丝，拧下螺杆。清洗各部件，清洁度达标准Ⅲ级。检查螺杆、螺套及套筒，丝扣完好，螺杆与螺套的横动量不超过1.5 mm。检查棘轮与棘爪不得有裂纹、断齿。检查防尘帆布罩，防尘胶套不得老化、破损。按解体相反顺序组装，将套、螺套、罩座、棘轮、转盘、套筒、定位螺栓、棘爪及弹簧组装好。组装后，应保证转盘在套筒上应转动灵活，棘爪正确地卡在棘轮上，弹簧作用良好。将螺杆及防尘胶圈装在自动调节器上。从手轮芯轴螺钉孔向套筒内给油，应使用油壶加油。装连杆、防尘罩、手轮、并紧固螺母，转动手轮，无卡滞现象，调节功能良好。

96. 怎样组装DF7G型机车机油离心精滤器？

答：将转子轴装在转子体上，若更换转子轴时，应测量转子轴的尺寸，转子的尺寸应为296.5～297.0 mm，并配好5×19 mm的半圆键。按原有标记将集油管安装在转子体上。将固定片套装于转子轴和集油管上，(固定片左右翘曲角度应对称)穿上开口销。将新的衬纸装于转子盖内。在转子体上装上转子下垫圈、滤油网，重新合上转子外壳，拧紧螺母。拨动转子组装应转动灵活，无阻滞。将止推垫圈装在转子轴上，拧紧螺母保证止推垫圈与轴承间的间隙为0.5～1.0 mm。在滤清器座上放上罩壳下垫圈，合上外罩壳并拧紧螺母。将试验良好的转子组成装入下体内，此时，转动转子组成应能自由转动。将上体与下体按标记进行组装，并均匀紧固。更换上轴承或下轴承时应测量如下尺寸，A约为154 mm(外体合口上平面至下轴承平面的深度)；B为149 mm(外盖合口平面至上平面的距离)；C为5～5.5 mm(外盖合口处的台部尺寸)。计算$A+B-C-D$的值，应为0.5～1.0 mm；保证转子体与盖有不大于0.1 mm的安装间隙。

97. 怎样使用锯弓？

答：起锯的方式有远边起锯和近边起锯两种，一般情况采用远边起锯。因为此时锯齿是逐步切入材料，不易卡住，起锯比较方便。起锯角α以15°左右为宜。为了起锯的位置正确和平稳，可用左手大拇指挡住锯条来定位。起锯时压力要小，往返行程要短，速度要慢，这样可使起锯平稳。锯割时，手握锯弓要舒展自然，右手握住手柄向前施加压力，左手轻扶在弓架前端，稍加压力。人体重量均布在两腿上。锯割时速度不宜过快，以每分钟30～60次为宜，并应用锯条全长的三分之二工作，以免锯条中间部分迅速磨钝。推锯时锯弓运动方式有两种，一种是直线运动，适用于锯缝底面要求平直的槽和薄壁工件的锯割；另一种锯弓上下摆动，这样操作自然，两手不易疲劳。锯割到材料快断时，用力要轻，以防碰伤手臂或折断锯条。锯割圆钢时，为了得到整齐的锯缝，应从起锯开始以一个方向锯以结束。如果对断面要求不高，可逐渐变更起锯方向，以减少抗力，便于切入。

98. 怎样使用外卡钳？

答：外卡钳在钢直尺上取下尺寸时，一个钳脚的测量面靠在钢直尺的端面上，另一个钳脚的测量面对准所需尺寸刻线的中间，且两个测量面的连线应与钢直尺平行，人的视线要垂直于钢直尺。用已在钢直尺上取好尺寸的外卡钳去测量外径时，要使两个测量面的连线垂直零件的轴线，靠外卡钳的自重滑过零件外圆时，我们手中的感觉应该是外卡钳与零件外圆正好是点接触，此时外卡钳两个测量面之间的距离，就是被测零件的外径。所以，用外卡钳测量外径，就是比较外卡钳与零件外圆接触的松紧程度，以卡钳的自重能刚好滑下为合适。如当卡钳滑过外圆时，我们手中没有接触感觉，就说明外卡钳比零件外径尺寸大，如靠外卡钳的自重不能滑过零件外圆，就说明外卡钳比零件外径尺寸小。切不可将卡钳歪斜地放上工件测量，这样有误差。由于卡钳有弹性，把外卡钳用力压过外圆是错误的，更不能把卡钳横着卡上去。对于大尺寸的外卡钳，靠它自重滑过零件外圆的测量压力已经太大了，此时应托住卡钳进行测量。

99. 怎样组装 DF8B 型机车单元制动器？

答：组装前应确保所有零部件均已做好清洁处理。组装时，所有相对运动的零部件及各销的连接处均应涂机车车辆制动缸 89D 润滑脂。如间隙调整机构已经分解检修，先组装好闸瓦间隙自动调整装置和螺杆复位机构。将组装好的调整螺母套装入箱体上的孔中，将杠杆装入力推挡圈和复位挡圈之间，穿入杠杆销。装入端盖密封垫，将导向螺母套上平键对准调整螺母套内孔键槽装入，紧固好端盖与箱体的螺栓，拉动拉环使锁紧机构的销轴与挡套上的槽脱离。螺杆装好防尘罩后，旋入间隙调整装置和螺杆复位机构，装上防尘罩压环，拧紧螺钉。活塞推杆装好接头体。将缓解弹簧预压缩并捆扎紧后，装入活塞推杆，将推杆杆身插入箱体。穿入推杆与杠杆的连接销，放好挡圈，穿好开口销。装上制动缸皮碗，解开捆扎物，复原缓解弹簧，装上制动缸体，紧固好带弹簧垫圈的连接螺栓 M10×25。装好箱体上所有盖板。装上闸瓦托、闸瓦撑，装好上下螺杆销、垫圈，拧紧开槽螺母 M20，穿好开口销。装好调瓦装配。

100. DF8B 型机车转向架总组装后怎样检查？

答：每次转向架落车后，均应检查同一转向架和各个轴箱弹簧工作高度允差 2 mm。当超过时，允许加垫调整，但加垫厚度不得大于 2 mm。同一机车各个轴箱弹簧工作允差 3 mm。橡胶堆旁承工作高度差同一转向架内不大于 1 mm，同一机车内不大于 2 mm，如超过，允许用调整垫片调整。安全托与电机托座间距离应为(50±10) mm。牵引杆、连接杆与电机吊座端面间距离不小于 6 mm。检查各连接螺栓，应无松动。砂箱装配应密贴，用 0.15 mm 塞尺检查，应塞不到螺栓根部。各制动装置动作应灵活，不得有卡滞现象。制动缸内通入压缩空气时，闸瓦应作用良好的压紧在车轮踏面，制动缸不得有泄漏。油压减振器应具有阻力系数试验单。如果是带箍车轮，轮对轮箍弛缓标记应完整、清晰、正确。

S1 HXN3B 型机车 C3 修时空气干燥器检查

1. 考场准备

要求在检修库内股道上停留一台 HXN3B 型机车，机车必须在停机状态，机车两端地沟上设有稳固整洁的渡板，考场周围整洁并有隔离措施。

2. 材料工具准备

序 号	名 称	规 格	数 量	备 注
1	开口扳手		1套	
2	检车锤		1把	
3	手电		1只	

3. 考核要求

(1)被认定人入场后，首先由裁判告知题目，其次由被认定人检查设备、机具，准备工、卡、量具，当被认定人告知裁判可以开始时，由裁判员开始计时。

(2)考核时间为 15 min。

(3)考核时被认定人应按规定穿戴防护用品，考试中出现挤伤、砸伤等人身伤害情况时立即终止考试，成绩为零。

(4)考核过程中被认定人出现违规使用设备、机具或出现断裂、超压、失控等毁坏设备情况时，终止考试，成绩为零。

(5)考核过程中裁判可以根据现场情况向被认定人提问，以确认被认定人的测量数据、故障判断等是否真实有效。

(6)考核完毕后，由被认定人在评分表上签字确认。

4. 考核评分

(1)考评人员 3 名以上。

(2)评分程序及规则：考评员根据考生操作情况对照计分标准在评分表上给予记录评分。

(3)算分方法：采用百分制，满分 100 分，60 分及以上为及格。

职业技能认定
内燃机车钳工(高级技师)实作技能考核评分记录表

单位:________ 姓名:________ 准考证号:________ 工种:________ 级别:________

试题名称:HXN_{3B}型机车 C3 修时空气干燥器检查

考核时间:15 min

操作开始时间: 时 分 操作结束时间: 时 分

项 目	考核内容及评分标准	扣分因素及扣分	得 分
操作程序(10分)	1. 考核前未检查场地安全防护设施扣2分		
	2. 检查、操作程序错误,不会口述、操作时,每次扣2分		
	3. 工序错乱,工作中出现返工、返回检查时,每次扣5分		
作业质量(60分)	1. 检查之前未确认机车状态,部件温度、稳固等状态,每次扣3分		
	2. 对部件说不出或说错名称、检查顺序混乱、检查内容缺项、漏检等,每次扣3分		
	3. 对需开盖、晃动、敲击等方法进行检查的内容不熟悉,对带压部件检查时未进行呼唤等,每次扣3分		
	4. 对不符合技术要求或有故障的部件进行记录(如果是裁判设置或施画的假设故障,需填写在记录表内),错漏一项扣5分		
	5. 检查后各开关、盖板、罩子等,需进行恢复,每漏一项扣2分		
工具使用(10分)	1. 开工前未检查工、量具及设备,收工时不整理扣2分		
	2. 工、卡、量具及设备使用不当,每次扣2分		
	3. 工、量具脱落,每次扣2分		
作业安全(10分)	1. 未按规定着装扣2分		
	2. 违规操作或违反安全事项扣5分		
	3. 发生事故失格,取消成绩		
考核时间(10分)	1. 作业在规定时间内完成		
	2. 每超1 min扣2分		
	3. 超过5 min停止考核		
合计(100分)			

考评员签名: 认定人: 年 月 日

S2　HXN3B 型机车 C3 修时车钩及缓冲器检查

1. 考场准备

要求在检修库内股道上停留一台 HXN3B 型机车，机车必须在停机状态，机车两端地沟上设有稳固整洁的渡板，考场周围整洁并有隔离措施。

2. 材料工具准备

序　号	名　称	规　格	数　量	备　注
1	开口扳手		1 套	
2	检车锤		1 把	
3	内卡尺		1 把	
4	外卡尺		1 把	
5	钢直尺	200 mm	1 把	
6	手电		1 只	

3. 考核要求

(1)被认定人入场后，首先由裁判告知题目，其次由被认定人检查设备、机具，准备工、卡、量具，当被认定人告知裁判可以开始时，由裁判员开始计时。

(2)考核时间为 15 min。

(3)考核时被认定人应按规定穿戴防护用品，考试中出现挤伤、砸伤等人身伤害情况时立即终止考试，成绩为零。

(4)考核过程中被认定人出现违规使用设备、机具或出现断裂、超压、失控等毁坏设备情况时，终止考试，成绩为零。

(5)考核过程中裁判可以根据现场情况向被认定人提问，以确认被认定人的测量数据、故障判断等是否真实有效。

(6)考核完毕后，由被认定人在评分表上签字确认。

4. 考核评分

(1)考评人员 3 名以上。

(2)评分程序及规则：考评员根据考生操作情况对照计分标准在评分表上给予记录评分。

(3)算分方法：采用百分制，满分 100 分，60 分及以上为及格。

职业技能认定
内燃机车钳工(高级技师)实作技能考核评分记录表

单位：________　姓名：________　准考证号：________　工种：________　级别：________

试题名称：HXN_{3B}型机车 C3 修时车钩及缓冲器检查

考核时间：15 min

操作开始时间：　　时　　分　　　　　　　　　　操作结束时间：　　时　　分

项　目	考核内容及评分标准	扣分因素及扣分	得　分
操作程序 (10 分)	1. 考核前未检查场地安全防护设施扣 2 分		
	2. 检查、操作程序错误，不会口述、操作时，每次扣 2 分		
	3. 工序错乱，工作中出现返工、返回检查时，每次扣 5 分		
作业质量 (60 分)	1. 检查之前未确认机车状态，部件温度、稳固等状态，每次扣 3 分		
	2. 对部件说不出或说错名称、检查顺序混乱、检查内容缺项、漏检等，每次扣 3 分		
	3. 对需开盖、晃动、敲击等方法进行检查的内容不熟悉，对带压部件检查时未进行呼唤等，每次扣 3 分		
	4. 对不符合技术要求或有故障的部件进行记录(如果是裁判设置或施画的假设故障，需填写在记录表内)，错漏一项扣 5 分		
	5. 检查后各开关、盖板、罩子等，需进行恢复，每漏一项扣 2 分		
工具使用 (10 分)	1. 开工前未检查工、量具及设备，收工时不整理扣 2 分		
	2. 工、卡、量具及设备使用不当，每次扣 2 分		
	3. 工、量具脱落，每次扣 2 分		
作业安全 (10 分)	1. 未按规定着装扣 2 分		
	2. 违规操作或违反安全事项扣 5 分		
	3. 发生事故失格，取消成绩		
考核时间 (10 分)	1. 作业在规定时间内完成		
	2. 每超 1 min 扣 2 分		
	3. 超过 5 min 停止考核		
合计 (100 分)			

考评员签名：　　　　　　　　　　　　认定人：　　　　　　　　　　年　　月　　日

S3 HXN3B型机车C3修时动力组检查

1. 考场准备

要求在检修库内股道上停留一台HXN3B型机车，机车必须在停机状态，机车两端地沟上设有稳固整洁的渡板，考场周围整洁并有隔离措施。

2. 材料工具准备

序 号	名 称	规 格	数 量	备 注
1	开口扳手		1套	
2	检车锤		1把	
3	手电		1只	
4	钢直尺	200 mm	1把	
5	力矩扳手	40～200 N·m	1把	

3. 考核要求

(1)被认定人入场后，首先由裁判告知题目，其次由被认定人检查设备、机具，准备工、卡、量具，当被认定人告知裁判可以开始时，由裁判员开始计时。

(2)考核时间为20 min。

(3)考核时被认定人应按规定穿戴防护用品，考试中出现挤伤、砸伤等人身伤害情况时立即终止考试，成绩为零。

(4)考核过程中被认定人出现违规使用设备、机具或出现断裂、超压、失控等毁坏设备情况时，终止考试，成绩为零。

(5)考核过程中裁判可以根据现场情况向被认定人提问，以确认被认定人的测量数据、故障判断等是否真实有效。

(6)考核完毕后，由被认定人在评分表上签字确认。

4. 考核评分

(1)考评人员3名以上。

(2)评分程序及规则：考评员根据考生操作情况对照计分标准在评分表上给予记录评分。

(3)算分方法：采用百分制，满分100分，60分及以上为及格。

职业技能认定
内燃机车钳工(高级技师)实作技能考核评分记录表

单位:________ 姓名:________ 准考证号:________ 工种:________ 级别:________

试题名称:HXN_{3B}型机车 C3 修时动力组检查

考核时间:20 min

操作开始时间: 时 分　　　　操作结束时间: 时 分

项 目	考核内容及评分标准	扣分因素及扣分	得 分
操作程序(10分)	1. 考核前未检查场地安全防护设施扣 2 分		
	2. 检查、操作程序错误,不会口述、操作时,每次扣 2 分		
	3. 工序错乱,工作中出现返工、返回检查时,每次扣 5 分		
作业质量(60分)	1. 检查之前未确认机车状态,部件温度、稳固等状态,每次扣 3 分		
	2. 对部件说不出或说错名称、检查顺序混乱、检查内容缺项、漏检等,每次扣 3 分		
	3. 对需开盖、晃动、敲击等方法进行检查的内容不熟悉,对带压部件检查时未进行呼唤等,每次扣 3 分		
	4. 对不符合技术要求或有故障的部件进行记录(如果是裁判设置或施画的假设故障,需填写在记录表内),错漏一项扣 5 分		
	5. 检查后各开关、盖板、罩子等,需进行恢复,每漏一项扣 2 分		
工具使用(10分)	1. 开工前未检查工、量具及设备,收工时不整理扣 2 分		
	2. 工、卡、量具及设备使用不当,每次扣 2 分		
	3. 工、量具脱落,每次扣 2 分		
作业安全(10分)	1. 未按规定着装扣 2 分		
	2. 违规操作或违反安全事项扣 5 分		
	3. 发生事故失格,取消成绩		
考核时间(10分)	1. 作业在规定时间内完成		
	2. 每超 1 min 扣 2 分		
	3. 超过 5 min 停止考核		
合计(100分)			

考评员签名:　　　　认定人:　　　　年 月 日

S4 DF8B 型机车气缸盖测量

1. 考场准备

要求在检修台位上准备 DF8B 型机车气缸盖一组，清洗油槽一个，气缸盖吊具，气门座面铣刀，水压试验设备，气门座口研磨机，气缸盖检修工作台，清洗设备，考场周围整洁并有隔离措施。

2. 材料工具准备

序号	名称	规格	数量	备注
1	开口扳手		1套	
2	外径千分尺	0～25 mm	1把	
3	内径量表	18～25 mm	1把	
4	气门拆装工具		1套	
5	深度尺	200 mm	1把	
6	汽油、煤油		适量	
7	毛刷		1把	
8	砂纸	100号	3张	
9	金属棒		1根	

3. 考核要求

(1)被认定人入场后，首先由裁判告知题目，其次由被认定人检查设备、机具，准备工、卡、量具，当被认定人告知裁判可以开始时，由裁判员开始计时。

(2)考核时间为 60 min。

(3)考核时被认定人应按规定穿戴防护用品，考试中出现挤伤、砸伤等人身伤害情况时立即终止考试，成绩为零。

(4)考核过程中被认定人出现违规使用设备、机具或出现断裂、超压、失控等毁坏设备情况时，终止考试，成绩为零。

(5)考核过程中裁判可以根据现场情况向被认定人提问，以确认被认定人的测量数据、故障判断等是否真实有效。

(6)考核完毕后，由被认定人在评分表上签字确认。

4. 考核评分

(1)考评人员 3 名以上。

(2)评分程序及规则：考评员根据考生操作情况对照计分标准在评分表上给予记录评分。

(3)算分方法：采用百分制，满分 100 分，60 分及以上为及格。

职业技能认定
内燃机车钳工(高级技师)实作技能考核评分记录表

单位:________　姓名:________　准考证号:________　工种:________　级别:________

试题名称:DF_{8B} 型机车气缸盖测量

考核时间:60 min

操作开始时间:　　时　　分　　　　操作结束时间:　　时　　分

项　目	考核内容及评分标准	扣分因素及扣分	得　分
操作程序 (10 分)	1. 考核前未检查场地安全防护设施扣 2 分		
	2. 检查、操作程序错误,不会口述、操作时,每次扣 2 分		
	3. 工序错乱,工作中出现返工时,每次扣 5 分		
作业质量 (60 分)	1. 分解过程中,出现顺序不对、违规使用工具、部件掉落等情况时,每次扣 3 分		
	2. 对各部件进行检查、清洗、探伤、修理、测量等工序,漏检一项扣 2 分		
	3. 对不符合技术要求或有故障的部件进行记录、检修或更换(如果是裁判设置或施画的假设故障,只记录不处理),错、漏一项扣 5 分		
	4. 按顺序要求组装,出现遗漏、装反、强行装入、未按要求操作等情况时,每次扣 5 分		
	5. 组装后检查(试验),检查(试验)数据不准确,每缺、漏、错一项扣 2 分		
工具使用 (10 分)	1. 开工前未检查工、量具及设备,收工时不整理扣 2 分		
	2. 工、卡、量具及设备使用不当,每次扣 2 分		
	3. 工、量具脱落,每次扣 2 分		
作业安全 (10 分)	1. 未按规定着装扣 2 分		
	2. 违规操作或违反安全事项扣 5 分		
	3. 发生事故失格,取消成绩		
考核时间 (10 分)	1. 作业在规定时间内完成		
	2. 每超 1 min 扣 2 分		
	3. 超过 5 min 停止考核		
合计 (100 分)			

考评员签名:　　　　　　认定人:　　　　　　年　　月　　日

S5 DF8B 型机车喷油泵检修

1. 考场准备

要求在检修台位上准备 DF8B 型机车喷油泵一台，出油阀严密度试验台，柱塞严密度试验台，油量试验台，专用清洗设备，考场周围整洁并有隔离措施。

2. 材料工具准备

序　号	名　称	规　格	数　量	备　注
1	开口扳手		1 套	
2	专用拆装工具		1 套	
3	外径千分尺	0～25 mm	1 把	
4	内径量表	8～18 mm	1 把	
5	专用塞规		1 把	
6	B 尺寸测量仪		1 台	
7	柴油		适量	
8	绸布		1 块	
9	碳化硅	400 号～507 号	适量	
10	氧化铝	1000 号	适量	

3. 考核要求

(1)被认定人入场后，首先由裁判告知题目，其次由被认定人检查设备、机具，准备工、卡、量具，当被认定人告知裁判可以开始时，由裁判员开始计时。

(2)考核时间为 80 min。

(3)考核时被认定人应按规定穿戴防护用品，考试中出现挤伤、砸伤等人身伤害情况时立即终止考试，成绩为零。

(4)考核过程中被认定人出现违规使用设备、机具或出现断裂、超压、失控等毁坏设备情况时，终止考试，成绩为零。

(5)考核过程中裁判可以根据现场情况向被认定人提问，以确认被认定人的测量数据、故障判断等是否真实有效。

(6)考核完毕后，由被认定人在评分表上签字确认。

4. 考核评分

(1)考评人员 3 名以上。

(2)评分程序及规则：考评员根据考生操作情况对照计分标准在评分表上给予记录评分。

(3)算分方法：采用百分制，满分 100 分，60 分及以上为及格。

职业技能认定
内燃机车钳工(高级技师)实作技能考核评分记录表

单位:________　姓名:________　准考证号:________　工种:________　级别:________

试题名称:DF_{8B}型机车喷油泵检修

考核时间:80 min

操作开始时间:　　时　　分　　　　　　　　　　操作结束时间:　　时　　分

项　目	考核内容及评分标准	扣分因素及扣分	得　分
操作程序 (10分)	1. 考核前未检查场地安全防护设施扣2分		
	2. 检查、操作程序错误,不会口述、操作时,每次扣2分		
	3. 工序错乱,工作中出现返工时,每次扣5分		
作业质量 (60分)	1. 分解过程中,出现顺序不对、违规使用工具、部件掉落等情况时,每次扣3分		
	2. 对各部件进行检查、清洗、探伤、修理、测量等工序,漏检一项扣2分		
	3. 对不符合技术要求或有故障的部件进行记录、检修或更换(如果是裁判设置或施画的假设故障,只记录不处理),错、漏一项扣5分		
	4. 按顺序要求组装,出现遗漏、装反、强行装入、未按要求操作等情况时,每次扣5分		
	5. 组装后检查(试验),检查(试验)数据不准确,每缺、漏、错一项扣2分		
工具使用 (10分)	1. 开工前未检查工、量具及设备,收工时不整理扣2分		
	2. 工、卡、量具及设备使用不当,每次扣2分		
	3. 工、量具脱落,每次扣2分		
作业安全 (10分)	1. 未按规定着装扣2分		
	2. 违规操作或违反安全事项扣5分		
	3. 发生事故失格,取消成绩		
考核时间 (10分)	1. 作业在规定时间内完成		
	2. 每超1 min扣2分		
	3. 超过5 min停止考核		
合计 (100分)			

考评员签名:　　　　　　　　　　认定人:　　　　　　　　　　年　　月　　日

S6　DF4DK 型机车活塞组检修

1. 考场准备

要求在检修台位上准备 DF4DK 型机车活塞组一套，清洗油槽一个，平行度测定仪，活塞连杆组专用吊具，考场周围整洁并有隔离措施。

2. 材料工具准备

序　号	名　称	规　格	数　量	备　注
1	开口扳手		1套	
2	活塞环拆装钳		1把	
3	活塞销拆装工具		1套	
4	外径千分尺	275～300 mm	1把	
5	外径千分尺	100～150 mm	1把	
6	内径量表	100～150 mm	1把	
7	百分表架		1把	
8	橡皮锤等		1把	
9	游标卡尺	200 mm	1把	

3. 考核要求

(1)被认定人入场后，首先由裁判告知题目，其次由被认定人检查设备、机具，准备工、卡、量具，当被认定人告知裁判可以开始时，由裁判员开始计时。

(2)考核时间为 90 min。

(3)考核时被认定人应按规定穿戴防护用品，考试中出现挤伤、砸伤等人身伤害情况时立即终止考试，成绩为零。

(4)考核过程中被认定人出现违规使用设备、机具或出现断裂、超压、失控等毁坏设备情况时，终止考试，成绩为零。

(5)考核过程中裁判可以根据现场情况向被认定人提问，以确认被认定人的测量数据、故障判断等是否真实有效。

(6)考核完毕后，由被认定人在评分表上签字确认。

4. 考核评分

(1)考评人员 3 名以上。

(2)评分程序及规则：考评员根据考生操作情况对照计分标准在评分表上给予记录评分。

(3)算分方法：采用百分制，满分 100 分，60 分及以上为及格。

职业技能认定
内燃机车钳工(高级技师)实作技能考核评分记录表

单位：________ 姓名：________ 准考证号：________ 工种：________ 级别：________

试题名称：DF_{4DK}型机车活塞组检修

考核时间：90 min

操作开始时间： 时 分 操作结束时间： 时 分

项 目	考核内容及评分标准	扣分因素及扣分	得 分
操作程序(10分)	1. 考核前未检查场地安全防护设施扣2分		
	2. 检查、操作程序错误，不会口述、操作时，每次扣2分		
	3. 工序错乱，工作中出现返工时，每次扣5分		
作业质量(60分)	1. 分解过程中，出现顺序不对、违规使用工具、部件掉落等情况时，每次扣3分		
	2. 对各部件进行检查、清洗、探伤、修理、测量等工序，漏检一项扣2分		
	3. 对不符合技术要求或有故障的部件进行记录、检修或更换(如果是裁判设置或施画的假设故障，只记录不处理)，错、漏一项扣5分		
	4. 按顺序要求组装，出现遗漏、装反、强行装入、未按要求操作等情况时，每次扣5分		
	5. 组装后检查(试验)，检查(试验)数据不准确，每缺、漏、错一项扣2分		
工具使用(10分)	1. 开工前未检查工、量具及设备，收工时不整理扣2分		
	2. 工、卡、量具及设备使用不当，每次扣2分		
	3. 工、量具脱落，每次扣2分		
作业安全(10分)	1. 未按规定着装扣2分		
	2. 违规操作或违反安全事项扣5分		
	3. 发生事故失格，取消成绩		
考核时间(10分)	1. 作业在规定时间内完成		
	2. 每超1 min扣2分		
	3. 超过5 min停止考核		
合计(100分)			

考评员签名： 认定人： 年 月 日

S7　DF8B 型机车凸轮轴系统检修

1. 考场准备

要求在检修台位上准备 DF8B 型机车凸轮轴一根，清洗油槽一个，等高 V 形铁三块小平台两块，大平台一块，考场周围整洁并有隔离措施。

2. 材料工具准备

序　号	名　称	规　格	数　量	备　注
1	开口扳手		1 套	
2	外径千分尺	100～150 mm	1 把	
3	百分表		1 块	
4	磁力表架		1 把	
5	小撬棍		1 根	
6	铜棒		1 根	
7	直角尺		1 把	
8	油石		1 块	
9	柴油		适量	
10	塑料泡沫		适量	

3. 考核要求

(1)被认定人入场后，首先由裁判告知题目，其次由被认定人检查设备、机具，准备工、卡、量具，当被认定人告知裁判可以开始时，由裁判员开始计时。

(2)考核时间为 60 min。

(3)考核时被认定人应按规定穿戴防护用品，考试中出现挤伤、砸伤等人身伤害情况时立即终止考试，成绩为零。

(4)考核过程中被认定人出现违规使用设备、机具或出现断裂、超压、失控等毁坏设备情况时，终止考试，成绩为零。

(5)考核过程中裁判可以根据现场情况向被认定人提问，以确认被认定人的测量数据、故障判断等是否真实有效。

(6)考核完毕后，由被认定人在评分表上签字确认。

4. 考核评分

(1)考评人员 3 名以上。

(2)评分程序及规则：考评员根据考生操作情况对照计分标准在评分表上给予记录评分。

(3)算分方法：采用百分制，满分 100 分，60 分及以上为及格。

职业技能认定
内燃机车钳工(高级技师)实作技能考核评分记录表

单位:________ 姓名:________ 准考证号:________ 工种:________ 级别:________

试题名称:DF_{8B}型机车凸轮轴系统检修

考核时间:60 min

操作开始时间: 时 分 操作结束时间: 时 分

项 目	考核内容及评分标准	扣分因素及扣分	得 分
操作程序(10分)	1. 考核前未检查场地安全防护设施扣2分		
	2. 检查、操作程序错误,不会口述、操作时,每次扣2分		
	3. 工序错乱,工作中出现返工时,每次扣5分		
作业质量(60分)	1. 分解过程中,出现顺序不对、违规使用工具、部件掉落等情况时,每次扣3分		
	2. 对各部件进行检查、清洗、探伤、修理、测量等工序,漏检一项扣2分		
	3. 对不符合技术要求或有故障的部件进行记录、检修或更换(如果是裁判设置或施画的假设故障,只记录不处理),错、漏一项扣5分		
	4. 按顺序要求组装,出现遗漏、装反、强行装入、未按要求操作等情况时,每次扣5分		
	5. 组装后检查(试验),检查(试验)数据不准确,每缺、漏、错一项扣2分		
工具使用(10分)	1. 开工前未检查工、量具及设备,收工时不整理扣2分		
	2. 工、卡、量具及设备使用不当,每次扣2分		
	3. 工、量具脱落,每次扣2分		
作业安全(10分)	1. 未按规定着装扣2分		
	2. 违规操作或违反安全事项扣5分		
	3. 发生事故失格,取消成绩		
考核时间(10分)	1. 作业在规定时间内完成		
	2. 每超1 min扣2分		
	3. 超过5 min停止考核		
合计(100分)			

考评员签名: 认定人: 年 月 日

S8　DF4DK型机车静液压泵(静液压马达)的检修

1. 考场准备

要求在检修台位上准备DF4DK型机车静液压泵(静液压马达)一台,清洗油槽一个,磨合试验台,静液压泵(马达)翻转架,恒温箱,考场周围整洁并有隔离措施。

2. 材料工具准备

序　号	名　称	规　格	数　量	备　注
1	开口扳手		1套	
2	梅花扳手		1套	
3	外径千分尺	25～50 mm	1把	
4	外径千分尺	0～300 mm	1把	
5	内径量表	18～35 mm	1把	
6	内径量表	35～50 mm	1把	
7	内径量表	50～100 mm	1把	
8	塞尺	150 mm	1把	
9	克丝钳		1把	
10	手锤		1把	
11	油石		1块	
12	铜棒		1根	
13	绸布		1块	

3. 考核要求

(1)被认定人入场后,首先由裁判告知题目,其次由被认定人检查设备、机具,准备工、卡、量具,当被认定人告知裁判可以开始时,由裁判员开始计时。

(2)考核时间为60 min。

(3)考核时被认定人应按规定穿戴防护用品,考试中出现挤伤、砸伤等人身伤害情况时立即终止考试,成绩为零。

(4)考核过程中被认定人出现违规使用设备、机具或出现断裂、超压、失控等毁坏设备情况时,终止考试,成绩为零。

(5)考核过程中裁判可以根据现场情况向被认定人提问,以确认被认定人的测量数据、故障判断等是否真实有效。

(6)考核完毕后,由被认定人在评分表上签字确认。

4. 考核评分

(1)考评人员3名以上。

(2)评分程序及规则:考评员根据考生操作情况对照计分标准在评分表上给予记录评分。

(3)算分方法:采用百分制,满分100分,60分及以上为及格。

职业技能认定
内燃机车钳工(高级技师)实作技能考核评分记录表

单位:________　姓名:________　准考证号:________　工种:________　级别:________

试题名称:DF_{4DK} 型机车静液压泵(静液压马达)的检修

考核时间:60 min

操作开始时间:　　时　　分　　　　　　　　　　　　操作结束时间:　　时　　分

项　目	考核内容及评分标准	扣分因素及扣分	得　分
操作程序(10分)	1. 考核前未检查场地安全防护设施扣2分		
	2. 检查、操作程序错误,不会口述、操作时,每次扣2分		
	3. 工序错乱,工作中出现返工时,每次扣5分		
作业质量(60分)	1. 分解过程中,出现顺序不对、违规使用工具、部件掉落等情况时,每次扣3分		
	2. 对各部件进行检查、清洗、探伤、修理、测量等工序,漏检一项扣2分		
	3. 对不符合技术要求或有故障的部件进行记录、检修或更换(如果是裁判设置或施画的假设故障,只记录不处理),错、漏一项扣5分		
	4. 按顺序要求组装,出现遗漏、装反、强行装入、未按要求操作等情况时,每次扣5分		
	5. 组装后检查(试验),检查(试验)数据不准确,每缺、漏、错一项扣2分		
工具使用(10分)	1. 开工前未检查工、量具及设备,收工时不整理扣2分		
	2. 工、卡、量具及设备使用不当,每次扣2分		
	3. 工、量具脱落,每次扣2分		
作业安全(10分)	1. 未按规定着装扣2分		
	2. 违规操作或违反安全事项扣5分		
	3. 发生事故失格,取消成绩		
考核时间(10分)	1. 作业在规定时间内完成		
	2. 每超1 min扣2分		
	3. 超过5 min停止考核		
合计(100分)			

考评员签名:　　　　　　　　　　　　认定人:　　　　　　　　　　　　年　　月　　日

S9 DF4DK 型机车轴瓦(主轴瓦)检修

1. 考场准备

要求在检修台位上准备 DF4DK 型机车轴瓦(主轴瓦)一套,清洗油槽一个,V 型支架,专用吊具,存放支架,探伤设备,考场周围整洁并有隔离措施。

2. 材料工具准备

序号	名称	规格	数量	备注
1	开口扳手		1套	
2	扭力扳手		1把	
3	外径千分尺	225～250 mm	1把	
4	百分表		1块	
5	塞尺	200 mm	1把	
6	铜棒		1根	
7	绞刀		1把	
8	柴油、汽油		适量	
9	水砂纸		2张	
10	二硫化钼		适量	
11	蓖麻油		适量	
12	绸布		1块	
13	麂皮		1块	
14	青壳纸		5张	

3. 考核要求

(1)被认定人入场后,首先由裁判告知题目,其次由被认定人检查设备、机具,准备工、卡、量具,当被认定人告知裁判可以开始时,由裁判员开始计时。

(2)考核时间为 40 min。

(3)考核时被认定人应按规定穿戴防护用品,考试中出现挤伤、砸伤等人身伤害情况时立即终止考试,成绩为零。

(4)考核过程中被认定人出现违规使用设备、机具或出现断裂、超压、失控等毁坏设备情况时,终止考试,成绩为零。

(5)考核过程中裁判可以根据现场情况向被认定人提问,以确认被认定人的测量数据、故障判断等是否真实有效。

(6)考核完毕后,由被认定人在评分表上签字确认。

4. 考核评分

(1)考评人员 3 名以上。

(2)评分程序及规则:考评员根据考生操作情况对照计分标准在评分表上给予记录评分。

(3)算分方法:采用百分制,满分 100 分,60 分及以上为及格。

职业技能认定
内燃机车钳工(高级技师)实作技能考核评分记录表

单位:________　姓名:________　准考证号:________　工种:________　级别:________

试题名称:DF_{4DK}型机车轴瓦(主轴瓦)检修

考核时间:40 min

操作开始时间:　　时　　分　　　　　　　　操作结束时间:　　时　　分

项　目	考核内容及评分标准	扣分因素及扣分	得　分
操作程序(10分)	1. 考核前未检查场地安全防护设施扣2分		
	2. 检查、操作程序错误,不会口述、操作时,每次扣2分		
	3. 工序错乱,工作中出现返工时,每次扣5分		
作业质量(60分)	1. 分解过程中,出现顺序不对、违规使用工具、部件掉落等情况时,每次扣3分		
	2. 对各部件进行检查、清洗、探伤、修理、测量等工序,漏检一项扣2分		
	3. 对不符合技术要求或有故障的部件进行记录、检修或更换(如果是裁判设置或施画的假设故障,只记录不处理),错、漏一项扣5分		
	4. 按顺序要求组装,出现遗漏、装反、强行装入、未按要求操作等情况时,每次扣5分		
	5. 组装后检查(试验),检查(试验)数据不准确,每缺、漏、错一项扣2分		
工具使用(10分)	1. 开工前未检查工、量具及设备,收工时不整理扣2分		
	2. 工、卡、量具及设备使用不当,每次扣2分		
	3. 工、量具脱落,每次扣2分		
作业安全(10分)	1. 未按规定着装扣2分		
	2. 违规操作或违反安全事项扣5分		
	3. 发生事故失格,取消成绩		
考核时间(10分)	1. 作业在规定时间内完成		
	2. 每超1 min扣2分		
	3. 超过5 min停止考核		
合计(100分)			

考评员签名:　　　　　　　　　　认定人:　　　　　　　　　　年　　月　　日

S10　DF8B型机车冷却水泵检修

1. 考场准备

要求在检修台位上准备DF8B型机车冷却水泵一台，清洗油槽一个，压力机，考场周围整洁并有隔离措施。

2. 材料工具准备

序　号	名　称	规　格	数　量	备　注
1	开口扳手		1套	
2	油压拆卸装置		1台	
3	小撬棍		1把	
4	尖嘴钳		1把	
5	铜棒		1根	

3. 考核要求

(1)被认定人入场后，首先由裁判告知题目，其次由被认定人检查设备、机具，准备工、卡、量具，当被认定人告知裁判可以开始时，由裁判员开始计时。

(2)考核时间为40 min。

(3)考核时被认定人应按规定穿戴防护用品，考试中出现挤伤、砸伤等人身伤害情况时立即终止考试，成绩为零。

(4)考核过程中被认定人出现违规使用设备、机具或出现断裂、超压、失控等毁坏设备情况时，终止考试，成绩为零。

(5)考核过程中裁判可以根据现场情况向被认定人提问，以确认被认定人的测量数据、故障判断等是否真实有效。

(6)考核完毕后，由被认定人在评分表上签字确认。

4. 考核评分

(1)考评人员3名以上。

(2)评分程序及规则：考评员根据考生操作情况对照计分标准在评分表上给予记录评分。

(3)算分方法：采用百分制，满分100分，60分及以上为及格。

职业技能认定
内燃机车钳工(高级技师)实作技能考核评分记录表

单位:________ 姓名:________ 准考证号:________ 工种:________ 级别:________

试题名称:DF_{8B}型机车冷却水泵检修

考核时间:40 min

操作开始时间: 时 分 操作结束时间: 时 分

项 目	考核内容及评分标准	扣分因素及扣分	得 分
操作程序(10分)	1. 考核前未检查场地安全防护设施扣2分		
	2. 检查、操作程序错误,不会口述、操作时,每次扣2分		
	3. 工序错乱,工作中出现返工时,每次扣5分		
作业质量(60分)	1. 分解过程中,出现顺序不对、违规使用工具、部件掉落等情况时,每次扣3分		
	2. 对各部件进行检查、清洗、探伤、修理、测量等工序,漏检一项扣2分		
	3. 对不符合技术要求或有故障的部件进行记录、检修或更换(如果是裁判设置或施画的假设故障,只记录不处理),错、漏一项扣5分		
	4. 按顺序要求组装,出现遗漏、装反、强行装入、未按要求操作等情况时,每次扣5分		
	5. 组装后检查(试验),检查(试验)数据不准确,每缺、漏、错一项扣2分		
工具使用(10分)	1. 开工前未检查工、量具及设备,收工时不整理扣2分		
	2. 工、卡、量具及设备使用不当,每次扣2分		
	3. 工、量具脱落,每次扣2分		
作业安全(10分)	1. 未按规定着装扣2分		
	2. 违规操作或违反安全事项扣5分		
	3. 发生事故失格,取消成绩		
考核时间(10分)	1. 作业在规定时间内完成		
	2. 每超1 min扣2分		
	3. 超过5 min停止考核		
合计(100分)			

考评员签名: 认定人: 年 月 日

S11 DF8B型机车传动齿轮系统检修

1. 考场准备

要求在柴油机翻转架上准备DF8B型机车柴油机一台，清洗油槽一个，压力机，专用钢丝绳，考场周围整洁并有隔离措施。

2. 材料工具准备

序 号	名 称	规 格	数 量	备 注
1	开口扳手		1套	
2	外径千分尺	150～175 mm	1把	
3	百分表		1块	
4	磁力表架		1把	
5	拔定位销工具		1把	
6	塞尺	150 mm	1把	
7	铜棒		1根	
8	汽油		适量	
9	绸布		1块	
10	柴油		适量	

3. 考核要求

(1)被认定人入场后，首先由裁判告知题目，其次由被认定人检查设备、机具，准备工、卡、量具，当被认定人告知裁判可以开始时，由裁判员开始计时。

(2)考核时间为60 min。

(3)考核时被认定人应按规定穿戴防护用品，考试中出现挤伤、砸伤等人身伤害情况时立即终止考试，成绩为零。

(4)考核过程中被认定人出现违规使用设备、机具或出现断裂、超压、失控等毁坏设备情况时，终止考试，成绩为零。

(5)考核过程中裁判可以根据现场情况向被认定人提问，以确认被认定人的测量数据、故障判断等是否真实有效。

(6)考核完毕后，由被认定人在评分表上签字确认。

4. 考核评分

(1)考评人员3名以上。

(2)评分程序及规则：考评员根据考生操作情况对照计分标准在评分表上给予记录评分。

(3)算分方法：采用百分制，满分100分，60分及以上为及格。

职业技能认定
内燃机车钳工(高级技师)实作技能考核评分记录表

单位：________　姓名：________　准考证号：________　工种：________　级别：________

试题名称：DF_{8B}型机车传动齿轮系统检修

考核时间：60 min

操作开始时间：　　时　　分　　　　　　　　　操作结束时间：　　时　　分

项　目	考核内容及评分标准	扣分因素及扣分	得　分
操作程序 (10分)	1. 考核前未检查场地安全防护设施扣2分		
	2. 检查、操作程序错误，不会口述、操作时，每次扣2分		
	3. 工序错乱，工作中出现返工时，每次扣5分		
作业质量 (60分)	1. 分解过程中，出现顺序不对、违规使用工具、部件掉落等情况时，每次扣3分		
	2. 对各部件进行检查、清洗、探伤、修理、测量等工序，漏检一项扣2分		
	3. 对不符合技术要求或有故障的部件进行记录、检修或更换(如果是裁判设置或施画的假设故障，只记录不处理)，错、漏一项扣5分		
	4. 按顺序要求组装，出现遗漏、装反、强行装入、未按要求操作等情况时，每次扣5分		
	5. 组装后检查(试验)，检查(试验)数据不准确，每缺、漏、错一项扣2分		
工具使用 (10分)	1. 开工前未检查工、量具及设备，收工时不整理扣2分		
	2. 工、卡、量具及设备使用不当，每次扣2分		
	3. 工、量具脱落，每次扣2分		
作业安全 (10分)	1. 未按规定着装扣2分		
	2. 违规操作或违反安全事项扣5分		
	3. 发生事故失格，取消成绩		
考核时间 (10分)	1. 作业在规定时间内完成		
	2. 每超1 min扣2分		
	3. 超过5 min停止考核		
合计 (100分)			

考评员签名：　　　　　　　　　　　　认定人：　　　　　　　　　　　　年　　月　　日

S12 DF4DK 型机车主机油泵检修

1. 考场准备

要求在检修台位上准备 DF4DK 型机车主机油泵一台，清洗油槽一个，主机油泵试验台，考场周围整洁并有隔离措施。

2. 材料工具准备

序 号	名 称	规 格	数 量	备 注
1	开口扳手		1 套	
2	深度尺	200 mm	1 把	
3	塞尺		1 把	
4	百分表		1 块	
5	清洗剂		适量	
6	纱布		1 块	

3. 考核要求

(1)被认定人入场后，首先由裁判告知题目，其次由被认定人检查设备、机具，准备工、卡、量具，当被认定人告知裁判可以开始时，由裁判员开始计时。

(2)考核时间为 30 min。

(3)考核时被认定人应按规定穿戴防护用品，考试中出现挤伤、砸伤等人身伤害情况时立即终止考试，成绩为零。

(4)考核过程中被认定人出现违规使用设备、机具或出现断裂、超压、失控等毁坏设备情况时，终止考试，成绩为零。

(5)考核过程中裁判可以根据现场情况向被认定人提问，以确认被认定人的测量数据、故障判断等是否真实有效。

(6)考核完毕后，由被认定人在评分表上签字确认。

4. 考核评分

(1)考评人员 3 名以上。

(2)评分程序及规则：考评员根据考生操作情况对照计分标准在评分表上给予记录评分。

(3)算分方法：采用百分制，满分 100 分，60 分及以上为及格。

职业技能认定
内燃机车钳工(高级技师)实作技能考核评分记录表

单位:________　姓名:________　准考证号:________　工种:________　级别:________

试题名称:DF_{4DK}型机车主机油泵检修

考核时间:30 min

操作开始时间:　　时　　分　　　　　　　　操作结束时间:　　时　　分

项　目	考核内容及评分标准	扣分因素及扣分	得　分
操作程序 (10分)	1. 考核前未检查场地安全防护设施扣2分		
	2. 检查、操作程序错误,不会口述、操作时,每次扣2分		
	3. 工序错乱,工作中出现返工时,每次扣5分		
作业质量 (60分)	1. 分解过程中,出现顺序不对、违规使用工具、部件掉落等情况时,每次扣3分		
	2. 对各部件进行检查、清洗、探伤、修理、测量等工序,漏检一项扣2分		
	3. 对不符合技术要求或有故障的部件进行记录、检修或更换(如果是裁判设置或施画的假设故障,只记录不处理),错、漏一项扣5分		
	4. 按顺序要求组装,出现遗漏、装反、强行装入、未按要求操作等情况时,每次扣5分		
	5. 组装后检查(试验),检查(试验)数据不准确,每缺、漏、错一项扣2分		
工具使用 (10分)	1. 开工前未检查工、量具及设备,收工时不整理扣2分		
	2. 工、卡、量具及设备使用不当,每次扣2分		
	3. 工、量具脱落,每次扣2分		
作业安全 (10分)	1. 未按规定着装扣2分		
	2. 违规操作或违反安全事项扣5分		
	3. 发生事故失格,取消成绩		
考核时间 (10分)	1. 作业在规定时间内完成		
	2. 每超1 min扣2分		
	3. 超过5 min停止考核		
合计 (100分)			

考评员签名:　　　　　　　　　　认定人:　　　　　　　　　　年　　月　　日

S13　DF8B 型机车车钩组装前的测量

1. 考场准备

要求在检修台位上准备 DF8B 型机车车钩一台，考场周围整洁并有隔离措施。

2. 材料工具准备

序　号	名　称	规　格	数　量	备　注
1	卷尺	3 m	1 把	
2	直角尺		1 把	
3	内卡钳	200 mm	1 把	
4	外卡钳	200 mm	1 把	
5	钢直尺	200 mm	1 把	

3. 考核要求

(1)被认定人入场后，首先由裁判告知题目，其次由被认定人检查设备、机具，准备工、卡、量具，当被认定人告知裁判可以开始时，由裁判员开始计时。

(2)考核时间为 20 min。

(3)考核时被认定人应按规定穿戴防护用品，考试中出现挤伤、砸伤等人身伤害情况时立即终止考试，成绩为零。

(4)考核过程中被认定人出现违规使用设备、机具或出现断裂、超压、失控等毁坏设备情况时，终止考试，成绩为零。

(5)考核过程中裁判可以根据现场情况向被认定人提问，以确认被认定人的测量数据、故障判断等是否真实有效。

(6)考核完毕后，由被认定人在评分表上签字确认。

4. 考核评分

(1)考评人员 3 名以上。

(2)评分程序及规则：考评员根据考生操作情况对照计分标准在评分表上给予记录评分。

(3)算分方法：采用百分制，满分 100 分，60 分及以上为及格。

职业技能认定
内燃机车钳工(高级技师)实作技能考核评分记录表

单位：________　姓名：________　准考证号：________　工种：________　级别：________

试题名称：DF_{8B}型机车车钩组装前的测量

考核时间：20 min

操作开始时间：　时　分　　　　操作结束时间：　时　分

项　目	考核内容及评分标准	扣分因素及扣分	得　分
操作程序(10分)	1. 考核前未检查场地安全防护设施扣2分		
	2. 检查、操作程序错误，不会口述、操作时，每次扣2分		
	3. 工序错乱，工作中出现返工时，每次扣5分		
作业质量(60分)	1. 分解过程中，出现顺序不对、违规使用工具、部件掉落等情况时，每次扣3分		
	2. 对各部件进行检查、清洗、探伤、修理、测量等工序，漏检一项扣2分		
	3. 对不符合技术要求或有故障的部件进行记录、检修或更换(如果是裁判设置或施画的假设故障，只记录不处理)，错、漏一项扣5分		
	4. 按顺序要求组装，出现遗漏、装反、强行装入、未按要求操作等情况时，每次扣5分		
	5. 组装后检查(试验)，检查(试验)数据不准确，每缺、漏、错一项扣2分		
工具使用(10分)	1. 开工前未检查工、量具及设备，收工时不整理扣2分		
	2. 工、卡、量具及设备使用不当，每次扣2分		
	3. 工、量具脱落，每次扣2分		
作业安全(10分)	1. 未按规定着装扣2分		
	2. 违规操作或违反安全事项扣5分		
	3. 发生事故失格，取消成绩		
考核时间(10分)	1. 作业在规定时间内完成		
	2. 每超1 min扣2分		
	3. 超过5 min停止考核		
合计(100分)			

考评员签名：　　　　　　认定人：　　　　　　年　月　日

S14　DF8B 型机车 16V280ZJA-C 型联合调节器检修

1. 考场准备

要求在检修台位上准备 DF8B 型机车 16V280ZJA-C 型联合调节器一台，清洗油槽一个，联合调节器试验台，弹簧压力计，专用拆装台，考场周围整洁并有隔离措施。

2. 材料工具准备

序　号	名　称	规　格	数　量	备　注
1	开口扳手		1套	
2	内径千分尺	0～25 mm	1把	
3	外径千分尺	0～25 mm	1把	
4	内径量表	10～18 mm	1把	
5	内径量表	18～35 mm	1把	
6	深度游标卡尺	200 mm	1把	
7	天平称		1台	
8	拆装储油室用辅助压块		1套	
9	塞尺		1把	
10	专用扳手		1套	
11	螺丝刀		1套	

3. 考核要求

(1)被认定人入场后，首先由裁判告知题目，其次由被认定人检查设备、机具，准备工、卡、量具，当被认定人告知裁判可以开始时，由裁判员开始计时。

(2)考核时间为 70 min。

(3)考核时被认定人应按规定穿戴防护用品，考试中出现挤伤、砸伤等人身伤害情况时立即终止考试，成绩为零。

(4)考核过程中被认定人出现违规使用设备、机具或出现断裂、超压、失控等毁坏设备情况时，终止考试，成绩为零。

(5)考核过程中裁判可以根据现场情况向被认定人提问，以确认被认定人的测量数据、故障判断等是否真实有效。

(6)考核完毕后，由被认定人在评分表上签字确认。

4. 考核评分

(1)考评人员 3 名以上。

(2)评分程序及规则：考评员根据考生操作情况对照计分标准在评分表上给予记录评分。

(3)算分方法：采用百分制，满分 100 分，60 分及以上为及格。

职业技能认定
内燃机车钳工(高级技师)实作技能考核评分记录表

单位:________　姓名:________　准考证号:________　工种:________　级别:________

试题名称:DF_{8B}型机车16V280ZJA-C型联合调节器检修

考核时间:70 min

操作开始时间:　　时　　分　　　　　　　　　操作结束时间:　　时　　分

项　目	考核内容及评分标准	扣分因素及扣分	得　分
操作程序 (10分)	1. 考核前未检查场地安全防护设施扣2分		
	2. 检查、操作程序错误,不会口述、操作时,每次扣2分		
	3. 工序错乱,工作中出现返工时,每次扣5分		
作业质量 (60分)	1. 分解过程中,出现顺序不对、违规使用工具、部件掉落等情况时,每次扣3分		
	2. 对各部件进行检查、清洗、探伤、修理、测量等工序,漏检一项扣2分		
	3. 对不符合技术要求或有故障的部件进行记录、检修或更换(如果是裁判设置或施画的假设故障,只记录不处理),错、漏一项扣5分		
	4. 按顺序要求组装,出现遗漏、装反、强行装入、未按要求操作等情况时,每次扣5分		
	5. 组装后检查(试验),检查(试验)数据不准确,每缺、漏、错一项扣2分		
工具使用 (10分)	1. 开工前未检查工、量具及设备,收工时不整理扣2分		
	2. 工、卡、量具及设备使用不当,每次扣2分		
	3. 工、量具脱落,每次扣2分		
作业安全 (10分)	1. 未按规定着装扣2分		
	2. 违规操作或违反安全事项扣5分		
	3. 发生事故失格,取消成绩		
考核时间 (10分)	1. 作业在规定时间内完成		
	2. 每超1 min扣2分		
	3. 超过5 min停止考核		
合计 (100分)			

考评员签名:　　　　　　　　　　认定人:　　　　　　　　　　年　　月　　日

S15 DF8B 型机车机油离心精滤器检修

1. 考场准备

要求在检修台位上准备 DF8B 型机车机油离心精滤器一台，清洗油槽一个，动平衡机，考场周围整洁并有隔离措施。

2. 材料工具准备

序 号	名 称	规 格	数 量	备 注
1	开口扳手		1 套	
2	内径千分尺		1 把	
3	外径千分尺		1 把	
4	起子		1 把	

3. 考核要求

(1)被认定人入场后，首先由裁判告知题目，其次由被认定人检查设备、机具，准备工、卡、量具，当被认定人告知裁判可以开始时，由裁判员开始计时。

(2)考核时间为 40 min。

(3)考核时被认定人应按规定穿戴防护用品，考试中出现挤伤、砸伤等人身伤害情况时立即终止考试，成绩为零。

(4)考核过程中被认定人出现违规使用设备、机具或出现断裂、超压、失控等毁坏设备情况时，终止考试，成绩为零。

(5)考核过程中裁判可以根据现场情况向被认定人提问，以确认被认定人的测量数据、故障判断等是否真实有效。

(6)考核完毕后，由被认定人在评分表上签字确认。

4. 考核评分

(1)考评人员 3 名以上。

(2)评分程序及规则：考评员根据考生操作情况对照计分标准在评分表上给予记录评分。

(3)算分方法：采用百分制，满分 100 分，60 分及以上为及格。

职业技能认定
内燃机车钳工(高级技师)实作技能考核评分记录表

单位:________　姓名:________　准考证号:________　工种:________　级别:________

试题名称:DF_{8B}型机车机油离心精滤器检修

考核时间:40 min

操作开始时间:　　时　　分　　　　　　　　　　操作结束时间:　　时　　分

项　目	考核内容及评分标准	扣分因素及扣分	得　分
操作程序 10分	1. 考核前未检查场地安全防护设施扣2分		
	2. 检查、操作程序错误,不会口述、操作时,每次扣2分		
	3. 工序错乱,工作中出现返工时,每次扣5分		
作业质量 (60分)	1. 分解过程中,出现顺序不对、违规使用工具、部件掉落等情况时,每次扣3分		
	2. 对各部件进行检查、清洗、探伤、修理、测量等工序,漏检一项扣2分		
	3. 对不符合技术要求或有故障的部件进行记录、检修或更换(如果是裁判设置或施画的假设故障,只记录不处理),错、漏一项扣5分		
	4. 按顺序要求组装,出现遗漏、装反、强行装入、未按要求操作等情况时,每次扣5分		
	5. 组装后检查(试验),检查(试验)数据不准确,每缺、漏、错一项扣2分		
工具使用 (10分)	1. 开工前未检查工、量具及设备,收工时不整理扣2分		
	2. 工、卡、量具及设备使用不当,每次扣2分		
	3. 工、量具脱落,每次扣2分		
作业安全 (10分)	1. 未按规定着装扣2分		
	2. 违规操作或违反安全事项扣5分		
	3. 发生事故失格,取消成绩		
考核时间 (10分)	1. 作业在规定时间内完成		
	2. 每超1 min扣2分		
	3. 超过5 min停止考核		
合计 (100分)			

考评员签名:　　　　　　　　　　　　　认定人:　　　　　　　　　　　　　年　　月　　日

S16 DF8B型机车轴箱检修

1. 考场准备

要求在检修台位上准备 DF8B 型机车带轴箱的轮对一台，清洗油槽一个，电磁感应加热器，考场周围整洁并有隔离措施。

2. 材料工具准备

序 号	名 称	规 格	数 量	备 注
1	开口扳手		1套	
2	外径千分尺	150～175 mm	1把	
3	内径量表	50～160 mm	1把	
4	内径量表	250～450 mm	1把	
5	扭力扳手		1把	
6	手锤	12磅	1把	
7	扁铲		1把	
8	铜棒		1根	
9	塞尺		1把	
10	磁力表架		1个	
11	小撬棍		1把	
12	砂布		1张	
13	油石		1块	

3. 考核要求

(1)被认定人入场后，首先由裁判告知题目，其次由被认定人检查设备、机具，准备工、卡、量具，当被认定人告知裁判可以开始时，由裁判员开始计时。

(2)考核时间为 60 min。

(3)考核时被认定人应按规定穿戴防护用品，考试中出现挤伤、砸伤等人身伤害情况时立即终止考试，成绩为零。

(4)考核过程中被认定人出现违规使用设备、机具或出现断裂、超压、失控等毁坏设备情况时，终止考试，成绩为零。

(5)考核过程中裁判可以根据现场情况向被认定人提问，以确认被认定人的测量数据、故障判断等是否真实有效。

(6)考核完毕后，由被认定人在评分表上签字确认。

4. 考核评分

(1)考评人员 3 名以上。

(2)评分程序及规则：考评员根据考生操作情况对照计分标准在评分表上给予记录评分。

(3)算分方法：采用百分制，满分 100 分，60 分及以上为及格。

职业技能认定
内燃机车钳工(高级技师)实作技能考核评分记录表

单位:________　姓名:________　准考证号:________　工种:________　级别:________

试题名称:DF_{8B}型机车轴箱检修

考核时间:60 min

操作开始时间:　　时　　分　　　　　　　　　　操作结束时间:　　时　　分

项　目	考核内容及评分标准	扣分因素及扣分	得　分
操作程序 10分	1. 考核前未检查场地安全防护设施扣2分		
	2. 检查、操作程序错误,不会口述、操作时,每次扣2分		
	3. 工序错乱,工作中出现返工时,每次扣5分		
作业质量 (60分)	1. 分解过程中,出现顺序不对、违规使用工具、部件掉落等情况时,每次扣3分		
	2. 对各部件进行检查、清洗、探伤、修理、测量等工序,漏检一项扣2分		
	3. 对不符合技术要求或有故障的部件进行记录、检修或更换(如果是裁判设置或施画的假设故障,只记录不处理),错、漏一项扣5分		
	4. 按顺序要求组装,出现遗漏、装反、强行装入、未按要求操作等情况时,每次扣5分		
	5. 组装后检查(试验),检查(试验)数据不准确,每缺、漏、错一项扣2分		
工具使用 (10分)	1. 开工前未检查工、量具及设备,收工时不整理扣2分		
	2. 工、卡、量具及设备使用不当,每次扣2分		
	3. 工、量具脱落,每次扣2分		
作业安全 (10分)	1. 未按规定着装扣2分		
	2. 违规操作或违反安全事项扣5分		
	3. 发生事故失格,取消成绩		
考核时间 (10分)	1. 作业在规定时间内完成		
	2. 每超1 min扣2分		
	3. 超过5 min停止考核		
合计 (100分)			

考评员签名:　　　　　　　　　　　　认定人:　　　　　　　　　　　　年　　月　　日

S17　DF4DK 型机车轮对检修

1. 考场准备

要求在检修台位上准备 DF4DK 型机车轮对一台，考场周围整洁并有隔离措施。

2. 材料工具准备

序　号	名　称	规　格	数　量	备　注
1	开口扳手		1套	
2	外径千分尺	200～225 mm	1把	
3	内径千分尺	200～225 mm	1把	
4	轮径尺	专用	1把	
5	轮缘踏面测量器	专用	1把	
6	轮箍厚度测量器	专用	1把	
7	轮箍宽度测量器	专用	1把	
8	轮缘踏面检查样板	专用	1把	
9	塞尺	200 mm	1把	
10	内距尺	专用	1把	
11	温度表		1块	

3. 考核要求

(1)被认定人入场后，首先由裁判告知题目，其次由被认定人检查设备、机具，准备工、卡、量具，当被认定人告知裁判可以开始时，由裁判员开始计时。

(2)考核时间为 90 min。

(3)考核时被认定人应按规定穿戴防护用品，考试中出现挤伤、砸伤等人身伤害情况时立即终止考试，成绩为零。

(4)考核过程中被认定人出现违规使用设备、机具或出现断裂、超压、失控等毁坏设备情况时，终止考试，成绩为零。

(5)考核过程中裁判可以根据现场情况向被认定人提问，以确认被认定人的测量数据、故障判断等是否真实有效。

(6)考核完毕后，由被认定人在评分表上签字确认。

4. 考核评分

(1)考评人员 3 名以上。

(2)评分程序及规则：考评员根据考生操作情况对照计分标准在评分表上给予记录评分。

(3)算分方法：采用百分制，满分 100 分，60 分及以上为及格。

职业技能认定
内燃机车钳工(高级技师)实作技能考核评分记录表

单位:________ 姓名:________ 准考证号:________ 工种:________ 级别:________

试题名称:DF_{4DK}型机车轮对检修

考核时间:90 min

操作开始时间: 时 分 操作结束时间: 时 分

项 目	考核内容及评分标准	扣分因素及扣分	得 分
操作程序(10分)	1. 考核前未检查场地安全防护设施扣2分		
	2. 检查、操作程序错误,不会口述、操作时,每次扣2分		
	3. 工序错乱,工作中出现返工时,每次扣5分		
作业质量(60分)	1. 分解过程中,出现顺序不对、违规使用工具、部件掉落等情况时,每次扣3分		
	2. 对各部件进行检查、清洗、探伤、修理、测量等工序,漏检一项扣2分		
	3. 对不符合技术要求或有故障的部件进行记录、检修或更换(如果是裁判设置或施画的假设故障,只记录不处理),错、漏一项扣5分		
	4. 按顺序要求组装,出现遗漏、装反、强行装入、未按要求操作等情况时,每次扣5分		
	5. 组装后检查(试验),检查(试验)数据不准确,每缺、漏、错一项扣2分		
工具使用(10分)	1. 开工前未检查工、量具及设备,收工时不整理扣2分		
	2. 工、卡、量具及设备使用不当,每次扣2分		
	3. 工、量具脱落,每次扣2分		
作业安全(10分)	1. 未按规定着装扣2分		
	2. 违规操作或违反安全事项扣5分		
	3. 发生事故失格,取消成绩		
考核时间(10分)	1. 作业在规定时间内完成		
	2. 每超1 min扣2分		
	3. 超过5 min停止考核		
合计(100分)			

考评员签名: 认定人: 年 月 日

S18 DF8B型机车牵引杆装置检修

1. 考场准备

要求在检修库内股道上停留一台DF8B型内燃机车,清洗设备,电磁探伤仪,机车必须在停机状态,机车两端地沟上设有稳固整洁的渡板,考场周围整洁并有隔离措施。

2. 材料工具准备

序 号	名 称	规 格	数 量	备 注
1	开口扳手		1套	
2	风动扳手		1把	
3	挡圈装拆卡钳		1把	
4	钢丝钳		1把	
5	手锤		1把	
6	铜棒		1根	
7	塞尺	150 mm	1把	

3. 考核要求

(1)被认定人入场后,首先由裁判告知题目,其次由被认定人检查设备、机具,准备工、卡、量具,当被认定人告知裁判可以开始时,由裁判员开始计时。

(2)考核时间为60 min。

(3)考核时被认定人应按规定穿戴防护用品,考试中出现挤伤、砸伤等人身伤害情况时立即终止考试,成绩为零。

(4)考核过程中被认定人出现违规使用设备、机具或出现断裂、超压、失控等毁坏设备情况时,终止考试,成绩为零。

(5)考核过程中裁判可以根据现场情况向被认定人提问,以确认被认定人的测量数据、故障判断等是否真实有效。

(6)考核完毕后,由被认定人在评分表上签字确认。

4. 考核评分

(1)考评人员3名以上。

(2)评分程序及规则:考评员根据考生操作情况对照计分标准在评分表上给予记录评分。

(3)算分方法:采用百分制,满分100分,60分及以上为及格。

职业技能认定
内燃机车钳工(高级技师)实作技能考核评分记录表

单位:________　姓名:________　准考证号:________　工种:________　级别:________

试题名称:DF_{8B} 型机车牵引杆装置检修

考核时间:60 min

操作开始时间:　　时　　分　　　　　　　　　　　　操作结束时间:　　时　　分

项　目	考核内容及评分标准	扣分因素及扣分	得　分
操作程序 (10 分)	1. 考核前未检查场地安全防护设施扣 2 分		
	2. 检查、操作程序错误,不会口述、操作时,每次扣 2 分		
	3. 工序错乱,工作中出现返工时,每次扣 5 分		
作业质量 (60 分)	1. 分解过程中,出现顺序不对、违规使用工具、部件掉落等情况时,每次扣 3 分		
	2. 对各部件进行检查、清洗、探伤、修理、测量等工序,漏检一项扣 2 分		
	3. 对不符合技术要求或有故障的部件进行记录、检修或更换(如果是裁判设置或施画的假设故障,只记录不处理),错、漏一项扣 5 分		
	4. 按顺序要求组装,出现遗漏、装反、强行装入、未按要求操作等情况时,每次扣 5 分		
	5. 组装后检查(试验),检查(试验)数据不准确,每缺、漏、错一项扣 2 分		
工具使用 (10 分)	1. 开工前未检查工、量具及设备,收工时不整理扣 2 分		
	2. 工、卡、量具及设备使用不当,每次扣 2 分		
	3. 工、量具脱落,每次扣 2 分		
作业安全 (10 分)	1. 未按规定着装扣 2 分		
	2. 违规操作或违反安全事项扣 5 分		
	3. 发生事故失格,取消成绩		
考核时间 (10 分)	1. 作业在规定时间内完成		
	2. 每超 1 min 扣 2 分		
	3. 超过 5 min 停止考核		
合计 (100 分)			

考评员签名:　　　　　　　　　　　　认定人:　　　　　　　　　　　　年　　月　　日

S19　DF4DK 型机车万向轴检修

1. 考场准备

要求在检修台位上准备 DF4DK 型机车万向轴一台，清洗油槽一个，动平衡试验机一台，钳工台，考场周围整洁并有隔离措施。

2. 材料工具准备

序　号	名　称	规　格	数　量	备　注
1	开口扳手		1套	
2	外径千分尺	25～50 mm	1把	
3	内径千分尺	25～50 mm	1把	
4	塞尺	150 mm	1把	
5	天平		1台	
6	柴油		适量	
7	汽油		适量	
8	毛巾		1块	
9	砂布		1块	
10	润滑脂		适量	

3. 考核要求

(1)被认定人入场后，首先由裁判告知题目，其次由被认定人检查设备、机具，准备工、卡、量具，当被认定人告知裁判可以开始时，由裁判员开始计时。

(2)考核时间为 25 min。

(3)考核时被认定人应按规定穿戴防护用品，考试中出现挤伤、砸伤等人身伤害情况时立即终止考试，成绩为零。

(4)考核过程中被认定人出现违规使用设备、机具或出现断裂、超压、失控等毁坏设备情况时，终止考试，成绩为零。

(5)考核过程中裁判可以根据现场情况向被认定人提问，以确认被认定人的测量数据、故障判断等是否真实有效。

(6)考核完毕后，由被认定人在评分表上签字确认。

4. 考核评分

(1)考评人员 3 名以上。

(2)评分程序及规则：考评员根据考生操作情况对照计分标准在评分表上给予记录评分。

(3)算分方法：采用百分制，满分 100 分，60 分及以上为及格。

职业技能认定
内燃机车钳工(高级技师)实作技能考核评分记录表

单位：________　姓名：________　准考证号：________　工种：________　级别：________

试题名称：DF_{4DK}型机车万向轴检修

考核时间：25 min

操作开始时间：　　时　　分　　　　　　　　　　操作结束时间：　　时　　分

项　目	考核内容及评分标准	扣分因素及扣分	得　分
操作程序 (10分)	1. 考核前未检查场地安全防护设施扣2分		
	2. 检查、操作程序错误，不会口述、操作时，每次扣2分		
	3. 工序错乱，工作中出现返工时，每次扣5分		
作业质量 (60分)	1. 分解过程中，出现顺序不对、违规使用工具、部件掉落等情况时，每次扣3分		
	2. 对各部件进行检查、清洗、探伤、修理、测量等工序，漏检一项扣2分		
	3. 对不符合技术要求或有故障的部件进行记录、检修或更换(如果是裁判设置或施画的假设故障，只记录不处理)，错、漏一项扣5分		
	4. 按顺序要求组装，出现遗漏、装反、强行装入、未按要求操作等情况时，每次扣5分		
	5. 组装后检查(试验)，检查(试验)数据不准确，每缺、漏、错一项扣2分		
工具使用 (10分)	1. 开工前未检查工、量具及设备，收工时不整理扣2分		
	2. 工、卡、量具及设备使用不当，每次扣2分		
	3. 工、量具脱落，每次扣2分		
作业安全 (10分)	1. 未按规定着装扣2分		
	2. 违规操作或违反安全事项扣5分		
	3. 发生事故失格，取消成绩		
考核时间 (10分)	1. 作业在规定时间内完成		
	2. 每超1 min扣2分		
	3. 超过5 min停止考核		
合计 (100分)			

考评员签名：　　　　　　　　　　　　认定人：　　　　　　　　　　年　　月　　日

S20 DF8B型机车燃油输送泵检修

1. 考场准备

要求在检修台位上准备DF8B型机车燃油输送泵一台,清洗油槽一个,试验台,考场周围整洁并有隔离措施。

2. 材料工具准备

序 号	名 称	规 格	数 量	备 注
1	开口扳手		1套	
2	外径千分尺	0～25 mm	1把	
3	内径量表	18～35 mm	1把	
4	内六方扳手		1套	
5	密封胶		1管	
6	柴油		适量	

3. 考核要求

(1)被认定人入场后,首先由裁判告知题目,其次由被认定人检查设备、机具,准备工、卡、量具,当被认定人告知裁判可以开始时,由裁判员开始计时。

(2)考核时间为35 min。

(3)考核时被认定人应按规定穿戴防护用品,考试中出现挤伤、砸伤等人身伤害情况时立即终止考试,成绩为零。

(4)考核过程中被认定人出现违规使用设备、机具或出现断裂、超压、失控等毁坏设备情况时,终止考试,成绩为零。

(5)考核过程中裁判可以根据现场情况向被认定人提问,以确认被认定人的测量数据、故障判断等是否真实有效。

(6)考核完毕后,由被认定人在评分表上签字确认。

4. 考核评分

(1)考评人员3名以上。

(2)评分程序及规则:考评员根据考生操作情况对照计分标准在评分表上给予记录评分。

(3)算分方法:采用百分制,满分100分,60分及以上为及格。

职业技能认定

内燃机车钳工(高级技师)实作技能考核评分记录表

单位:________ 姓名:________ 准考证号:________ 工种:________ 级别:________

试题名称:DF_{8B}型机车燃油输送泵检修

考核时间:35 min

操作开始时间: 时 分 操作结束时间: 时 分

项 目	考核内容及评分标准	扣分因素及扣分	得 分
操作程序(10分)	1. 考核前未检查场地安全防护设施扣2分		
	2. 检查、操作程序错误,不会口述、操作时,每次扣2分		
	3. 工序错乱,工作中出现返工时,每次扣5分		
作业质量(60分)	1. 分解过程中,出现顺序不对、违规使用工具、部件掉落等情况时,每次扣3分		
	2. 对各部件进行检查、清洗、探伤、修理、测量等工序,漏检一项扣2分		
	3. 对不符合技术要求或有故障的部件进行记录、检修或更换(如果是裁判设置或施画的假设故障,只记录不处理),错、漏一项扣5分		
	4. 按顺序要求组装,出现遗漏、装反、强行装入、未按要求操作等情况时,每次扣5分		
	5. 组装后检查(试验),检查(试验)数据不准确,每缺、漏、错一项扣2分		
工具使用(10分)	1. 开工前未检查工、量具及设备,收工时不整理扣2分		
	2. 工、卡、量具及设备使用不当,每次扣2分		
	3. 工、量具脱落,每次扣2分		
作业安全(10分)	1. 未按规定着装扣2分		
	2. 违规操作或违反安全事项扣5分		
	3. 发生事故失格,取消成绩		
考核时间(10分)	1. 作业在规定时间内完成		
	2. 每超1 min扣2分		
	3. 超过5 min停止考核		
合计(100分)			

考评员签名: 认定人: 年 月 日